本書由香港青松觀資助出版

全真道研究

第七輯

任法融題

趙衛東 主編

山東大學儒學高等研究院 主辦

齊魯書社

《全真道研究》編委會

目　录

道教文化與當代社會

——山東鄒城嶧山道教與傳統文化論壇

2018 年 1 月 7 日，由中國道教協會指導、山東省道教協會協辦、濟寧市道教協會主辦、鄒城市嶧山白雲觀管理委員會承辦的“道教與傳統文化”論壇在山東鄒城隆重舉行。這次論壇的主題是“道教與傳統文化”，論壇由上海道教學院副院長、教務長王馳博士主持，論壇嘉賓有中國道教協會副會長、北京東嶽廟住持袁志鴻道長，中國道教協會副會長、天台山桐柏宫住持張高澄道長，山東師範大學全真道研究中心趙衛東教授，山東省委黨校哲學部白如祥教授，廣東省道教協會副會長、羅浮山黄龍觀住持梁崇雄道長。在論壇中，主持人與各位嘉賓就“道教與傳統文化”這一主題發表了自己的看法，現將録音整理成文，以饗讀者。

王馳博士：

各位嘉賓，各位道友，大家下午好！非常高興，今天我們能相聚在孟子故里——鄒城，一起來進行我們這一次的道教論壇。我是這次論壇的主持人，我來自上海道教學院，是上海道教學院副院長及教務長王馳。實際上，我是一個土生土長、地地道道的山東人,十幾年前,我就在離這兒不遠的曲阜師範大學讀書。我記得在讀書的時候,就知道我們孟子故里鄒城的大名,也知道嶧山,但當時很遺憾,一直没有機緣來,這一次借著這麽一個道教論壇的機會,我終於來到了鄒城,來到了嶧山,我感到非常的榮幸。這也能够看到,咱們山東的齊魯文化真的是儒道同源,氣象萬千。真的非常高興,下午我們能够一起來論道。首先,我來介紹一下參加本次論壇的諸位嘉賓:中國道教協會副會長、北京東嶽廟住持袁志鴻道長,中國道教協會副會長、天台山桐柏宫住持張高澄道長,山東師範大學全真道研究中心趙衛東教授,山東省委黨校哲學部白如祥教授,廣東道教協會副會長、羅浮山黄龍觀住持梁崇雄道長,再加上我,我今天既是主持人,也是論道的嘉賓。

説起來,咱們今天可以説是高道畢至、名士雲集了,我們今天坐下來討論博大精深的道教文化,真的是非常難得的一個機會。説起道教來,在座的大家都知道,無論是從咱們中國傳統的儒、釋、道三教中,還是從我們今天所説的佛、道、伊、天、基五教中,都有我們道教的身影,而且道教非常重要。它重要在哪一點呢?首先大家知道,道教是我們國家唯一土生土長的宗教,也就是説,它是我們中國人自己創立、自己發展起來的,中國博大精深的文化都在道教當中有所體現。當然了,熟悉道教史的朋友都知道,雖然我們道教輝煌過幾千年,但是近代以來,隨著歷史的變革,特别是隨著西方列强的入侵,西方文化的侵入,我們道教因受到打擊而衰落了。當然,在衰落中我們也看到了振興的因素,特别是改革開放以來,我們道教春回大地,又得到了一步步的復興,特别是十九大以來,我們黨中央提出一定要大力弘揚優秀傳統文化。所以,我們今天下午論道的主題有以下幾個,比如"道教文化的擔當""道教文化與養生""道教與文化自信""道教的修養人格""道教文化與環保"等,這些都和我們現在提出來的弘揚優秀傳統文化有關係。當然我們現在提得最多的一個詞就是文化自信,我想我們今天作爲一個論壇,首先要立其大者,我們先要把大問題、大方向討論清楚,我們想首先討論一下,道教在今天的新社會、新時代將要有怎樣的文化擔當。我們大家都知道,袁志鴻會長長期在北京住持東嶽廟,他見識了方方面面、各行各業的人士,所以我特别想聽聽袁會長您對於新時代道教文化的擔當有何看法?

袁志鴻道長:

謝謝,感謝主持人首先讓我發言。我非常感謝,也非常高興"道教與傳統文化"論壇邀請我來參加這個活動。對於道教在新時代的文化擔當這個主題,非常大,也非常深,我可能講不好。

黨的十八大以來,我們習近平總書記一直都非常關心傳統文化,傳統文化是我們中國人的血脈,在我們中國人的思想深處有著深深的烙印。黨的十九大告訴我們,中國社會進入了新時代,在這個新時代中,道教的文化擔當更加進一步凸顯出來。爲什麽呢?因爲大家知道,前年的宗教工作會議中提出了堅持宗教中國化方向的問題。道教是最中國化的一個宗教,在新時代中,我們怎麽來擔當這個中國化的歷史使命呢?我們要知道,雖然道教是中國的傳統宗教,但是也要與當代的社會相適應,要深入道教深深的底藴,纔能把它的作用充分發揮出來。

當然,我們道教中有很多東西都是可以直接拿出來與當代社會相適應的,尤其是我們的一些理念,像"道法自然""上善若水"等,這些方面都是道教可以拿出來與社會人士分享的。除此之外,我們道教的養生理念也可以直接拿出來。作爲道教界來説,我們首先要有一個明確的認識,作爲一個道教徒,我們到底在當代社會中如何樹立好自己的形象。把我們的文化拿出來,與當代社會去相適應,向社會群體去宣揚,這樣的話,我們道教的一些文化就會展露出來,我們道教界如果没有一個好的形象,我們自己在新時代中没有一個清晰的、清醒的認識,要在當代社會中擔當文化方面的使命,可能也是有困難的。

我們都知道,在目前的五大宗教中,道教是最弱勢的。但是我們道教領域的内涵是深厚的,我們現在在全國各地有很多的道教場所,這些道教場所很多都是我們當代的道士修繕的,對此我們要好好展示出來。我們道教本身有自己的《道藏》,共有5485卷,這個内容也是非常豐厚的,這裏面的内容也要好好去發掘、去宣傳。並且,在當代社會中,我們總不能把古代的東西就那麽佶屈聱牙地拿給當代的老百姓去看吧,還要注意一個如何把古代的東西换成今天的東西,就像習近平總書記所講的,要講好道教的故事,要把我們道教恒久的東西用今天通俗易懂的方式去宣傳。我覺得,作爲道教,要在當代擔當好自己的使命,首先要認清我們自己的任務,要明確我們自己有什麽樣的東西,我們必須要提升我們的形象,我們的素質,我們與社會交往的方式等。還有一個就是,我們要像嶧山這樣,多搞一些活動,通過這些活動來傳播我們的文化基因。目前我就想到了這麽多,謝謝大家!

王馳:

大家掌聲感謝袁會長!袁會長雖然講得不多,但是有兩點給我啓發很大:一個就是我們道教徒現在的自我認識,費孝通先生就提到過文化自覺的問題,現在您講的這個自我認識,我覺得您確實看到了點子上。道教徒,或者我們一般老百姓所説的道士,他在當代中國到底是一個怎樣的定位,是些什麽樣的人。大家知道,我在道教學院,馬上就有一届學生畢業了,回想他們入學的時候,就有很多家長來説,王老師,我把小孩送到你這來做道士,這個道士畢業之後一個月能賺多少錢?當然大家知道,這些話雖然對於道教信仰者來説不耐聽,但是它折射了民間大衆的一些看法,很多人確實可能覺得,做道士不就是個工作嗎?但是剛纔我們從袁會長的話中可以聽出來,絶對不是這樣,我們是有文化擔當的,是有使命擔當的。第二點我覺得袁會長講得也非常好,這就是"講中國故事",講我們道教的故事。因爲大家知道,袁會長在我們教内算是著述等身的了,他是當代著名的道教學者,他的《凝眸雲水》我老早就拜讀了,前幾年袁會長也召開了一個大型的關於東嶽文化的研討會。我這裏有一個小問題想問問袁會長,因爲我們今天是在山東,大家知道山東最著名的道教名山就是東嶽泰山,我們有岱廟,我們有碧霞元君的信仰,東嶽跟您關係很深,所以我特别想聽您談談,您覺得您住持的這個北京東嶽廟,是如何去傳播與東嶽信仰相關的道教文化的?謝謝!

袁志鴻道長:

謝謝,五嶽實際上在古代是有具體規定的,關於東嶽泰山的信仰,它可以在全國各地設廟、祭祀、供奉、傳播,其他"四嶽",像西嶽、南嶽、北嶽、中嶽,衹能在自己的方域之内設廟,而東嶽的這個廟,是可以在全國各地設的。目前我們這個廟裏面,一般都要供奉東嶽大帝,他主要的職責實際上跟我們道教的另一個大神——太乙救苦天尊的神性是一致的。實際上,在元朝時候,之所以建造北京東嶽廟,是因爲當時東嶽廟的開山祖師張留孫,他認爲元朝是蒙古人在我們中華大地上的遺孤,他覺得應該把中華文化的底藴傳播給他們,傳播這種文化底藴最好的方法就是通過生活方式,而東嶽信仰的文化方式是最好的。爲什麽?實際上,我們東嶽信仰的這種方式,是把儒家的、道教的文化底藴融合在了一起。大家知道,最早的時候,泰山的祭祀是以封禪的形式,主要是由像秦始皇、漢武帝等帝王來主持的,到了唐代之後,它纔成爲一種社會上其他人也能够祭祀、能够供奉的一種方式。那麽,實際上這裏面它把儒家文化、道教文化融合在了一起,佛教進入中國之後,它也開始信奉我們的東嶽大帝。所以,東嶽信仰是最適合我們中國人的信仰方式,我在這裏並不是説道教的其他信仰不好,而是説東嶽信仰它非常集中地體現了中華文化的底藴。謝謝!

王馳博士：

謝謝袁會長！講得非常好，言簡意賅地用很短的時間給我們上了一堂課，我們現在纔明白原來東嶽信仰這麽重要。大家都知道，平常可能有很多人都會問，道教在哪裏？我怎麽没有看見？但實際上，特别是我們過年的時候，沿襲各種傳統習俗的時候，我們處處都能看到道教，衹是老百姓不知道這是道教。這些年大家知道，在這個道教的復興過程當中，很重要的一個方面就是養生。説到養生，咱們中國確實是個養生大國，這些年以來，中國的老百姓高度關注養生，中國所有的養生理論、方法、技術，百分之八九十都來自於道教。所以，我們接下來的一個話題就是談談道教養生文化，由誰來談呢？肯定是由我們的張高澄會長。找張會長談是有原因的，大家都知道，剛纔我也介紹了，張會長是我們天台山桐柏宫的住持，我想稍微瞭解道教史的朋友都知道，天台山桐柏宫是我們著名的金丹派南宗張伯端祖師的祖庭，因爲這一點，張會長必須來講養生。另一方面大家知道，張會長這些年特别致力於推廣道醫養生，我第一次知道張會長，也是因爲張會長邀請我參加他辦的道醫養生的會議，這樣的會議已經召開了好幾屆了。今年我去張會長那邊講課，我覺得整個的天台山上都彌漫著一種養生、修真的氛圍。所以，養生這個話題，我們請您給大家講講。大家掌聲有請張會長！

張高澄道長：

謝謝主持人！到了這個養生的故鄉，一講這個傳統文化，我腦子就開始不轉了，我覺得有點班門弄斧啊！對於養生，我有一些心得。我想這樣説，大家知不知道“長生久視”這個觀念是從哪裏來的？大家可能都知道《道德經》，《道德經》就在講一個長生久視，長生久視是和道教有關係的。“長生”和我們的生命有關係，一般宗教是不太提的，甚至也不研究這個問題；“久視”跟智慧有關係。大家都在談智慧，可是在没有長生的情況下談智慧是不現實的。長生久視跟我們道教關係非常密切，尤其是和我們天台山金丹南宗有關係。因爲一談到長生問題，就要談論到我們的生命怎麽樣能健康長壽？怎麽能延續得比較長？

我們天台山内丹南宗有五位祖師，從紫陽真人開始，平均年齡是 121 歲，這就很説明問題了。當然在這之前還有很多，甚至我們前面的幾任方丈都是一百四十多或一百五十多歲，這個大家都知道，是可以查出來的。要是説到如何長生，道理非常簡單，五千多年前我們的《黄帝内經》就講了：“法於陰陽，合於術數。”這就是長生久視的方法。説到底，就是恬淡虚無、精神内守，辦法是很簡單的，就是怎麽做到的問題了。經常有人來我們山上提問。大家可能不知道，我們道教宫觀有一個功能很有意思,比如人們碰到了問題,首先是找周邊的高人來講一講,比如生了病,這個病醫院都不治了,他覺得没辦法的時候,去哪裏呢? 都是到山上來。那怎麽來解決問題呢? 我們也没有醫療水平,也没有任何藥物,我們會告訴他一些話,比如讓他把生活的惡習調整一下,一般所謂的疾病都是惡習長期累計引起的。這些問題一般能開導一大半以上的人,還有一些人呢? 他們的身體不行的時候,我們來怎麽解決呢? 我們就用强制的一些修煉方法。這個我要講一下,道家講到養生,有一句話是當年我師父告訴我的:"學道就是一句話,順則人,逆則仙。"我説"順則人",我們聽懂了,"逆則仙"是什麽意思? 大家要清楚,道家的養生標準非常高,不是説衹健康而已,它是教你體道、證道,然後得道成仙。這是一個很高的要求,那麽要想得道成仙、脱胎换骨,你首先要把原來的一些觀念去掉,你不能還按照以前吃喝玩樂的方式生活,這就是逆。甚至你的精神狀態、思想狀態、思維狀態都要反過來。這個就是道家的思想,長生久視就是跟逆返先天有關係。

我想談一個很簡單的事情,我們道家長生久視的觀念對我們中國人有什麽影響呢? 影響了幾千年有什麽樣的結果呢? 我最近做了一個調查,這是有人跟我談到,説我們中國醫療水平比較低,從哪裏看出來的呢? 是從 GDP 的百分比看出來的,中國醫療方面的 GDP 是大概 4.6% 。這是什麽意思呢? 美國是 16.7% ,我們在全世界 180 個國家中排 145 位。醫療的費用是很低的,他們説這表明了我們醫療不發達。其實,聯合國不是這麽評價的,聯合國説中國人花錢少,但是健康維持在很高的水平,實際上大家可能没有認真想過。衹有我們道士是這麽認爲的,我們的養生思想起到了作用。我們不會病到那麽厲害、花那麽多錢放在醫療上,而是把很多精力放在了養生上。每一個老百姓都知道冬天該吃什麽,夏天該吃什麽,甚至感冒了該怎麽辦。我之前在美國呆過一段時間,如果美國人感冒的話,他一家人就抱頭痛哭,反正也没有辦法,因爲他難受嘛,而且西醫説没有藥治,你就吃一下止疼藥就好了,止頭疼的藥,然後在腦門上放一塊冰。我們認爲這是無道的行爲。我們跟美國的 GDP 相差了 11.6% 。我剛纔推算了一下,我們全國的 GDP 的總量是 76 萬億多,那麽相差的大概是 8 萬多億,這就可以拿來幹别的事情。這個可不得了,因爲我們這樣想問題的話就會發現,與其拿錢來治病,不如拿錢來養生,8 萬億這太多了。我的意思是,大家要想清楚養生對於我們人生是很重要的。當然,道教養生還有一些像比如脱胎换骨等方法,對於養生來説更重要,實際上就是對你的精神狀態進行一個調整,對很多人來説,你的人生態度要進行一個逆轉。我想起當年余秋雨寫的一篇文章,説道士的問題。有一天他又來我們這裏參加一個活動。他説他現在對道教重新有個想法了,他發現道教是很有辦法的宗教。這一點是説,道教就是給大家以道路來解決問題的。從這方面看道教的話,道教講的是非常有意義的道路。有了道教的國家,這個國家就變得生動有趣起來了。而且我認爲,没有道教的國家是很死板的。謝謝大家!

王馳博士:

謝謝張會長!之前我也主持過您的發言,而且我覺得,每次主持您的發言,聽您的發言,都對我有啓發。這真的不是恭維。我先跟您回憶一下余秋雨老師的問題。最近一段時間,朋友圈一些我們的道友在關注一件事情,關於余秋雨《道士塔》那篇文章。因爲它進入了課本,所以我們的道友出於護教之心,覺得余秋雨老師在貶低道教,讓中學生們都知道,道教形象很負面。當然您剛纔提到的是您跟余秋雨老師有親自的接觸,他的話真的可以再去朋友圈分享一下。因爲一個人他對宗教的認識是有改變的,當時寫道士塔是不是有意貶低道教,我們不好上綱上線,但是余老師畢竟是一個當代的文化大家,他提到原來這個道教不簡單,道教還有這些,我想可能是他通過跟您這樣的當代高道接觸,導致了他有這樣一個轉變。所以還是那句話,“人能弘道,非道弘人”,我們現在確實是需要很多當代的道長,來講清楚道教的故事。這個真得是很重要。還有另外一個就是您剛纔説的一點,就是民間會養生,這個我們感受特别深。大家知道,我來道教學院之前是在南京大學讀的道教的博士,山東大學讀的道教的碩士。碩士博士加起來將近十年,而且我的一些論文寫的是道教養生。但是我坦白説,儘管我看了很多内丹和養生的書,但是我每次對這些民間的老人,不是道醫或者真正的道人,就是普通的老人家,他跟你講的一些調理養生的方法,都會感到很震撼。他用最平實的話説出經典裏的東西,這就是我覺得中國人了不起的地方,也是道教對中國影響最深遠的地方。很多老人没聽説過《道藏》,但是很多東西就是《道藏》裏的。這點我想非常好。所以在這,我們大家還想請教您解答一個小問題,可能不是小問題是大問題,就是關於“道醫”。因爲平常大家聽到更多的肯定是中醫,或者中國傳統一些的説法,比如民國時候是“國醫”。這幾年您一直在天台山推廣“道醫”,開道醫大會,您能簡要地跟在座的朋友講一講“道醫”嗎?

張高澄道長:

這是我最喜歡講的一個話題。開始我們搞“道醫”的時候,衹以爲“道醫”有一些玄妙的方法來解決很多無法解決的問題,很多是棘手的問題,比如一根針扎下去一顆瘤子就没有了,很多人覺得很神奇。有些病,像這個祝由科的,把病引到樹上去,瘤子也會没有了。這些事情現在看來,關注的人越來越多。我們也看到一些以前古代所説的很多煉療的手段都出來了,甚至還有很多煉外丹的,就在咱們山東等就有這些東西,説真的,"道醫"就是山東這裏最發達。山東、河南一直都很關注"道醫",我的一個徒弟就是"道醫",神到什麽程度呢?他號一下脈,連你的酒量都能知道。實際上,"道醫"就是一個群體,他們在用最爲簡潔的方法、最自然的手段來處理我們認爲無法解決的問題。當然有時會很成功,而且我認爲成功率是很高的,大概有 50% ~60% 左右。但是還有很多是不成功的,跟中醫相比還是差了一些。但是,在絶症方面以及精神問題方面,道醫的水平是很高的,我們遇到很多很神奇的事情。但是在孟子故里,怪力亂神我們少説一些。很有意思,我希望大家可以來深入研究這個問題,把這個問題搞得更有趣一些。但是,肯定古人説的很多事情,我們在現實中都可以找到案例。我那裏每年在十月份左右都搞一回相關的活動,會有很多怪人,有趣的老師,他們都有很多高招。當場就可以實施很多手段,現在我們禁止了。因爲大家一旦開會的時候在比本事,互相在治病的話,是很麻煩的。我先講到此爲止吧,謝謝大家!

王馳博士:

謝謝張會長!儘管您衹是説了一點點,但是我覺得我和聽衆們真的很想您説下去。確實很精彩,有種看武俠小説的感覺。我們國家自從20世纪80年代以來,關於氣功之類事情,考慮到老百姓健康養生的需要,很多的問題都可以找到源頭。所以這些年以來,在道教的弘傳當中,最大的問題就是如何爲道教正名。因爲我們知道在社會上,很多人對道教、道士帶有先入爲主的印象,認爲我們就是畫符的、驅鬼的和看風水的。這絶對不是道教的全貌,根據我們現在對道教的研究和瞭解,它絶對不是這樣子。按照剛纔張會長的介紹,道教包含了極大的全人類的智慧,否則不會有那麽多洋弟子來皈依道教,學習道教文化。所以説來説去,我們還是一定要給道教在整個中華文化中定個位。接下來,我們就請山東師範大學的趙衛東教授,來給我們談談定位的問題。有相當多的來自教内外的朋友都認識趙教授,因爲他本身就在山東,在濟南,在山東師範大學。爲什麽請趙教授來講呢?因爲他本身受過非常系統的哲學方面的訓練,這幾年在山東師範大學又成立了全真道研究中心。他主要以全真道研究、地方道教史研究、道教碑刻的研究而聞名,可以説,趙老師把很多哲學方面的、歷史方面的、文獻方面的東西都貫通起來了,所以我們接下來就聽聽趙教授如何談道教在中國文化中的價值。因爲我知道您對儒家特别有研究,您也在山東,而我們現在又在孟子故里,所以特别想請您從儒道之間的對比方面來定位道教。大家掌聲有請趙老師!

趙衛東教授:

感謝主持人!非常感謝有這次機會和大家分享我自己研究的一些心得。正像主持人所講的,我過去是研究儒學的,後來又研究了十幾年的道教,可以説是脚踩兩隻船。今天我們來到亞聖故里——鄒城,而且我發現我們鄒城嶧山本身就是儒道兩家都存在的一個地方。所以,在亞聖故里談道教這樣一個話題,我覺得是非常有意思的。

我想用魯迅先生的一句話來談起,魯迅先生曾經説過"中國文化的根柢全在道教",對於這句話大家都耳熟能詳了,我們經常會引用,但對於這句話的理解也有非常大的分歧。有的人認爲這是對道教的贊揚,有的人認爲這是對道教的批評。但在我看來,這既不是讚揚,也不是批評,實際上是對道教在整個中國傳統文化中地位的一個比較客觀的評價。

我怎麽理解這句話呢? 我的理解是,魯迅先生説"中國文化的根柢全在道教"這句話,是認爲道教是整個中國傳統文化的匯總。下面,我想給大家解釋一下,讓大家看看我的理解是不是正確。我們通過儒道相比較來看。我們知道,漢代以前有諸子百家,漢代之後又有儒、釋、道三教鼎立,而不管是在漢代之前,或是在漢代之後,道家是中國傳統文化不可或缺的一部分。道家文化上溯到教内所講的黄帝創始,或者説追溯到學界所認可的老子,一直到今天,有幾千年的傳承,一直都没有斷絶,而現在正是處在逐漸把道教文化發揚光大的階段。這説明,我們中國人離不開道教,中國文化也離不開道教。那麽,爲什麽這麽説呢? 既然我們來到亞聖故里,我們都非常推崇儒家,非常推崇孔孟,對孔孟我也做了一些研究,對儒家我也有一些專著。我們往往認爲,儒家文化是中國傳統文化的主體和主流,而道家文化一直被視爲儒家文化的輔助,而我的看法恰恰跟以上有所不同。儒家文化對整個傳統文化和整個中國社會的影響是十分巨大的,但道家文化在整個中國傳統文化中的地位也不亞於儒家。爲什麽呢? 就是我剛剛所説的那句話,道家文化是中國傳統文化的匯總。

我們知道,孔子在儒家文化中是一個改革者,孔子對儒家學説進行了改造,孔子是儒家學派的創始人,但他並不是儒家文化的創始人。在孔子之前,儒家文化的一些基本理念就已經存在了。孔子對儒家文化的改造是去除了儒家文化中的宗教性内容。剛纔張高澄會長也提到,"子不語怪、力、亂、神","未知生,焉知死”,這樣一些和宗教性相關的内容,孔子不談。同時,孔子又講“君子不器”,也就是説,孔子是剔除了儒家文化中的科學性的内容。也就是對宗教與科學這兩個方面,儒家文化不是特别强調。儒家文化强調的是道德、人倫,這是它的特點。我們可以看到,儒家文化對諸子百家,或者説是對諸子百家以前的中國傳統文化的改造是有所取捨的,有所取則必定有所捨,所以儒家是没有囊括中國傳統文化的所有内容的。那麽,誰可以囊括整個中國傳統文化的所有内容呢?我們道家、道教可以。首先來看,道教産生,其實是吸收了先秦諸子百家各家的内容。儒家的思想它吸收了,《太平經》中“孝”的思想體現的很明顯。墨家思想中的宗教性、科學性被它吸收了,兵家的内容也被道教吸收了。道教不僅講“道”,也講“術”,所有中國的天文、地理、星象、易卜、術數類的東西全部匯總於道教。這個是儒家不講的,在儒家那裏找不到,但是在道教裏或者説在《道藏》裏可以找到。我們可以看到,儒家講的很多内容,道教也講。道教中的《道德經》講“道”、講“德”,儒家也要講“道”、講“德”,雖然對於“道”和“德”的理解有所差異,但他們都崇尚“道”“德”,這一點很重要。但是道教很多内容,儒家不是講的。就像剛剛張高澄會長講的“養生”,這就是我們道教的特長。儒家也講養生,但講得少。所以從這個角度,我們可以説,道教的創始實際上是把兩漢之前、甚至是兩漢時期的所有的文化内容全部匯總到一起的一個産物。

在道教發展過程中,它也有一個開放性的胸襟,從道教崇奉神靈的來源就可以看出,它是一個開放式的,直到今天也還在不斷的增加。屬於儒家的神靈它吸收了,屬於佛教的神靈它吸收了,民間信仰的神靈它也吸收了,衹要老百姓有需求,我們道教就吸收,所以道教形成了一個非常龐大的神系。這些都説明,我們道教的生命力所在,同時也説明了道教的開放性,也説明了道教它確實具有匯總、吸納中國傳統文化的特徵。從這個意義上説,我們放長遠來看,從先秦諸子之前開始看,從中國傳統文化的源頭開始看,從這個源頭來將儒家與道教做比較,那麽我認爲,道教纔是真正繼承了中國傳統文化總體的。我們今天要講文化自信,那麽道教是我們唯一的土生土長的宗教,而衹有建立在我們自己土生土長的文化的基礎上,我們纔能有文化自信,是對我們自身文化的自信,而不能把外來的文化當成自己的文化來信。當然,我們今天的文化是多元的,包含了很多内容。而就我們道教來講,在今天文化自信的口號之下,我們將會大有作爲。謝謝大家!

王馳博士:

謝謝趙老師!我剛纔歸納了一下,您講了好多個點,不愧是專家學者,而我想了一個很通俗的比喻來回應您剛纔所説的。就是大家還記得,我們每年央視的春節晚會,每年都會有個保留節目,就是各民族舞蹈大集合,大家可以看到維吾爾族、藏族、蒙古族等等,而且幾乎每年他們跳的舞蹈都很相似,比如維吾爾一出來就是標志性的轉圈等,這就讓我想到很像您剛纔所説的文化自信的問題。就是如果我們現在跟各個國家去交流,特别是歐美,因爲近幾年我們受歐美的影響最大嘛,但我們不可能去講歐美的故事,不可能去跟英國人講莎士比亞,不可能去跟法國人討論法國的事情,他們最愛聽中國人講什麽呢? 當然有孔孟、有老莊,你越是跳中國的舞,你纔越有世界性,就是這個道理。如果硬要去應和人家,一個新疆的舞者去跳交誼舞,那麽人家就不愛看了,而你去跳新疆舞,那麽人家就愛看了,因爲這是你民族的。所以我覺得趙老師講的特别好。

另外,您剛纔提到魯迅先生這句話也對我有啓發。因爲這幾年我在講課過程中也在反復討論這句話,可能是爲了正本清源。這句話大家注意啊,不是爲道教説好話,但今天您這麽一分析我覺得有一個啓發。咱們先不管這句話是在捧道教還是罵道教,但最少它反映了一個客觀的事實,就是不能忽視它在中國文化中的重要作用,它就是一個大葫蘆,把很多中國文化都裝進去了。所以我在看道教以外别家的文化經典時發現,我們似乎没有必要把學派之間的對立搞的這麽清楚。比如在我們學術界,有的老師是研究道家的,有的是研究儒家的,有的是研究兵家的,有的是研究墨家的,墨家也在我們山東。好像咱們之間,你是你,我是我,隔行如隔山,實際上在以前,這些都是統而貫之的。大家都知道,南宋有一個著名的理學大師朱熹,他就是個百科全書式的學者,對道家的《周易參同契》很有研究,這個張高澄會長可能會比較清楚。所以我覺得,剛纔趙老師講的話給我們一個重要的啓示,事實上我們今天的中國文化,勢必要重新進行整合,重新進行彙聚。在彙聚當中,我的理解,按照您的思路,道教文化一定不能缺席,它一定有個非常重要的地位和作用。

經過趙老師的分析,我越來越覺得,咱們這代人,一定不能愧對祖先,也要對得起子孫。我們這代人如果漠視道教的話,我們就做了非常不該做的事情,這就是文化缺席。當然,除了剛纔趙老師給我們宏觀地講述了之外,我這兒還得給趙老師提個問題。因爲今天咱們這個是鄒城嶧山論道,上午我用了個空檔時間,也簡單看了看嶧山,真得非常好。當地的朋友都非常熟悉,我注意到嶧山上有很多巨大的石頭,而石頭與石頭相疊相累,就會有很多洞,而洞在道教中很重要,它是道教標志性的,也是除了宫觀之外一個很重要的場所,像"洞天福地"。當然了,我知道趙老師您是研究道教很有名的專家,也做了很多碑刻。既然今天您來到嶧山論道,所以想請您講講嶧山的道教,跟我們在座的朋友們分享一下您對嶧山道教的研究。有請趙老師!

趙衛東教授:

嶧山我來過很多次,我一個學生還專門寫過嶧山的文章,所以對嶧山有一點瞭解,我在這裏簡短地談談對嶧山道教的認識。嶧山這座山,剛剛我也提到,是一個以儒道文化爲主的山,有儒有道。今天我在山下看到有個佛寺正在修建當中,叫"太平興國寺",所以可能還有佛。因此,可能這是個儒、釋、道三家共同的一座山。我們知道,嶧山在道教中的地位,尤其是在金元全真道中的地位是非常高的。但是,因爲它非常不幸,同時也可以説它非常幸運,它矗立在我們亞聖的故里。在孔孟之鄉這裏,儒家是我們這個地方的主流,所以道教反而被忽視了。嶧山道教的起源非常早,在道教的經典中有關於嶧山的記載。那麽從金元時期全真道興起之後,嶧山的道教纔達到了一個非常興盛的狀態。金元時期全真七子各系,就有幾系在嶧山傳承。據我所知,有馬鈺一系的弟子,有劉處玄一系的弟子,甚至還有丘處機的弟子在這裏。那個時候,雖然還没有道派之説,但是七真各系的弟子可能都在這裏有傳承。那麽,到了明代之後,道派開始産生,嶧山這個時期主要是以華山派爲首的傳承,到清代又是龍門派的天下。我們可以看到,從金元時期一直到明清時期,嶧山道教的發展整個地反映出中國北方全真道發展的總體特徵。我用兩句話來概括:第一,金元時期,嶧山道教達到鼎盛,道觀可能有十幾處之多,出了一大批的高道,有系統的傳承,到今天還留存著大量道教的碑刻,這都是非常寶貴的道教文化資源,有待於我們進一步的挖掘與研究。到了明清時期,嶧山所體現出來的恰恰是全真道的縮影。我們知道,明代嶧山是華山派佔到主導,清代是龍門派佔到主導,而這樣一個格局,恰恰和全真道在明清時期的整體狀況是一致的。明清時期雖然出現了很多的道派,但是影響最大的是龍門派和華山派,而這一點在嶧山也恰恰可以體現出來。

王馳博士:

謝謝趙老師!言簡意賅地給我講了嶧山的道教歷史。真的,我作爲一個山東人,雖然現在我在上海工作,但作爲一個山東本土的人,我真的覺得山東的道教太值得研究,有太多的東西了。您看張高澄會長,您覺得道醫很多來自山東。以前我們對山東應該會有一個刻板的印象,因爲我大學是在曲師大嘛,大家知道山東就是孔孟之鄉,孔孟之鄉就是山東。實際上大家忽略了山東的兩個重大的文化淵源。除了儒學的淵源，實際上就是仙道、道教、道家的一個淵源。大家知道，以前四川大學有一個蒙文通先生，他講到晚周仙道分三派，其中重要的一派就是燕齊傳統。其中的“齊”，就是我們的齊文化。可能後來由於種種原因，我們説齊魯文化，把這個“齊”給忽略了。更多談的是“魯”，我覺得今天我們要恢復文化昌盛，我們是時候該恢復“齊魯文化”就是“儒道文化”的本來面目了，這也是非常應該的。

剛纔這幾位嘉賓已經講了非常多，但是大家有没有發現一個問題，我們中國的文化、哲學和西方的文化、哲學有一個很大不同，就是我們中國的學問、學術和做人是合到一塊的。在昨天我坐火車過來的路上我還在看一本書，書中的作者也在反復地講，中國的文化，人和學術是一體的，假如一個人的道德不行了，那做什麽學術文章都是不可以的。大家讀《左傳》其實都知道“太上立德”，用我們今天的話來説，就是我們的人格修養問題。大家知道，隨著近幾十年來社會的巨大變動，我們産生了許多現代病，特别是在心理方面，現在我們國家也特别關注我們的心理健康，剛纔張會長也講了，很多肉體上的病都是心理有問題，就是要和他多説兩句話，就是叫話療，談談就好了，所以這個人格修養恐怕是未來我們弘揚傳統文化非常重要的一塊。那接下來請誰來談道教與人格修養呢？我們請白如祥老師。白老師我比較熟悉，他原來是在山東大學讀博士，後來論文是做的道教，而且白老師有一個力作就是他當時點校了全真道創教祖師王重陽的《王重陽集》，因爲那時候我做王重陽的研究，我就非常佩服白老師，把各個方面關於重陽真人的資料都搜到一塊，當時是由齊魯書社出版的。後來白老師到了山東省委黨校哲學部，大家知道黨校是傳播我們黨的思想的理論陣地，所以我記得我們黨之前還提過一個説法叫“共産黨員的修養”，是當時劉少奇提出來的，這個修養裏也借鑒了傳統文化人格修養的内容。我想這些年白老師在省委黨校進行教學和相關的研究，對於人格修養這一方面，結合您的道教研究，肯定會爲我們談得非常精彩。大家掌聲有請白老師給我們談談。

白如祥副教授：

謝謝主持人！我也是學中國哲學的，一直傾向於哲學方面的研究，在道教研究中我也經歷了一個轉折的過程。我在開始學哲學的時候，我們學中國哲學史是不講道教的，也很少提到這個問題，那時候我對道教的看法也有偏頗和誤解，也因此吃過虧。當時考北大博士的時候，其中有一道題就是關於道教的，但因爲之前幾乎没有接觸過道教，所以没有答上來，當然也就没有考上。後來上了山東大學博士之後,我就聽從我導師的建議開始研究道教,就發現道教和我之前想象的是不一樣的。剛纔趙教授從宏觀上談了道教在中國傳統文化中的地位,下面我就具體的從人格修養、人生哲學上來談一下。

我們講傳統文化一般就是講儒、釋、道三家,但是在一開始的時候我是不把道教納入其中的,認爲其中的道就是指道家。後來發現這個看法是不對的,從中國傳統文化的特點來講,剛纔王博士也講是研究人的,我把它概括爲人生哲學,我現在也認爲中國哲學就是一種人生哲學,儒家、道家、佛家、道教都是這樣的。雖然我們之前都不太講道教的人生哲學,或者有人把他看作道教哲學,但我更傾向於把它看作人生哲學。我認爲,人生哲學主要牽涉三個問題:一個就是你想要成爲一個什麼樣的人,這是一個關於理想人格的問題,人生哲學的終極目標就是要成就一種理想人格;第二個問題就是你爲什麼要成就這種理想人格;第三個就是如何成就這種人格。

首先我們先看第一個問題。儒家、道家、佛家、道教在基本的思維模式上我認爲都是一樣的,儒家一般講是想成爲聖人,準確的來講應該是成爲聖王。就個人修養我們是要成爲聖人,但我們的修養不能祇限於自己,要把自己的修養成果惠及他人,惠及大衆,教化他人,使我們的社會達到和諧的狀態,這樣就個人而言是聖人,就社會而言就是王。當然這個王就是成爲君主,這有點類似於西方哲學裏所謂的哲學王,即哲學家應該是王,王應該是哲學家,這是儒家。佛教是要成佛。至於道家,《莊子》裏講到很多,有真人、至人、神人、聖人等,實際上講,"聖王"這個詞本身就來自於《莊子・天下篇》,所以説道家的理想人格也應該是聖王。道教大家就比較清楚啦,就是成仙,通過修煉成爲神仙。

對於爲什麼要成就這樣的理想人格？我覺得這四家也有相同的特點,它們的理想人格可能不一樣,但是也有共同的特點,即不僅僅成就你自己。就道教來説,就是不僅僅自己成爲神仙,同時還要教化他人,最好的話就是别人也成爲神仙。從理想人格本身來看,不僅要成就自己,也要成就他人,回報社會,這是我們談到的爲什麼要成爲這樣的理想人格。他不僅僅局限於個人,他追求的目標是我們整個社會,即我們每個人理想人格的實現,同時使我們的社會也達到和諧的狀態。那麼我們也看出來,道教不僅僅關注自己,同時還關注他人,這也是我們整個中國文化的特點。

第三個就是如何成就這種理想人格,個人有個人不同的方式途徑。儒家主要是通過道德修養。道家主要是通過一種無爲的方式,這種無爲當然不是説什麼都不做,而是要順其自然而爲,順應人的本性去做,如果作爲一個統治者,就是順應百姓的意願來做。道教類似於我們道家,遵循我們的本心真性修煉,最終達到成仙。各家雖是不一樣的,但也有共同的特點。比如儒家講本心、善性是人成聖的基礎;佛家講佛性是成佛的基礎;道家講人的自然本性是成聖的基礎;道教講道性是成仙的基礎,到了全真教就是真性。有了這種可能性,我們還要通過修煉纔行,從道教來講,有心性修煉,有内丹、外丹等。到現在我們來看,主要就是講"性命雙修",前者是心性修煉,後者就是煉内丹,我們可以看出來,道教和其他幾家在思維模式上基本都是一樣的,所以我説道教也是一種人生哲學。由此,我們説它在傳統文化中也是不應該被忽視的一種文化現象,我們要充分地認識到這個問題。從人生哲學來看,每一家都有教化大衆的職能或職責,儒家是很清楚的,佛家也是如此,通過和大衆接觸,宣揚佛法使人從痛苦中解脱出來,道家是通過恢復人的自然本性来達到這一點。道教也是這樣,王重陽祖師講到"功""行"兩個方面,"功"是自己個人的修行,"行"就是通過教化他人、教化大衆,使人從痛苦中解脱出來,最終成仙。"教化"這個詞在中國歷史上不僅僅局限於儒家、道家,實際上,儒家、道家、佛教、道教都有這種職能,所以我們説中國文化都有通過自己的修行去惠及大衆的特點,道教也是這樣。不管什麽時候,就是在現代社會當中也能够發揮出它應有的作用,這是我們不應該忽視的。

我從人生哲學的角度簡單地説這麽一些,剛纔我們的袁會長也講了,現在我們的道教相對於其他宗教是弱了一些,小了一些,但是我們應該有這種自信,我們講文化自信,我們道教也應該有這種自信,在現代社會中爲中國、爲我們的社會做出我們應有的貢獻。謝謝!

王馳博士:

謝謝白老師!剛纔白老師提到人格修養,引了王重陽祖師的話,我印象比較深,因爲您是第一個來點校《王重陽集》的。實際上,根據我的研究,王重陽在中國文化史上的地位一直被大大低估了。與此類似,我們在去年趙衛東教授舉辦的"態度與方法:道教研究的反思與展望"研討會上,張廣保教授講"全真道在中國文化史上的地位被大大低估了"。那麽,具體到王重陽,我們大家來看那一段歷史,在那樣一個亂世,是誰站出來説"儒門釋户道相通,三教從來一祖風",這是我們的王真人,他的用心真是良苦。在那時候他不僅是創了一個教,在場的許多道長都是我們全真道的,我們的這位祖師不僅是開了個法脈,他在那樣一個外族入侵,中國的文化受到巨大衝擊的情況下,他用"三教合一"保存了中國文化,這種貢獻真的是太大啦。可惜的是,到社會上去問我們的大衆,"王重陽是誰?""好像是金庸小説裏的'中神通'",對他的認識就是一個武林高手,實際上我們對他的文化方面的挖掘太少了。我覺得道教界跟學術界要共同努力,要正本清源。這幾年我在上海大力提倡和推動拍攝爲中國文化做出巨大貢獻的先真聖賢們,爲他們樹碑立傳,拍攝電影和紀録片。大家知道,關於丘處機祖師現在已經有了紀録片,拍得非常好。像王重陽、丘處機這些人,是我們民族的文化精英,都應該值得我們紀念。

另外,我想把我對白老師講的人生哲學的體會跟大家分享一下。大家都知道,德國的哲學一直以來可以説是執掌近現代西方哲學的牛耳,特别是有些大家,其中一位很有名的和道家有關的是海德格爾,海德格爾之後也有很多,我們把他們稱爲後現代,認爲他們受到了中國老莊哲學的影響。我説這個是什麽意思呢?因爲2017年,我在茅山的一個體道班上上了一堂特别的課,所有的學員不是中國人,而是德國人,而且這些德國人不是大家想象的學哲學的德國大學生,是德國的一些類似我們中國的家庭婦女,以及一些中老年人。我記得非常清楚,課上得無比艱苦,爲什麽呢?因爲大家知道我經常講課,而且就那個課我講了五六十次了,但這一次講得非常累,累在哪裏呢?德國人太認真了。因爲我給他們講到太極拳,或者講到我們的金丹修煉,我以爲講講然後翻譯一下就過去了,不行,你講這些話,華裔的德國翻譯説完,馬上就有人舉手,請問老師具體地再講一下,再寫一遍,他們非常認真。而且我看出來了,他們都是非專業的,不是研究哲學的,但他們明顯對太極、養生都有興趣。後來我瞭解到,他們從八十年代就自發組織在德國練太極拳,而且這些人都有一些太極拳、易筋經的根底,所以這個事對我的衝擊很大。以前我也是從書本上知道德國人崇尚《道德經》,所謂"家家有本《道德經》"。但是當親眼看到的時候纔感受到,我們遠遠想不到外國人對我們中國文化的敬佩和仰慕有如此程度,特别是對道家。

我覺得剛纔白老師講得很重要。這些文化能够用德語或者相應的一套話語來講解,更利於他們瞭解。他們現在還處於聽漢語的直譯階段,如果我們現在有一套話語體系,用西方的話語體系能够翻譯過去,這纔是我們中國道協所講的"道行天下"。我本人認爲,"道行天下"絶不僅僅是派功夫團、道樂團出去表演,也絶不是收幾個洋弟子。"道行天下"的工夫要下得很深,需要有一批學貫中西的使者,當然這個最後我還會提一下,這裏我先呼應白教授。這裏我有一個問題準備問白教授,現在您在黨校工作,肯定很關注當代中國社會發展的問題。因爲一開始我就提到了社會病,發現問題很大,所以我想問問您,您談到的這些關於道家道教的人格修養,對於現代社會的一些弊病會有所幫助或匡正嗎?假若有,請您舉出幾個例子。

白如祥副教授：

這個看似有點難，但實際上我覺得中國傳統文化，當然不局限於道教，因爲我在黨校也講儒家和佛教。我覺得中國傳統文化中，一方面是道德修養，實際上從道德修養上來看，我們一般都把它歸爲儒家，但其實它不僅僅是儒家，像我剛纔講到關於教化的問題，儒、釋、道都有這樣的問題，教化的最基本的問題或核心内容應該是道德這一塊。佛教的心性修煉，道教的内丹修煉，我覺得它們受衆的面要小一些，但是道德修養，比如説忠、孝、仁、義、禮、智、信等，這些的受衆面是最廣的。對於普通人來講，它的作用也是很大的，這個對於我們糾正當前的道德滑坡等肯定是有作用的。有時候我們把這些傳統的文化，尤其是佛教、道教，看得離我們很遠，這是不對的，實際上它們在傳統社會當中很接地氣，很貼近大衆。這是從道德這方面來看。

另一方面，我覺得人的境界也是很重要的。剛纔我們講到進行道教的修煉、修養，它不僅僅局限於内丹、養生，它還有關於人的人格、境界、人生修養的方面。我還有一個觀點就是，我認爲中國所講的最高境界就是一種自由的境界，不僅僅是儒家、道家，也包括佛教、道教，都是一種自由的境界。這對於提升我們現代人的信仰缺失、境界低下的問題，我認爲還是很有作用的。當然，我們説道教給人感覺好像是比儒家、道家、佛教的境界要低一些，但是這其中存在一個誤解，因爲這是單純把道教理解爲追求長生不死、肉體成仙，實際上我們道教的這種長生觀念、神仙信仰，不僅僅局限於這個問題。它後來和儒、釋、道所談到的是相通的，都是追求一種很高的人生境界，達到一種自由的人生境界。所以我覺得在這兩個方面，一個是道德的，一個是境界的，這兩方面對於解決現代社會的一些問題都是很有用的。

王馳博士：

謝謝白老師！對於這個問題，特别是像我這樣學哲學的，我的博士學位是哲學博士，真的也是很打氣。爲什麽呢？很多年以來，大家知道，像哲學這樣的學科，特别是中國哲學，會讓人覺得，這個專業就業以後能掙多少錢呢？有什麽實際的好處嗎？實際上，自從馮友蘭先生那一代，甚至更往前，大家都説過，中國哲學不是給我們在世間帶來什麽樣的物質利益，它是爲我們安置身心，安置靈魂的。我聽了白教授這麽講，道教它不也是安置我們的身心靈魂的嗎？一個人信道教,祗要是正信,不走歪門邪道,不會説我信了道教,我的工資就漲了兩千塊錢,這是不可能的,甚至在教門中,或作爲一個護法的居士,你還要奉獻。但是你的身心,那種自由、喜悦,這個是錢絶對買不來的。這點我覺得對現代人真的是深有啓發。

談到這裏,我想到了一個詞,就是"天人合一"。如果評選中國文化十大關鍵詞,這個詞絶對是首位,我看没有比它再高的了。我們講,儒家提倡"天人合一",道教也主張"天人合一",甚至中國化了的佛教,它也講"天人合一"。而講"天人合一",既講人,也講天,剛纔白教授講到了人,接下來我們再來講講天。而講到這個天很複雜,道士上知天文、下知地理,都很厲害。今天我們稍微縮小一下,我們講講環境,講講生態保護。我想大家都知道,自從十八大以來,大家都看到了,習總書記非常注重生態,他要求中國今後的發展,一定要青山緑水,青山緑水比金山銀山更重要。我們可以預想,未來我們整體的規劃設計,生態這一塊是重中之重,而在中國文化中,你如果問哪一家、哪個文化特别注重生態環境,我想讓大家選擇一下,還是得選道教。

我前一個月在廣東參加一個會議,專門去了梁崇雄會長所在的廣東羅浮山。大家都知道,屠呦呦獲得諾貝爾獎是因爲發現了青蒿素,這跟我們的葛洪真人有關,羅浮山這幾年很有名,是世界中醫藥大會的永久會場,所以我慕名而去。講學之餘,在梁會長的熱心安排下,開著車在羅浮山轉了一圈。看完之後就有一個感受,當然這與廣東的氣候有關,但我確實感受到,這不就是道經中描繪的那種生態型的生機勃勃四季常春的洞天福地嗎?看不到一點蕭殺之意,看不到一點秋意,到現在可能還是這樣。我想我們梁道長現在住持的黄龍觀,那是一個福地。所以,我就特别想聽聽住在福地中的這樣一位道長,是怎麽看待道教與生態保護的。大家掌聲歡迎梁道長!

梁崇雄道長:

謝謝王博士!我們上面説的那是因爲氣候的原因,我們得天獨厚的南方氣候本來就是如此。不過,我們從文化角度來講,還是挺羡慕咱們齊魯大地,尤其是聖人的故鄉,從道脈上來講,我們羅浮山的全真教也是山東的道長傳過去的,所以從根上找,我這次是尋根來的。感謝王博士將這個話題交給我。關於環境保護這個問題,剛纔也説了,若要選擇的話,大部分人都會選道教,因爲道教跟環境保護有天然的親近,也許普通百姓隨便都可以説出幾個詞來,如"道法自然""天人合一""合和共生""貴生重德"等,其實還有我們的"天道承負","天道承負”裏也有環境保護的理念。所以在道教中,道士有對山林的志趣,道教對環境保護它有一個自然的基因在裏面,這個我覺得大家都很熟悉。

關於環境保護這方面,今天我想著重講講當代,當代的環保問題。現在我們説環保問題是什麽時候出現的?應該是在工業化之後,尤其是在現代化、工業化之後,不是説古代没有,古代也許有生態問題,但是不如現在這麽突出,這麽層出不窮。現在我們面臨很多的環保問題。上個月我在香港講課的時候,正好看到一檔電視新聞,講到當地有個環保團體,在做一個活動,關於推廣關注微纖維的污染問題。什麽是微纖維的污染?就是我們這些衣料,在洗滌過程中有一些微纖維會隨著水脱落出來,我們這些衣料基本上是化工原料,這些化工原料産生的微纖維在洗衣機還有地下水系統是過濾不掉的,它會隨水自由流入到自然水系中,而且這些化工的原料在自然界又不會降解。有些是以很小的微粒存在,但是有些小的生物以它爲食,吃了之後就會導致那些微小的生物死亡,而且死亡的這種微生物又會逐漸進入我們的食物鏈中。所以這個對生態有很大的危害,我們現在估計不到,所以有些環保團體就在做這個。我講這個例子就是想説,我們現在的環境出現的問題是層出不窮,有些在我們不知道的情況下已經産生了很大的負面影響。所以這個時候我們就考慮一下,面對當代這個緊迫的環保問題,我們如何去提供我們道家的智慧,給出一個解決的方法呢?

實際上我們知道,包括我們華北大地,有更大的生態問題存在,包括空氣、水、土壤等的污染,往往産生這些環境污染問題的時候,大家都會責怪那些商家、企業没有道德,衹顧生産賺錢,枉顧社會及自然環境。是不是板子衹打到一面呢?我們其實也可以從另外的角度多想一想。我們知道在十九大後,我們當代社會的主要矛盾已經轉變了,轉變成人們日益增長的美好生活需要跟不平衡、不充分的發展之間的矛盾。發展要承擔一定的責任,但是人們日益增長的需要,這方面是不是也要做點檢討呢?美好生活的需要無可非議,日益增長也無可非議,但日益增長不代表無限度地增長。因爲人的欲望是無限度的,所以我們不容無限度的人有無限度的欲望,而要滿足這無限度的欲望,我們的自然環境實在是提供不了,所以它引起的必然結果就是自然環境的破壞。這時候我們就想想道家的理念,比如老子講的“去甚、去奢、去泰”,“不見可欲,使民心不亂”,“罪莫大於可欲,禍莫大於不知足,咎莫大於欲得”,等等。如果能够限制人或自覺地不要無限度地去産生那麽多的欲望,可能對天人來講都是一件好事。現在國際上有一種生活叫“極簡生活”,一些環保人士、自然主義者推崇要過“極簡生活”,就是能滿足我們日常生活的需求就可以了,一切多餘的物資都不需要。這是不是衹有外國人纔有的理念呢？不是，我們中國傳統也有，包括道教全真派在創立的時候，重陽祖師、七真祖師以及後來的第三代，他們過得那種生活就是一種“極簡生活”，即所謂“草衣木食，岩居穴處”等。這些就是把老子的人生真諦落到實處並付諸實踐的一個事情。祖師爺給我們做了很好的榜樣，今天我們作爲祖師爺的弟子，我們在繼承祖師爺的文化，要發揚其文化的時候，更要把祖師爺給我們的人生啓示重新拿出來。我們作爲道教界的人士，如何爲我們的環保事業做出貢獻呢？我想，大家可以考慮以下兩個問題。

第一個，我雖然認同道家這種“自然主義”，但是我做到了嗎？大家也可以考慮，我自己作爲道士，我自己做到了没有？我舉個很簡單的例子。前幾年，社會上推廣“光盘行動”，讓大家有個節約糧食的概念，實際上我看我們道門自己也未必能做到，我們也不能免俗，我們也不能在日常應酬中做到簡單招待，和俗人一樣也是講排場、要面子。這個時候我們應該捫心自問，我們做到了没有？所以我們自己要起一個帶頭的作用。

第二個，我們可以再問一下自己，爲環保事業，我們道教發聲了没有？就是我們有没有發出我們的聲音。現在社會上有很多環保團體、環保志願者，他們有各自的文化背景和宗教背景，但是我基本上没有看到有道教背景的，就是説我們道教還不習慣於在社會上宣傳我們很好的爲百姓造福的理念，還没有發出自己的聲音。也許有些道長會説，我們祖師爺叫我們出家修行，我們只要在廟裏修好自己就行了，社會上的事情可以不管。實際上我想，我們道家的原貌是這樣的嗎？我們説不是，大家請記住，道家原來是顯學，顯學的意思就是和儒家一樣，在社會上是有影響的，甚至有一段時間，社會上的人不是學儒就是學道，不是學道就是學儒。我們道家之前顯學的狀態是怎樣做出來的呢？也是我們祖師爺在社會上宣傳，在社會上推廣，在社會上把握自己的陣地，推廣自己的理念，這也是祖師爺的修行。所以我們這時候更要回到剛剛所説的，我們要有文化擔當，我們作爲道教徒，可以爲我們的社會做更多的事情，要記住我們道士是“上佐天子，下輔萬民”，在歷史的任何階段，尤其是特殊轉折階段的時候，能够發揮很大作用的這麽一個團體，所以我們要有文化自信。我覺得在環保事業中，我們道教可以做得更多，可以爲我們的百姓、爲我們的世界做出更多的貢獻。謝謝大家！

王馳博士：

謝謝梁崇雄道長！您講得這個特别好，還是回到重陽真人，今天我們多次談到重陽真人得了不起,《重陽立教十五論》當然是每個全真弟子必看的。有一個我記得很清楚,其中有一個《論蓋造》,重陽祖師就特別説到,道人不要雕樑畫棟,不要搞得規模氣勢很大,當時他清修,他要幹什麽,他要找一個茅草屋、一個小静室,那就可以了,因爲一旦搞大型的宫觀,就要斷地脈之津梁。這種思想和剛纔講到的養生又合到一塊兒去了。我們誰都不願意拿刀子、錐子在自己身體上這裏挖一塊,那裏切一塊,不到萬不得已,我們不願動這種外科手術。那麽大家想想,如果把地球看作母親的話,我們爲什麽忍心給地球母親大動外科手術呢?我去過一些道教名山,其中包括武當山,還有一些其他的名山,總之是很多地方,特别是景區以外的地方,因爲不受景區保護,有些山的一半都没有了,據説另一半馬上也會被挖掉了,這個挖山的現象特别嚴重。因爲我經常關注古人對於山脈走向的描述,很多東西是不能動的,這是我們中華民族的命脈,是我們老祖先留下的,這一代子孫把它給挖了,我們的後代怎麽辦?大家也知道,現在很多的自然災害,我們從環境生態看起來,真的跟我們過去一段時間不注重環保,亂挖、亂砍、亂造有關係,所以習總書記明確提出來,我們一定要緑水青山,我們不能衹要金山、銀山,因爲金銀總有盡,但是緑水青山没有盡頭,所以這個真得很重要。

講到這兒,有個很有意思的事情,前兩年曾經和一個道友聊天,他講話很有意思,説什麽呢?他説中國歷史上佛教石窟很多,道教没怎麽造。當然有的人就説道教影響小唄,所以道教石窟少。他説了一個原因,我覺得很有道理。他説道士但凡看見有個洞,人家不造石窟,人家住進去修行了,而且即便不修行,人家把它保護好,這個地方是天地所設。我覺得這還真就符合中國傳統上"護天護地護山林"的講法,《孟子》裏面也講過,這個是相通的,不論是我們的儒家道家都在講這個。所以道教真的是需要在環保這方面發聲。梁道長,我在這裏也問您一個小問題,我知道您在香港那邊講學比較多,我們去年去香港參訪,聽過一個佛教組織介紹的生態環保,我就想問問,您覺得香港特别行政區,他們這麽多的人口,這麽小的一個地方,香港人的環保對我們大陸的環保有什麽啓發呢?

梁崇雄道長:

謝謝!其實我對這方面的研究也不多,不過兩個地方,因爲可能社會文化背景不一樣,或者社會制度不一樣,它那邊很早就進人工業社會,民間團體較之大陸是相對活躍的。大陸這方面,其實我也知道這段時間以來,城市裏面很多年輕人也組織了類似的團體,去推動各方面事業的發展。但起步比較晚,没關係,起步了就好,尤其是現在黨和政府對這方面還是很重視的,因爲有民間的力量去補足政府力量不够的地方,政府關照不到的地方,由民間團體去把它補足,這也是個好事。所以党和政府也是在有意的引導這些非政府組織、自然團體去做一些公益事業,我相信它將來會發展得越來越好。

王馳博士:

再次謝謝梁崇雄道長!我們今天五位嘉賓,大家也看到了,講得都非常好,令我們深受啓發。但是因爲時間的原因,接下來還有書畫的筆會,還有很多其他豐富多彩的活動,我就不多講了。我最後想提出個問題來,既供我們五位嘉賓思考,也供下面在座的朋友們思考。什麽問題呢?最後我想提出一個什麽是道教真精神的問題。道教真精神,可能有的朋友聽過,也可能有的没聽過,這個詞不是古代術語,這個概念是近代著名的歷史學家陳寅恪先生提出來的。他在哪裏提出來的呢?在馮友蘭先生的《中國哲學史》下册審查報告中提出來的。它雖然是一本書的審查報告,不是我們現在所謂的正式學術論文,但是這個問題的提出,我覺得對今天的道教,特别是對道教的振興與發展,非常具有啓發意義。它大概的話是這樣説的,他覺得中國文化的根在於道學和儒學,佛教從外來,來到中國後不斷改變它的印度面貌,成爲中國的佛教,這就是我們所謂的儒、釋、道三教。其中他特别提到道教自有它的真精神,什麽樣的真精神呢?陳先生説一方面要不忘本來民族文化之本位,這個本位很重要,它的根在中國,説中國的故事,他講的是中國人的思維;一方面又要吸收外來的學説,陳先生從歷史研究的角度提出,道教在一定程度上借鑒過印度傳來的佛教文化。那麽,他在民國時期提這個,是不是也在暗示,道教在中西文化的碰撞中要汲取西方,書中没有明説,但是他提出來了不忘民族之本位,吸取外來文化的精華。我爲什麽提出這個問題?因爲這個論斷很重要,十九大報告中一直在提,未來中國的文化一定是以馬克思主義爲指導的,一方面要汲取傳統文化的智慧,另一方面又要吸收外來文化。這與陳先生講的完全一致。所以,未來中國文化怎麽走,道教會在其中起什麽樣的作用,從道教真精神的論斷中,我想大家會深受啓發。什麽是道教真精神?我的博士論文最後結語部分的題目就是《談談道教真精神》,但答辯的時候有老師反問我:什麽是道教真精神?我那時候很難用幾個詞來概括,真得很難,比如"上善若水""無爲不争"等,當然這些都是,道教真精神就這些嗎?道教還有没有自己的真精神?剛剛我們幾位嘉賓也提到,在弘道的過程中,我們要有發言權,我們得有標志性的話語,比如今天我們説到慈悲,一定會想到佛教,雖然這個詞是中國古漢語,但是誰説得最多呢?佛教。那道教有没有類似的話語呢?有。在《度人經》中有“慈愛”這樣的話，不是“慈悲”，是“慈愛”，所以道教大講要慈善、慈愛，我們需要一些這樣標志性的話語來體現道教真精神。如果按照陳先生的想法，根據我本人的期望，未來中國應該有一批真正體現道教真精神、弘揚道教真精神的思想大師。以前我們的老師講，現在是一個没有大師的時代，真正的思想大師，我們現在很匱乏，未來中國應該有一批能弘揚道教真精神的人，他們就是思想大師。但是大師不好當，因爲你要貫通中西，這個問題可能是近代以來的學者們一直在糾結的問題。今天我們討論了很多道教的問題，如果我們能歸結到我們最後所講的道教真精神上來的話，日後在我們的文化弘揚、文化自信中，一定會有道教真精神，一定缺不了道教真精神。

我想今天在座的各位，都希望道教能振作，中國傳統文化能振興，今後我們國家無論是在經濟上、軍事上、文化上，我們都能够自豪地説，我們是龍的傳人。但是這個工作，如果要做好，需要一步一步脚踏實地地走。在此我也代表我們所有論道的嘉賓，祝願我們優秀的道教文化能够不斷地弘揚和發展，我們偉大的祖國能够國泰民安，永享太平。嶧山道教論壇到此結束。謝謝大家！

（録音整理：魏淑賢、樊盛豔、劉嘉欣、蘇相陽、李哲奇、盧欣雨）

（責任編輯：趙衛東）

全真教史家與全真教史的建構

□張廣保

摘要:金元時期全真教史界群星燦爛、人才輩出,出現一個教史家群體,這在整個道教史中都是空前絶後的現象。本文通過對全真教文獻及相關碑銘的爬梳,排選出全真教八大教史家。準此,本文將對這些全真教史家的生平、交遊及書寫教史進而建構全真教認同的歷史予以重點研究。

關鍵詞:全真教史家　全真教史　全真教認同

作者簡介:張廣保,1964 年生,江西東鄉人。現爲北京大學哲學系教授,博士生導師,主要研究領域爲中國經學史、中國道教史。

一、全真教教史家群體

中國是一個有著悠久歷史記述傳統的國家。與世界其他古老文明相比,中華文明特别重視歷史記録。不但早在西周以前就設立史官,確立官修歷史的傳統,而且私家修史的風氣也長盛不衰。各種不同體裁的歷史著述,諸如編年體、紀傳體、紀事本末體、通鑒體、實録體、譜諜體、碑銘體等一應齊全,這在其他古老文明中極爲罕見。從解釋學視角説,記述歷史同時也就是建構歷史,記述者强調特定歷史事件的書寫,向後世刻意呈現歷史特定向度,同時也遮蔽某些方面,表明歷史撰作本身也是歷史創造的一部分。因此,歷史作品絶非僅是對歷史事件的客觀記述,而同時也是歷史學家參與歷史創造的物證。

道教作爲中國傳統文化的重要組成部分,也繼承了中華文明重史這一優秀文化傳統。不過與道教其他各派相較,全真教尤其重視教史的書寫與記録。我們完全可以説,全真教之所以能够在金代重開道統,異軍突起,成爲傳承至今與正一教並駕齊驅的主流道教教派,乃是與其重視教史記録的教史傳統緊密相關的。因此,研究全真教史的書寫就不能僅將其視爲單純的全真史學,而應同時關注在全真教史的書寫過程中,全真教是如何逐步建構起自身的宗教形象,凝聚教門的向心力,從而實現宗教認同,甚或指引教門未來發展方向。

在全真教的發展中,金元時期無疑是教派發展的核心時期,與此相應,全真教史的撰作也以這一時期最爲繁盛。這一時段全真教産生了八大教史家,他們依出生先後分别是李鼎、秦志安、李志全、姬志真、史志經、李道謙、趙道一、朱象先等。除此之外,還有一批親近全真教的教外外護,例如元好問、劉祖謙、宋子貞、王鶚、王磐等士大夫,他們爲其時全真教高道包括上述全真教史家及宫觀撰作大量碑記,向世人展現教外是如何看待全真教的,這就無形中建構起全真教的社會形象。金元時期教内、教外對全真教史的書寫與建構,互相交織,互相影響,從而集體呈現全真教的整體面貌。

金元時期全真教史書寫的體裁多種多樣,既有編年體例如李道謙的《七真年譜》,紀傳體例如秦志安《金蓮正宗記》、李鼎《七真仙傳》,通鑒體例如趙道一《歷世真仙體道通鑒續編》,又有碑銘體例如李道謙《甘水仙源録》,圖譜體例如劉天素、謝西蟾《金蓮正宗仙源像傳》等。這些全真教史著作大都流傳至今,向世人展示全真教在核心時期的宗教形象,爲後世全真教的歷史敘事確立基調。然而值得注意的是,進入明代以後,全真教的教史傳統出現轉向,教史的書寫出現離散的、去中心化的、以宫觀山志爲特點的新的書寫傳統。除了少數宗派譜外,再也没有産生足以展示全真教整體形象的教史著述。

金元時期全真教史界群星燦爛、人才輩出,出現一個教史家群體,這在整個道教史中都是空前絶後的現象。對此,我通過對全真教文獻及相關碑銘的爬梳,排選出全真教八大教史家。他們分别是李鼎、秦志安、李志全、姬志真、史志經、李道謙、趙道一、朱象先。除此之外,還有第二梯隊的張邦直、張本、王粹、王道亨、彭志祖、劉天素等。

這些全真教史家具有的一些共同特點,頗值得我們予以關注。首先,除個别人外,他們多數都很長壽。除趙道一由於史料有限,無法考出其世壽外,其中虚舟老人李鼎享年 113,堪稱壽星,而朱象先世壽 93,李道謙享年 78,姬志真世壽 76,史志經世壽 74,李志全世壽 71。這以當時的平均壽命考慮,都應該算長壽之列,内中衹有秦志安因爲編纂《玄都寶藏》,工作超負荷,享年 56,活得最短。其次,他們多數都是因爲蒙金易代,蒙古國推行崇道政策,進而由儒入道。此外,從宗派歸屬看,其中來自劉處玄、宋德方宗系最多,計有李鼎、秦志安、李志全、史志經,佔八大史家的一半;出自郝大通一系有姬志真、朱象先,出自馬丹陽一系有李道謙。衹有趙道一住居江西浮雲山,或係元滅南宋之後加入全真教,對此我們還不能斷定。最後,他們互相來往,交遊密切,且都偏重爲本宗系高道、宫觀撰碑銘,書寫歷史。

對於金元全真教史家群體,學術界目前尚缺乏系統研究,除少數教史家如秦志安、李道謙、趙道一間或有論述外,其他人都湮没無聞,没有引起學界關注,更遑論將他們當作一個群體予以研究。

(一)宋德方一系教史家及教史書寫

全真教八大史家中,倘若以出生年代而論,出自劉處玄、宋德方宗系的李鼎稱得上是金元全真教第一位教史家。然而關於他,除秦國帥最近發表的《七真仙傳與全真歷史:以臺灣大學圖書館藏〈七真仙傳〉爲中心的考察》[①]有所論及外,學術界一直未有專論。李鼎(1186? —1298?),字之和,道號虚舟野人、虚舟道人、虚舟老人,山西太原人,全真高道宋德方門人,生卒年不詳。《(光緒)山西通志》卷十五《貢舉譜》稱他於章宗泰和中舉進士,考章宗泰和六年(1206)爲泰和年最後一次策舉進士,王鶚爲《全真大傳》所撰序也稱他爲河東名進士。假定他此年弱冠舉進士,則最遲應生於金世宗大定二十六年(1186)。這一年劉處玄年四十,接掌全真教門。又考宋德方仙逝於定宗二年(1247),享年六十五,則李鼎加入全真道不得晚於此年,其時六十三。他也是金元全真教史家中最長壽者,現存最晚一通出於其手的碑記爲元成宗大德元年(1298),則其享年 113 歲。李鼎是元代全真教最重要的史家之一,曾參與全真教最重要的教史著作《全真大傳》的編纂,並最終寫定該書。此外,他還撰有多通全真教碑銘,是元朝撰寫碑銘數量最多的教史家。

有關李鼎入道之年,教史失載,然考其《玄都至道披雲真人宋天師祠堂碑銘(並引)》,自題"門人前進士虚舟野人太原李鼎撰",文中又稱"予先師真人今棄予而往矣",則他師事宋德方不得晚於宋德方仙逝的定宗二年(1247)。這一年,他已是六十三歲的老人。

如前所述,李鼎是全真教史家中撰寫碑銘最多的史家,他爲元代不少全真高道及重要宫觀撰寫碑記。據筆者初步統計,他曾爲十八大士中的四位撰寫碑記,這在金元全真教史家中並不多見。憲宗五年(1255),他爲自己的度師,同時也是劉處玄一系的宗師宋德方,撰寫《玄都至道披雲真人宋天師祠堂碑銘(並引)》,自題"門人前進士虚舟野人太原李鼎撰"。按宋德方逝於定宗二年(1247),原葬

① 秦國帥:《七真仙傳與全真歷史:以臺灣大學圖書館藏〈七真仙傳〉爲中心的考察》,《世界宗教研究》2017 年第 3 期,第 104 ~ 114 頁。

於陝西祖庭重陽宫,憲宗四年(1254)遷葬於山西永樂純陽宫,蓋此地藏有《玄都寶藏》經板,係宋德方、潘德沖之弘教基地。葬後次年,李鼎奉尹志平、李志常之命撰此碑,1263 年立石於純陽永樂萬壽宫。[①]

同年,李鼎還撰寫《沖虚大師于公墓碣銘》,記載列居十八大士之一的全真高道沖虚大師于志可的生平行事。[②]

世祖中統二年(1261),李鼎爲蒙古國時期第三任全真教掌教李志常撰寫《李志常傳》。此文係李鼎爲王鶚所撰《玄門掌教大宗師真常真人道行碑銘》所作初稿,過去一直歸於王鶚名下。其實,收入《甘水仙源録》卷三、題名"翰林學士承旨、資善大夫、知制誥兼修國史王鶚撰"之《玄門掌教大宗師真常真人道行碑銘》,實際上是依據李鼎撰寫的《李志常傳》寫成的。對此,王鶚文中已有交待:"具狀其師之道行,及持虚舟道人李鼎之和所爲傳,並以見示。"[③]因此,《玄門掌教大宗師真常真人道行碑銘》應爲李鼎、王鶚合撰。

同年九月,李鼎又爲全真高道、列居十八大士之一的重玄子孟志源撰寫《重玄廣德弘道真人孟公碑銘》。[④] 這樣,自憲宗三年(1253)至中統二年(1261)八年時間,李鼎先後爲全真教十八大士的宋德方、于志可、李志常、孟志源等四人撰寫碑記,其中李志常還出任蒙古國時期全真教第三任大宗師。李鼎的這些碑記,成功地塑造了四位高道的宗教形象。碑記一直流傳至今,對於我們瞭解蒙古國時期全真教的歷史具有很高的史料價值。而他之所以有機會爲四位高道撰寫碑記,是因爲在宋德方仙逝之後,他長期住居長春宫,常奉掌教宗師之命,爲全真教高道及宫觀撰寫碑記,記録教史,差不多充當全真教的專職史官。這也可以解釋,李鼎撰寫碑記爲何没有像其他教史家那樣限定全真教特定宗派。他雖説出自劉處玄、宋德方宗系,但也爲其他全真宗系撰寫了不少宫觀碑記。中統元年(1260),他爲郝大通一系李志柔重修古樓觀宗聖宫撰寫《大元重修古樓觀宗聖宫記》,記述郝大通、開玄李真人一系高道同塵洪妙真人李志柔修復古樓觀宗聖宫事跡,並從全真教角度對道教傳承予以概述。這是一通很重要的碑記,對於我們瞭解全真教如何通過重修傳統道教宫觀以接管、改造傳統道教提供了一份珍貴

① 陳垣編纂:《道家金石略》,北京:文物出版社,1988 年,第 546 ~ 549 頁。

② 李道謙:《甘水仙源録》卷五,《道藏》第 19 册,北京:文物出版社、天津:天津古籍出版社、上海:上海書店,第 764 ~ 765 頁。

③ 李道謙:《甘水仙源録》卷三,《道藏》第 19 册,第 747 頁。

④ 李道謙:《甘水仙源録》卷六,《道藏》第 19 册,第 770 頁;又見陳垣編纂:《道家金石略》,第 553 ~ 554 頁。

史料。這一年八月,他又撰寫《長真觀碑記》,記述郝大通、丘處機弟子圓明子李某於蒙古太宗六年(1234)創建長真觀的事跡,該觀位於霸州固安縣。①

至元十二年(1275),李鼎又爲丘處機弟子葆光大師谷神子創建的洞神觀撰寫《洞神觀碑記》②,爲女冠陳守玄創建沖微觀撰《沖微觀記》③,該觀觀額係誠明真人之親署。至元三十年(1293),爲位於元大都的寧真觀撰《寧真觀記》④,此觀係世祖中統四年由超然崇道清真大師丁公創立,此年立石,觀記題太原虛舟老人李鼎。此外,李鼎還爲濬州神霄宫重修撰《濬州重修神霄宫碑》,並書丹、篆額。

他的全真教史書寫活動一直持續至成宗主政時期。元成宗大德元年(1297),李鼎爲位於燕京的坤道觀玉華觀撰《玉華觀記》⑤。這是筆者經目最後一通由李鼎撰寫的碑記,可能此後不久他即辭世。幸虧這通碑記,我們對他晚年活動纔有所瞭解,並進而推定他的住世年限。

除了撰寫全真高道、宫觀碑記之外,李鼎對全真教史書寫最值得稱道的就是參與《全真大傳》的編纂,並最終寫定該書。關於此書,秦國帥已有專文討論。⑥在此,我再補論一下。《全真大傳》或稱《七真仙傳》是金元全真教最早、最權威的一部記述王重陽及全真七子事跡的教史著作。此書《道藏》失收,現藏於臺灣大學圖書館,題金朝人張邦直撰。此書大有來歷,據李鼎序文,丘處機曾創意修纂《全真大傳》,功未就而真人魂歸紫府。其後李志常、張志敬在掌教期間,爲續成丘祖遺願,歷聘張邦直、張本、王粹、李鼎等四位教史家編修。諸序文或題《七真仙傳》,然觀是書編纂緣起,以題《全真大傳》爲宜。與宋德方一系秦志安編撰的教史著作《金蓮正宗記》不同,《全真大傳》是由丘處機創意,李志常、張志敬兩任大宗師監修,四位教史家先後續修的權威教史書寫,對於確立全真教宗教認同具有重要意義。

中統三年(1262)四月,虛舟道人李鼎依據舊稿最終撰成《全真大傳》定稿,對於是書定型發揮重要作用。其序文云:

> 誠明嗣教,越中統三年秋九月,令予繼成之,予不避續貂之誚而不辭之

---

① 王宗昱編:《金元全真教石刻新編》,北京:北京大學出版社,2005年,第216~217頁。

② 王宗昱編:《金元全真教石刻新編》,第106頁。

③ 王宗昱編:《金元全真教石刻新編》,第106頁。

④ 王宗昱編:《金元全真教石刻新編》,第109頁。

⑤ 王宗昱編:《金元全真教石刻新編》,第105頁。

⑥ 秦國帥:《七真仙傳與全真歷史:以臺灣大學圖書館藏〈七真仙傳〉爲中心的考察》,《世界宗教研究》2017年第3期,第104~114頁。

> 者,蓋以子正、子中,文士也,所能形容者,道人身外所著之跡也,道人身中所得之事,三田上下、沖氣周流、靈風飄蕩、通關透竅、神物變態鼎旨,皆文士之所信不及者,又豈能形容哉? 今日此事,天不欲示之於人則已,果欲示之於人,予何辭焉?[①]

在此,李鼎明確指出,其續修的創新之處在於不祇單純展示師真的外在教跡,還要直探全真内丹學性命雙修之内核。對此,王鶚爲《全真大傳》所撰序也頗爲肯定:"之和,河東名進士也,晦跡長春,講論不輟。既受命,夙夜苦心,剔繁去冗,遂爲成書,仍於傳後各立贊論,而序之於前。予暇日披讀,良深歎詠,不惟見之和之才之富,而誠明成真常之志,使天下後學,得觀師真已然之驗,可謂知所先務矣。"[②]

至元五年(1268),奉全真掌教宗師張志敬之命,門人葆真大師、長春宫講經賜紫彭志祖刊刻《全真大傳》並撰序文:

> 《七真仙傳》,自河内張邦直子中爲之,張本、北平王粹子正寔增飾之,太原李鼎之和又從而繼述之,前後歷二十餘稔,始克完備。今翰林諸先生又各爲序引,以冠其篇首,由是俾向上諸師瑰蹤偉跡,價益隆重,譬猶荆山之璞,入卞和之手,凡經三獻而後乃得。真常嗣教,誠明宗師真人命僕繕寫,以鋟諸本。僕既書之,謹題數語,以志其始終之大略云。[③]

由此可見,此書由編撰至刊刻都是在歷任全真教掌教宗師直接督導下進行的,超越各宗系的教史建構,乃是元朝全真教最具代表性的教史書寫,對於元代全真教確立教門傳統,發揮重要影響。直到元成宗大德七年(1303),全真教徒路道通還重刻《全真大傳》並撰序文,以重温教史傳統:"右《七真傳》二集,舊板既毁,恐泯其傳,嘗請於内相上黨公慨然爲之序引,與前後諸作,輝映仙傳,於是挾之南遊,重繡諸梓,好事者且樂爲成之,用垂不朽之。"[④]

與李鼎由儒入道經歷極爲相似,全真教史家秦志安也是源於宋德方一系。關於他,學界論述較多。秦志安(1187—1244)是蒙古滅金之年(1234),師禮劉處

---

① 臺灣大學圖書館藏《七真仙傳》,一册,不分卷,金朝人張邦直撰,見張寶三主編:《臺灣大學圖書館藏珍本東亞文獻:中國古籍篇》,臺北:臺灣大學出版中心,2013 年,第 227 頁。

② 臺灣大學圖書館藏《七真仙傳》王鶚序。

③ 臺灣大學圖書館藏《七真仙傳》彭志祖序。

④ 臺灣大學圖書館藏《七真仙傳》路道通序。

玄一系高道宋德方,加入全真教,這一年四十七歲。元好問《通真子墓碣銘》載云:"河南破,北歸,遇披雲老師宋公於上黨,略數語即有契,因執弟子禮師之,受上清大洞紫虛等籙,且求《道藏》等書縱觀之。"①

秦志安對全真教乃至整個道教的最大貢獻無疑是主持元《玄都寶藏》的編纂。太宗九年(1237),遵丘處機生前囑託,宋德方發起元《玄都寶藏》的編纂工程。這次編撰前後費時十年,主要參與者有秦志安、毛養素、李志全、何志淵、王志謙等人,多數都爲宋德方宗系。元《玄都寶藏》以北宋政和《萬壽道藏》、金《玄都寶藏》爲基礎,並收入新出道書,尤其是全真教本系道書,規模達七千八百卷,篇帙爲歷代《道藏》之冠。李鼎《玄都至道披雲真人宋天師祠堂碑銘(並引)》載:

> 丁酉……遂與門人通真子秦志安等謀爲鋟木流佈之計。……真人乃探道奥以定規模,稽天運以設方略,握真機以洞幽顯,秉獨斷以齊衆慮,審人材以敘任使,約□程以限歲月,量費用以謹經度,權輕重以立質要。……若夫三洞三十六部之零章,四輔一十二義之奥典,仁卿藏經碑文,□真人参校政和、明昌目録之始,至工墨裝褾之畢手,其於規度旋斡,靡不編録,讀之一過,見其間補完亡缺,搜羅遺逸,直至七千卷焉。②

宋德方雖然是《玄都寶藏》編纂工程的招集者,並負責資金籌集,但《玄都寶藏》的業務總纂無疑是秦志安。

關於秦志安參與藏經之編修,元好問在《通真子墓碣銘》記載:

> 披雲爲言,喪亂之後,圖籍散落無幾,獨管州者僅存,吾欲力紹絶業,鋟木流佈,有可成之資,第未有任其責者耳。獨善一身,曷若與天下共之?通真子載拜曰,□□謹受教。乃立局二十有七,役工五百有奇,通真子校書平陽玄都以總之。其於三洞四輔,萬八千餘篇,補完訂正,出於其手者爲多。……寶藏既成之五月,謂徒衆言:寶藏成壞,事關幽顯,冥冥之間,當有陰相者。今大緣已竟,吾其行乎!越二十有五日,蜕形於所居之樗櫟堂,得年五十有七。③

同爲宋德方門下的何志淵也參與《玄都寶藏》編纂。元杜思問撰於至元十七年

---

① 陳垣編纂:《道家金石略》,第486頁。
② 陳垣編纂:《道家金石略》,第547頁。
③ 元好問:《通真子墓碣銘》,陳垣編纂:《道家金石略》,第486~487頁。

(1278)《樂全觀記》載云:

> 師何姓,名志淵,字東夫,道號清真子……幼習儒素,科應兼經,值亂北歸,遇丁酉歲國家設貢舉於平陽,師中甲科,由是免俘入道爲黄冠師,往來汾、晉間。適故天師宋公闡教於彼,因得而師事之。是時方鏤雲章,遂令師讎校,兼領並門鈞天局,其餘七局皆隸焉,授以講演之職。……掌教洞明真人祁公,起師充藏室提點兼純陽宫事,又令提點平陽路天師門下道衆,其餘建豐碑,改宅兆,修玄都,師之才居多。迄今行年九十,而精力不衰,親書細字文章,邃於□理,質而不俚,有《水穀代腹》七卷傳於世。①

按碑中提到丁酉(1237)歲平陽貢舉,當係專爲《玄都寶藏》編纂招募人才,可見此時全真教的勢力何等之巨。

作爲全真教史家,秦志安最值得稱道的是撰作《金蓮正宗記》,這是全真教中成書最早的一部教史著作。據毛養素撰於太宗十三年(1241)《金蓮正宗記》序,可知是書編成於此年之前。《正統道藏》之《金蓮正宗記》共五卷,收録全真五祖、七真、和德謹、李靈陽諸祖師傳記,總計 14 人。其實,《金蓮正宗記》祇是一個删節本。《金蓮正宗記》卷一録全真教祖東華帝君、鍾離權、吕洞賓、劉海蟾,卷二録全真教實際創始人王嚞,和玉蟾、李靈陽;卷三至卷五著録了馬丹陽、譚處端、劉處玄、丘處機、王處一、郝大通、孫不二等七大弟子,這實際隱含著全真教五祖七真的宗祖譜。秦志安這一全真譜系顯然源自其師宋德方之《全真列祖賦》,反映劉處玄、宋德方宗系對全真教史的建構。

秦志安還爲劉處玄、宋德方宗系高道及宫觀撰寫不少碑記。太宗八年(1236),秦志安撰寫《長生真人劉宗師道行碑》《披雲仙翁贊》《披雲創鑿石室頌》②,這些碑贊成功塑造了劉處玄、宋德方的全真高道形象。乃馬真后二年(1243)之前,他又爲劉處玄、瑩然子周尊師一系段志寥、姚志玄興建的玉陽道院撰寫《重修玉陽道院記》,道院位於河南洛陽西南。③

此外,值得特别提及的是,他還於住居玄都宫時主持玄學講席,元好問稱贊他"樂於提誨,不立崖岸,居玄都十餘稔,雖日課校讎,其参玄學,受章句,自遠方

① 陳垣編纂:《道家金石略》,第 652 頁。
② 陳垣編纂:《道家金石略》,第 469 ~ 470 頁。
③ 王宗昱編:《金元全真教石刻新編》,第 149 ~ 150 頁。

至者,源源不絶。他主師席者,皆竊有望洋之歎焉”①。這裏首次提到全真教的玄學,值得我們重視。按,秦志安主持玄都宫玄學講席早於李志常在燕京長春宫設立的玄學。據李鼎《玄都至道披雲真人宋天師祠堂碑銘並引》記載,《玄都寶藏》修成之後,當時刻印一百二十藏,藏於全真教各大宫觀。宋德方又於每藏設立講席:“復恐學者乍見玄經廣大,不知有一貫之實,或致望洋之歎,故每藏立一知道之士主師席,令講演經中所載聖賢之所以爲聖賢之事,庶使一一就博學詳説之中,得反説約之妙,得悟同然之理。”②宋德方在上述宫觀設立的講席顯然主要是講解《玄都寶藏》。又據秦志安所撰《興真觀記》,秦志安就曾在位於山西聞喜縣的堯都長春觀擔任三洞講經法師。該碑雖立石於憲宗九年(1259),但秦志安觀記之作當在1244年即仙逝之前,《道家金石略》編者按語失考。③ 據此可知,此後燕京長春宫設立玄學乃是參考宋德方這一時期於各宫觀設立玄學基礎上創設。另外,秦志安還著有《林泉集》二十卷。④

曾出任蒙古國時期首任玄學提舉的全真教史家李志全(1191—1261)也是出自宋德方門下。據李蔚所撰《純成子李君墓志銘》記載,李志全,字鼎臣,太原太谷人,1223年丘處機覲見東歸,李志全拜謁丘處機並獲賜法名:“長春西回,策杖徒步,謁見於奉聖龍陽觀,授以道妙暨諱名。自是山居有年,名聞籍甚。”⑤按李蔚《純成子李君墓志銘》没有指明李志全的宗派歸屬,其實他是劉處玄、宋德方一系,山西龍山全真石窟之第六窟爲宋德方造像,其中有李志全1239年題記,題名爲門人李志全稽首作頌。又李蔚《純成子李君墓志銘》稱李志全也參與藏經之修纂:“其後東萊宋披雲以所在道書焚於劫火,奉朝旨收拾於灰燼之餘,散亂無復可考,求博洽異聞之士,俾校讎之,乃得講師,始終十年,朝夕不倦。三洞靈文,號爲完書,功亦不細。教主李真常奉恩例,賜公純成大師。”⑥李志全是除秦志安之外,最重要的幾位編撰者之一。又,憲宗時李志常創立道教玄學,李志全出任玄學提舉,這説明他在全真教的地位非同一般。

作爲全真教史家,李志全主要爲全真高道宋德方、尹志平撰寫碑贊,並編選七真以下有關修真主題的詩賦文選。太宗八年(1236),李志全撰寫《總真玉室祝

① 元好問:《通真子墓碣銘》,陳垣編纂:《道家金石略》,第487頁。
② 陳垣編纂:《道家金石略》,第547頁。
③ 陳垣編纂:《道家金石略》,第533~534頁。
④ 元好問:《通真子墓碣銘》,陳垣編纂:《道家金石略》,第486~487頁。
⑤ 李道謙:《甘水仙源録》卷八,《道藏》第19册,第785頁。
⑥ 李道謙:《甘水仙源録》卷八,《道藏》第19册,第785頁。

文》《披雲門贊》。[①] 憲宗元年(1251),李志全撰《清和演道玄德真人仙跡之碑》,詳細記載尹志平求道弘道事跡,這是尹志平現存諸道行碑中較早一通。[②] 中統二年(1261),李志全仙逝,享年七十有一,平昔著述號《酎泉集》三十卷行於世,又集七真及以下諸師詩賦二十卷,目曰《修真文苑》。《純成子李君墓志銘》贊其"三洞寶典,灰燼遺殘,校讎十稔,書始爲完。拂衣高蹈,雅志林巒,却歸舊隱,終老盤桓"[③]。

出自宋德方門下的最後一位教史家是史志經(1202—1275),他曾參與元代佛道廷辯,是元代佛道辯難中道教一方的重要代表。他也與李志全、姬志真一道,擔任大長春宫玄學講師。史志經,字天緯,道號洞真子,絳州翼城人(今山西省翼城縣)。王鶚《洞玄子史公道行録》:"公名志經,字天緯,絳州翼城人,世習儒業。"[④]史志經撰有《老子八十一化圖》(與令狐璋合著)、《玄風慶會圖説文》、《重陽真君憫化圖序》等重要教史文獻,並編《華山志》十四卷等。此外,史志經還爲教内多名高道撰有碑記。

太宗六年(1234),令狐璋、史志經等人編撰《老子八十一化圖》。此書是對東漢以來道教内外例如《風俗通義》《老子聖母碑》《老子變化經》直至《猶龍傳》《混元聖紀》等一脈相承的太上老君變化説予以圖示,由令狐璋負責繪圖,史志經撰寫文字解説。[⑤] 此書對建構全真教與道教傳統的關係具有重要作用,後來成了佛、道争論的導火索。史志經關於全真教史書寫最重要的著作無疑是《玄風慶會圖》。至元十一年(1274),史志經參訪七真弘道故跡,撰成《玄風慶會圖》。此書與前此教史撰作例如秦志安《金蓮正宗記》、李鼎等人的《全真大傳》不同之處乃在於以丘處機覲見成吉思汗這一歷史事件爲中心,系統敘述丘處機降誕、禮師、修道、弘道、救世的不凡事跡,突出對丘處機宗教領袖形象的塑造,從而爲元朝全真教重塑傳統。對此元代教史家李道謙的《玄風慶會圖》序點評很貼切:

> 是書之出,非惟光揚宗師之瑰瑽偉跡,實爲後進者照心之鏡、釋疑之龜也。何則?且觀其分瑞棲霞、遁跡崑嵛也,則知宗師雖稟受異氣,亦當捐情

---

① 陳垣編纂:《道家金石略》,第 468 ~ 469 頁。

② 陳垣編纂:《道家金石略》,第 538 ~ 541 頁。

③ 李道謙:《甘水仙源録》,《道藏》第 19 册,第 785 頁。

④ 陳垣編纂:《道家金石略》,第 577 頁。

⑤ 釋祥邁:《至元辨僞録》卷三云:"令狐璋首集僞説,史志經又廣邪文。菽麥不分,古今匡辯。採王浮之詭説。取《西昇》之鄙談。學佛家八十二龕,糅老子八十一化。"載《乾隆大藏經》第 146 册,臺北:新文豐出版社,1998 年。

割愛，絶累離塵，俗既遠而道自近也。又觀其謁師寧海、附友汴梁也，則知求學之初，必賴明師指授，益友輔相，卒能成其道業也。又觀其磻溪煉行、龍門全真也，則知雖得所受，必當岩居穴處，嗇氣凝神，以全煉養之功也。又觀其振教祖庭、構觀濱都也，則知道成德著，必當建宮立觀，濟物度人，以衍真教之無窮也。又觀其雪山談道、松島論玄也，則知至人既成諸己，必當恢弘聖道，澤及生民，以進上天之品位也。嗚呼！宗師空洞真仙，降宣龍教，尚不能躐等而進，必待循循而修，始得超證無上道果，後之學者，固當取法是書，朝披夕省。曰昔宗師之修也，如是而行，今我之學也，亦當如是而進，自能行之有階，進之有序，其於即言相契真常，出化機，登道域，則有余師矣。又豈非照心之鏡、釋疑之龜者歟？[①]

此外，史志經在書寫全真教史時與李道謙一樣頗有現代史家的風範，不但重視文獻資料，而且還很注意遺跡考察，廣羅碑銘實物。王鶚《洞玄子史公道行録》記録他撰作《玄風慶會圖》時，曾東遊海濱，考察七真故居及王重陽宣道的遺跡："戊午，東遊海濱，謁七真故居，訪重陽祖師行化遺跡。"[②]又，他於蒙古太宗十三年(1241)編撰《華山志》利用住居華山雲臺觀之便，廣搜華山碑銘，撰《華山志》十四卷。對此，王鶚《洞玄子史公道行録》："辛丑，專價持書控馬來邀，公雅意西遊，欣然就道。秋八月，達華封，公以華山名嶽，靈跡甚多，兵戈相尋，至於湮没，乃搜奇訪異，親歷見聞，至古今名士所作碑記、表傳、詩文，極力求之，期於必得而後已，於是著爲《華山志》十有四卷。"[③]可見，史志經不愧是全真教的良史。

史志經還爲全真教各宗系高道、宫觀撰寫不少碑記。乃馬真后三年(1244)，他爲萊州武官劉處玄所創靈虚觀重建撰寫《靈虚宫碑》。中統四年(1263)，史志經撰寫《靈虚宫碑》，碑文記述劉處玄於山東萊州武官村所創靈虚宫的興廢歷史。至元四年(1267)，史志經撰《固本觀記》[④]，此觀由丘處機命名。又，王宗昱《金元全真教石刻新編》收録《靈神洞明貞晦真人道行記》，前題"至元十六年太華山洞元子史志經撰"。這通碑刻很重要，它記録了王處一門人靈神子孫彬(王處一曾賜名道古)修道、弘道之史實："道古以道修身，以學扶教，善卜筮，精醫方，明壬遁，通相術，多材多藝，道冠東方，著有《玉陽内傳》《范無生本行》《女真戒律》。

① 王卡主編：《三洞拾遺》，合肥：黄山書社，2005 年，第 16 册，第 391 ~393 頁。
② 陳垣編纂：《道家金石略》，第 577 頁。
③ 陳垣編纂：《道家金石略》，第 577 頁。
④ 王宗昱編：《金元全真教石刻新編》，第 104 頁。

《陰符》《道德》《南華》諸經，嘗舉以授徒，闡明道之大旨。"[①]然而，史志經已於世祖至元十二年仙逝，此題至元十六年，顯然係誤題，應撰於至元十二年之前。

（二）爲郝大通、王志謹宗系書寫教史的姬志真

憲宗二年（1252），姬志真爲同宗高道王志謹弟子儒志久所創清華觀撰作《咸寧清華觀碑》，碑文記述王志謹弟子儒志久在陝西五路總管田雄的支持下，於京兆創建清華觀的事跡。碑文稱："儒公乃卜築於是，以至聖宇真堂，靖廬特室，隨宜序立，足以棲遲清侶。"[②]咸寧清華觀是王志謹宗系在陝西的一處重要據點。憲宗三年（1252）姬志真作《長春大元都宮碑》，該碑文今已佚失。清道光《高唐州志》中有《增修長春大元都宮碑》[③]，題亞中大夫禮部侍郎達莊康璧撰，康氏此碑當據志真舊碑撰成。按，姬志真《長春大元都宮碑》不知撰於何時，但康氏提到姬志真已出任三洞講經師，姑係於此年。康璧碑記王志謹弟子鄧志迴、卜志平、楊志友營修長春大玄都宮事。

蒙古憲宗七年（1257），姬志真六十五歲。此年舊曆正月，姬志真應全真教徒趙志完的請求撰《開州神清觀記》[④]，記述王志謹弟子逍遥子張志信於金哀宗正大四年、蒙古太祖二十二年（1227）於開州（今河南濮陽）創建神清觀的事跡。同年三月，姬志真撰《滑州悟真觀記》，記載王志謹一系女冠郭某與女冠王眇瑞共同創建滑州（今河南安陽市滑縣）悟真觀的始末原委。憲宗九年（1259），姬志真撰《滎陽修建黄籙大醮記》，碑文記載蒙古憲宗九年，棲雲真人王志謹應滎陽縣令袁公的請求，在滎陽縣（今河南省滎陽）主持一次黄籙大醮。該碑文未見明《道藏》本《雲山集》，見於《北京圖書館古籍珍本叢刊》影印元仁宗延祐刊本《雲山集》卷四。此年舊曆十月，姬志真撰《京兆普度碑》[⑤]，碑中記載此年冬十月棲雲真人王志謹應窩闊台一系西涼府八哈的請求，舉行了一次黄籙醮。世祖至元三年（1266），姬志真撰《大元國寶峰觀記》[⑥]，該文題夷山知常老人撰，撰作時間題歲舍柔兆攝提格即丙寅年，即世祖至元三年（1266），不過碑文立石却是在八年之後的世祖至元十一年（1274），以至引起學者誤讀。記文述王志謹高徒全真女冠安真散人李守遷於河南林州（今河南安陽林州市）創建寶峰觀的事跡，以山比喻道

① 王宗昱編：《金元全真教石刻新編》，第30頁。
② 姬志真：《雲山集》卷七，《道藏》第25册，第417頁。
③ 王宗昱編：《金元全真教石刻新編》，第20頁。
④ 姬志真：《雲山集》卷八，《道藏》第25册，第422～423頁。
⑤ 姬志真：《雲山集》卷八，《道藏》第25册，第418～419頁。
⑥ 陳垣編纂：《道家金石略》，第609～610頁。

性,頗得王志謹《盤山録》之真傳。①

中統四年(1263),姬志真撰寫《洛陽棲雲觀碑》。洛陽棲雲觀由棲雲真人王志謹弟子崔志隱、管志道、董道亨、李志希等人太宗八年(1236)創建於洛陽:

> 數子於是議經道觀,爲之張本。繼而王、楊、江、李尋至,同心戮力,有作争先,卜築垍茨,芟薙墾擗。摧枯拉朽,剪荒榛枳棘之叢;解穢除紛,樹火棗交梨之木。朝勤暮止,日改月化,幾二十年,是觀浸興。立正殿以奉三清,後真堂以尊衆聖,雲會在右,芬積居東。附近門牆,膏腴之田六百畝,栽培覆護果實之木千餘株,檜柏蕭森,門庭清肅。養生儲蓄,取諸左右而豐;敬接方來,兼有自他之利。尊師報本,奉國熏修,祝贊璿圖,祈禳士庶,雲霞萃止,師真往還,乃爲東道主也。甫成而後,額之曰棲雲。蓋取其師之道號云,冀不忘師也。②

洛陽棲雲觀係汴梁大朝元宫下院,歸屬於郝大通、王志謹一宗。由姬志真所撰碑文"甫成而後,額之曰棲雲。蓋取其師之道號云,冀不忘師也"看,此時全真教的宗門意識已逐漸形成。對此,我們再看一下王志謹門下另一位高道程志保,此人在元代曾被駙馬高唐郡王承制加號爲沖虚清淨至德真人,這是繼王志謹之後該宗第二位獲真人封號。他在今山西交城創建大玄真萬壽宫,並於至元九年在該宫葬王志謹冠履,表明對此宗的宗系認同。"初,壬申之秋,環步北山近麓,擇一隙地,葬棲雲冠履,以寓歲時之敬。"③

由上所述,我們看姬志真所撰諸碑文,其中多數係爲王志謹宗系所建宫觀撰作,這説明姬志真記述全真教教史是有顯著的宗門意識的。

當然,他也爲全真教祖王重陽及全真教其他宗系撰寫碑記,例如定宗二年(1247)撰寫《重陽祖師開道碑》。④ 世祖中統五年(1264),姬志真撰《無爲抱道素德真人夏公道行碑記》。此文《道藏》本《雲山集》及延祐本《知常先生雲山集》均未收録,李道謙《甘水仙源録》卷五收録。碑文記述丘處機弟子、位居十八大士的清貧道人夏志誠修道證道的歷程。1248 年,他又撰寫《濱州重建太虚觀記》。這是一篇很重要的碑記,文中記載丘處機弟子范全生於丘祖故鄉山東棲霞重建太

---

① 姬志真:《大元國寶峰觀記》,陳垣編纂:《道家金石略》,第 609 頁。
② 姬志真:《雲山集》卷七,《道藏》第 25 册,第 413 頁。
③ 王宗昱編:《金元全真教石刻新編》,第 137 頁。
④ 姬志真:《雲山集》卷六,《道藏》第 25 册,第 411 頁。

虚觀,此舉得到山東行省李全夫人楊妙真的支持。該碑文未見明《道藏》本《雲山集》,見於《北京圖書館古籍珍本叢刊》影印元仁宗延祐刊本《雲山集》卷四。蒙古憲宗六年(1256),姬志真撰寫《高唐重修慧沖道觀碑》①,記載尹志平門人賈志希、李志端憲宗時期於山東高唐縣重修慧沖道觀的事跡。

中統元年(1260),姬志真住居汴梁大朝元宮,撰作《玄教襲明論並序》一文。該文對道教史尤其是全真教史做了系統而獨到的勾勒,是一篇很重要的全真教史文獻。兩年之後,姬志真接掌郝太古、王志謹一系宗門。《知常姬真人事跡》云:"棲雲登真,以師嗣主教事。"②據元仁宗延祐本《知常先生雲山集》,其結銜爲"主掌太古、棲雲門下宗教事"。這説明郝大通一系盤山宗已有穩定的教門管理機構。其實,郝大通宗系之間也存在競争關係。郝大通門下有兩位開宗立派的大弟子,除王志謹開創盤山派之外,另一位大弟子范圓曦以山東東平上清宫爲本山也創立宗派,在蒙古國時期還曾以郝大通嫡傳自居。

范圓曦(1177—?)於金章宗承安元年(1196)師從郝大通,早於王志謹入師門。其時,郝大通在山東寧海先天觀演教。據宋子貞(1185—1266)《普照真人玄通子范公墓志銘》載云:"公諱圓曦,姓范氏,號玄通子,寧海人。……幼業儒,喜涉獵書傳,務通大義而已。年十九,從郝太古學爲全真,太古深器之,潛授秘訣,且屬以觀事,常住多羨餘幾十萬緡,聽其出入不問。"③可見,他深得郝大通的信任。

郝大通於崇慶元年(1212)仙逝之後,范圓曦一直在山東、河北一帶弘教。蒙古太宗八年(1236),范圓曦重編、刊印其師郝大通之《崑崙文集》,並爲之撰序。序文云:

> 惟是平居製作,若《三教入易論》一卷,《示教直言》一卷,解《心經》《救苦經》各一卷,《太古集》一十五卷(内《周易参同契簡要釋義》一卷),師西來日,真定諸人已功木行於代。歸老之後,又多所撰述。至於舊集所傳,時有改定,世俗抄録,往往訛舛,欲改新之,蓋未暇也。竊惟先師之道,獨得於曠代不傳之妙,粹之以易象,廣之以禪悦,精微宏廓,遺世獨立,法言遺論,人所願見。乃今魯魚莫辨,真僞交雜,疑惑後學,在於門人弟子,實任其責。圓曦不敏,蒙賴道蔭,今得灑掃東原之正一,居多暇日,謹以師後來所正,及世所

① 姬志真:《雲山集》卷七,《道藏》第25册,第414~415頁。
② 李道謙:《甘水仙源録》,《道藏》第19册,第792頁。
③ 陳垣編纂:《道家金石略》,第502~503頁。

未見者，點校精審，按爲定本，刻而傳之。敢以蕪辭，冠之篇首。①

又據集内郝大通自序，《崑崳文集》初編成於大定十六年(1176)，共計十五卷，范圓曦此次重編又加入太古東歸以後的新作及對舊作的修改。今《道藏》太平部收録《太古集》三卷，缺損嚴重，衹是一個殘本。值得注意的是，范圓曦的序文題署"崑崳野服嗣教范圓曦謹序"，表明他是以郝大通一系的嫡傳嗣教自居的。又，蒙古太宗九年(1237)，范圓曦還募資修復郝大通早年弘教的真定太古觀，真定幕府參佐趙國寶夫人冀氏出奩資支持。元好問《太古觀記》云："幕府參佐趙侯國寶之夫人冀氏，出奩中物，直百金，起中殿廡齋廚，下及用器，無所不備，堂衆歲費，亦時給之。"②修復工程至乃馬真后稱制三年(1243)完成，元好問爲新修復之真定太古觀、天寧觀撰寫碑記。值得注意的是，天寧觀太古堂設有郝大通像，表明郝大通一系在范圓曦宣導下，已正式確立郝大通崇拜。元好問爲之撰《太古觀記》《太古堂銘》，在《太古觀記》中，元好問評論郝大通道行云："今《太古集》所載言詞，往往深入理窟，其以古道自任，有不可誣者。"③這些舉動都可視爲范圓曦强化本宗乃郝大通嫡傳的努力。不過，該宗儘管在元代影響不小，但似乎後繼乏人，范圓曦仙逝之後，該系再也無法與郝大通門下另外兩系王志謹、李志柔並駕齊驅。據我們考證，范圓曦弟子在元代衹有高道宣加封爲真人。

世祖至元二十九年(1292)，諸路道門玄學提舉王道明爲高道宣撰寫《純正昭慧沖和真人高君道行碑》。這是今日可考見的郝大通、范圓曦一宗爲數不多的高道。碑文稱："(高道宣)年三十二，始拂衣棄俗入道，禮東平上清萬壽宮玄通普照惠和真人范君爲師。本宮受業十有餘年，服膺拳拳，未始少懈。師憐其勤，遂以平昔所得於太古宗師者付授，偈賜昭慧大師，道號明真子。"④高道宣在張志敬掌教期間曾任東平路都道録，兼提領東嶽廟事，仙逝於世祖至元十三年。至元二十八年，答剌伯大王下發令旨，追贈真人號。碑文又稱其"工楷書，得歐柳法，遠近有石刻必詣求書丹"⑤。

(三)馬丹陽、于善慶宗系教史家李道謙

出自馬丹陽、于善慶宗門的全真教史家李道謙(1219—1296)無疑是全真教

---

① 范圓曦:《太古集序》,《道藏》第 25 册,第 867 頁。
② 陳垣編纂:《道家金石略》,第 482 頁。
③ 陳垣編纂:《道家金石略》,第 482 ~ 483 頁。
④ 王宗昱編:《金元全真教石刻新編》,第 38 頁。
⑤ 王宗昱編:《金元全真教石刻新編》,第 39 頁。

最著名的史家之一,他有關全真教史的三部書寫作品例如《七真年譜》《終南山祖庭仙真内傳》《甘水仙源録》無疑堪稱全真教教史撰作的典範。與上述幾位教史家一樣,他早年也是習儒,七歲時以六經童子貢禮部。

金哀宗天興二年即蒙古太宗五年(1233),蒙古滅金,譴使分别四民,凡在釋、道之籍者在政策上予以優待。元段成己《創修棲雲觀記》云:"自天兵南牧,大夫士衣冠之子孫陷於奴虜者,不知其幾千百人,壹入於道,爲之主者,皆莫之誰何,而道之教益重。既佔道家之籍,租庸調舉不及其身,非有司所得拘,而道之教益盛。"①

李道謙於是年棄儒入道。宋渤《玄明文靖天樂真人李公道行銘並序》:

> 天興癸巳金亡,朝廷譴使區别四民,凡衣冠道釋之流寓者異籍之。公在儒者籍,時兵事方殷,遂改著道者服,以謂世利多累,弗若究性命之真,終己可樂無窮也。遂於三墳五典之正,老氏五千言之微,及所謂内聖外王之説,祠祀上章、金丹玉訣之秘,咸詣精奥。②

乃馬真后稱制二年(1242),李道謙西遊關西,師事馬丹陽門下全真高道于善慶:"壬寅,西遊秦中,見洞真真人于公持籙方嚴,著見幽顯,心然之,即執贄往拜,列弟子行。洞真器其賢,待以文章翰學事,尋傾平生所得舉付之。"③可見,他在于善慶門下很受器重,是專門負責文字撰述的。這也與姬志真、史志經等人相似,説明元朝時期全真教各宗系一直堅守王重陽宣導的以文傳道的教統,十分重視網羅文學人才。蒙古憲宗元年(1251),李道謙擔任提點重陽宫事,廣積教史材料,爲教史修撰準備。宋渤《玄明文靖天樂真人李公道行銘並序》云:"辛亥,真常李公主玄教,署提點重陽宫事。憲宗皇帝詔真常設醮於終南祖庭,見公奉職周飭,復委營辦庶事,於諸方色色具集。人初疑之,繼而咸服真常知鑒。公行方見異聞勝跡、仙聖韶舉,必詳録之爲成書,以開啓後學爲己任。"④

李道謙有關全真教史的書寫特點是,在以馬丹陽、于善慶宗系爲主線的基礎之上,又兼顧全真教的大傳統,著力於全真教祖師教史形象的塑造。這表明,他並不祇是爲馬丹陽、于善慶宗系書寫歷史,此外還有對全真教整體發展的關懷。

---

① 王宗昱編:《金元全真教石刻新編》,第134頁。
② 宋渤:《玄明文靖天樂真人李公道行銘並序》,陳垣編纂:《道家金石略》,第714頁。
③ 宋渤:《玄明文靖天樂真人李公道行銘並序》,陳垣編纂:《道家金石略》,第714頁。
④ 宋渤:《玄明文靖天樂真人李公道行銘並序》,陳垣編纂:《道家金石略》,第714頁。

李道謙對全真教史書寫的生涯是從對祖師創教、弘教的關注開始,這應當受到前輩教史家例如秦志安、李鼎等教史著作的影響。世祖至元八年(1271),李道謙撰成元代重要教史文獻《七真年譜》。其後序云:"僕因焚誦之暇,不揆狂斐,徧考師真文集及諸家所撰傳記,起重陽祖師降世之歲,訖長春真人升仙之秋,一百一十六年之間,出處事跡,詳節編次,通爲一譜。其或一二傳記所載與各師真文集不相同者,捨傳記而取文集也。蓋文集紀録之真,傳記有所未詳也。"《七真年譜》是以編年體的形式,採納七真文集及諸家所撰傳記,以王重陽降世爲起點,以七真掌教爲經,各自弘教活動爲緯,對全真教 116 年的歷史進行整體書寫。這一書寫教史的手法,在前此教史家中尚未見到。不過需要指出的是,此書的編纂參考了《全真大傳》,對此高萬桑(Vincent Goossaert)在其爲《道藏通考》"全真教"所寫的導論中已然指出。①

當然,李道謙教史書寫聚焦點還是突出本宗的傳承,因爲馬丹陽、于善慶弘教的中心是在陜西大重陽萬壽宫,元代被尊爲祖庭,故此李道謙特别重視與祖庭有關高道的書寫,其用意顯然在於突出祖庭的教源地位,藉此與堂下大長春宫一争高低。至元二十一年(1284),李道謙編成《終南山祖庭仙真内傳》,該書分三卷,現存《正統道藏》洞神部記傳類。共收録 37 位全真高道的碑記。玄學提舉、知常盛德大師、提點終南甘河鎮遇仙宫事王道明爲《終南山祖庭仙真内傳》作序:"天樂真人李君復於暇日編述嘗居祖庭者已往師真道行,别爲一傳,使後人知所宗本。其辭直,其事的,坦然明白,略無詭侈。信可以發潛德之幽光,示後學之楷式,其用心豈淺淺哉。"②這顯然是將住居祖庭的高道當作一整體來書寫。

至元二十五年(1288),他又完成全真教史另外一部巨著《甘水仙源録》。該書分十卷,現存《正統道藏》洞神部記傳類。此書共收録金元全真教碑刻九十餘通,李道謙並撰寫序文:

> 道謙爰從弱冠寓跡於終南劉蔣之祖庭,迄今甫五十載,每因教事歷覽多方,所在福地名山、仙宫道觀豎立各師真之道行,及建作勝緣之碑銘者,往往多鴻儒巨筆所作之文,雖荆金趙璧未易輕比。道謙既經所見,隨即紀録,集爲一書,目之曰《甘水仙源録》,鋟梓以傳。如他日嗣有所得繼之斯後,庶使

---

① Kristofer Schipper and FranciscusVerellen, *The Taoist Canon: A Historical Companion to the Daozang*, Chicago and London: The University of Chicago Press, 2004, p. 1134.

② 王道明:《終南山祖庭仙真内傳・序》,《道藏》第 19 册,第 516 頁。

向上諸師仙功道行不離幾席之上,得以觀覽者焉,亦可謂玄教盛事之一端也。[①]

《甘水仙源録》以祖庭爲敘事中心,收録金元全真教碑刻九十餘統,雖然李道謙衹是編輯,但其編選的視角却是突出對全真教大重陽萬壽宫中心地位的構建。此外,《甘水仙源録》保存了如此多金元全真教碑刻,這説明李道謙修史在採用史料方面頗具現代眼光,既重視教史文獻,又注重碑銘史料。

李道謙還爲其他宗系撰寫不少碑記,至元七年(1270),李道謙撰《終南山樓觀宗聖宫同塵真人李尊師道行碑》,爲全真高道郝大通再傳弟子、終南山樓觀宗聖宫同塵子李志柔撰寫碑記:"比其葬也,石君志堅狀師平昔所行大概,懇來乞文,將刻之石。予亦重師之有道,不得以固陋辭,即因其實而紀之。"[②]至元十九年(1282),李道謙又撰寫《終南山宗聖宫主石公道行記》,記載郝大通、李志柔一系高道終南山宗聖宫主石志堅的生平行事。據碑文記載,石志堅曾與李道謙一同主持重陽宫玄學講席:"予嘗與公同主祖庭講筵,公凝然靖空,密若無言,及其扣□,□□四輔之奥,重玄衆妙之微,歷歷洞明其要。蓋涵養敦厚,所謂良賈深藏若虚者也。"[③]

此外,他還爲丘處機及其門下撰寫碑記,如至元十八年(1281)李道謙撰作的《全真第五代宗師長春演道主教真人内傳》[④],就是一鴻篇巨製,碑文號稱内傳,對丘處機一生作了最完整的敘事,在諸家有關丘處機的傳記中可謂首屈一指。又,前此一年,他還爲丘門大弟子蒲察道淵撰寫《通微真人蒲察尊師傳》,記述全真高道圓明普惠通微真人蒲察道淵的修道弘道經歷。[⑤] 元成宗元貞二年(1296),全真高道、教史家李道謙仙逝,享年七十八歲。宋渤《玄明文靖天樂真人李公道行銘並序》評其道行文德云:

公純誠清粹,負氣正大,雖爲道者師,不眩以誕,不擾以紛,不妄語笑,平居淡然,人莫測其津涘。終身未嘗廢書不觀,經史百家,靡不周覽。晨起日課,取《道德經》《周易》洛誦一通,盛寒暑弗輟。重陽爲宫,四方都會,園田殖産,收入不少,而自奉菲儉,不減寒素。問學必踐履,許予必公是,疎財尚

---

① 李道謙:《甘水仙源録·序》,《道藏》第19册,第722頁。
② 陳垣編纂:《道家金石略》,第637頁。
③ 陳垣編纂:《道家金石略》,第637頁。
④ 陳垣編纂:《道家金石略》,第634~637頁。
⑤ 陳垣編纂:《道家金石略》,第626~627頁。

> 義,一錢須内之宫帑,掌者敬事,亦不敢肆私見欺。宫西北有小溪,竹石林樾可愛,洞真居時嘗名曰�溪,公復爲堂其上,爲文章詩詠其中,積有什一帙,曰《筠溪集》,奇麗超詣,若陶、謝風致,作者尚之。[①]

李道謙的著述主要包括《祖庭内傳》三卷,《七真年譜》一卷,《終南山記》三十卷,《甘水仙源録》六卷,《筠溪筆録》一十卷,詩文五卷。

(四)元後期出自南方的兩位教史家:朱象先、趙道一

世祖至元十六年(1279),元滅南宋,最終統一中國。伴隨北方王朝政治、軍事勢力進入南中國,作爲政治符號象徵的元朝全真教也進入南方,對南方道教實行部分接管。我們已注意到南宗白玉蟾再傳弟子李道純在其時已改换門庭,加入全真教陣營[②],而恰好也在南宋滅亡之年,來自傳統道教聖地茅山的高道朱象先自浙右參禮終南全真教祖庭,並於宗聖宫説經臺坐夏。這絶非普通的參禮,而是典型的改换宗門行爲。朱象先,江蘇海陵(今屬江蘇泰州)人,號一虚子、一虚叟、句曲山人、華陽真逸,生卒年失載。從元代高道杜道堅(1237—1318)《贈别一虚叟》稱其爲叟來看[③],他應長於杜道堅一輩,假定年長杜道堅十年,則其應生於成吉思汗二十二年(1227),亦即丘處機仙逝之年。其卒年由他於元仁宗延祐六年(1319)爲延祐本《雲山集》所撰後序(這也是現今所見朱象文的最後作品)看,其世壽約爲九十三歲,是元代另一位長壽的全真教史家。

按,朱象先係活躍於元代中後期來自茅山的全真高道,元代全真教來自江南的教史家。他在仁宗時曾出任古樓觀大宗聖宫三洞講師,其結銜爲“清真觀妙淵虚大師、教門高士、古樓觀大宗聖宫三洞講師”。1986 年,當地農民在原宗聖宫仙蜕園發掘出朱象先墓碑,碑刻正面書有“華陽真逸經臺住持朱象先墓”12 字,這表明他已皈依郝大通、李志柔宗系,仙逝之前出任説經臺住持。他雖然爲宗聖宫一系傳承編有多種碑傳及文獻,且多存於《道藏》,然而關於他的行事却不明晰。他改宗之後,主要致力以古樓觀爲中心而爲郝大通、李志柔宗系書寫教史。至元

---

① 陳垣編纂:《道家金石略》,第 714 頁。

② 張廣保:《金元全真道内丹心性學》,北京:生活 · 讀書 · 新知三聯書店,1995 年,第 69 ~ 70 頁。

③ 杜道堅《贈别一虚叟》:“海陵仙人一虚子,方瞳玄鬢長如此。胸中一點天地真,清氣逼人過秋月。我昔被君居燕然,掛劍長春偶相會。别去笑指黄金臺,幡然西度函關外。浮空紫氣上終南,穩駕青牛休地肺。煙霞猿鶴争歡迎,疑是玄元見文始。丹峰樓觀尚依然,摩挲古柏正逾醉。從兹與了未了緣,莫向時人話前事。今猶古今古猶今,天上人間復何異。不須忙去升昆侖,逍遥且住人間世。他年我亦事西遊,分席經臺校玄旨。”見朱象先:《古樓觀紫雲衍慶集》卷下,張繼禹主編:《中華道藏》,北京:華夏出版社,2004 年,第 48 册,第 629 頁。

十六年,朱象先由茅山至宗聖宫參禮,遂節録《樓觀先師傳》,編成《終南山説經臺歷代真仙碑記》,並由該宗宗主聶志玄、提點趙志真刻於石。該碑記將全真教宗師尹志平、宗聖宫宗主李志柔納入樓觀仙真譜系,意在使全真教與道教大傳統對接。朱象先在後記中題云:"至元乙卯(1279),象先自浙右往禮祖庭,因坐夏於經臺,得熟其書。……第以韞之編牘,未洽見聞。遂節其緩九,録其要一,各繫以贊,總爲是碑。復纂《文始本傳》弁之首,以呈宗主聶公、提點趙公,刻之貞石,昭示無窮。"[①]按今存《道藏》之《終南山説經臺歷代真仙碑記》有缺損,陳垣《道家金石略》所收《樓觀先師傳碑》較《道藏》本爲全。[②]

武宗至大元年(1308),朱象先編《古樓觀紫雲衍慶集》三卷,該書收録唐歐陽詢所撰《大唐宗聖觀記》,員半千《大唐宗聖觀主銀青光禄大夫天水尹尊師碑》,戴璿、劉同升《大唐聖祖玄元皇帝靈應碑》等有關宗聖宫之重要唐碑,以及元李鼎撰《大元重修古樓觀宗聖宫記》、石廷玉《終南山古樓觀宗聖宫圖跋文》、賈﨨《大元清和大宗師尹真人道行碑》、李道謙《大元宗聖宫主李尊師道行碑》、杜道堅《大宗聖宫重建文始殿記》等有關元代全真教修復、接管宗聖宫的重要碑記。其中,朱象先本人所撰《終南山古樓觀刊關尹子後序》《古樓觀系牛柏記》《文仙谷純陽洞演化庵記》《玉華觀碑》及文末之名賢題詠,對瞭解元朝全真教在宗聖觀的活動有重要史料價值。從碑文編輯的意圖看,朱象先顯然是使全真教接續樓觀道的傳統。

仁宗皇慶二年(1313),朱象先出任古樓觀大宗聖宫三洞講師。其年十月,朱象先撰《大元重修涇陽縣北極宫記》,其結銜爲"清真觀妙淵虚大師、教門高士、古樓觀大宗聖宫三洞講師"。由於史缺有間,我們不知他具體擔任該職的時間,此後他一直擔任該職。碑文論道教及宫觀之淵源頗有見識,反映作者對道教的歷史深有研究。

兩年之後即仁宗延祐二年(1315),朱象先又撰《明德真人道行之碑》,碑文記述元代劉處玄一系高道、淳然體道明德真人淳然子史志道創建仙人萬壽宫之行事。[③]

對前輩教史家姬志真,朱象先極爲推重。仁宗延祐六年(1319),郝太古、王志謹一系高道、該宗迎祥觀提點李懷素刊刻《雲山集》,朱象先爲此撰寫後序,這

① 張繼禹主編:《中華道藏》第48册,第606頁。
② 陳垣編纂:《道家金石略》,第674~679頁。
③ 陳垣編纂:《道家金石略》,第765~766頁。

也是現今所見朱象先的最後作品。此文題一虚叟撰,其撰作地點是道祖説經之臺,即元大宗聖宫説經臺。後序稱:"知常先生,天稟既異而師授有源,道慱文富,凡應機接物,必以開示宗性爲本,檃人之邪,栝人之妄,高文大義,其於詩章尤爲警策。昔人以少陵詩爲詩史,康節詩爲詩經。今先生之詩,言言見諦,句句朝宗,誠可謂詩經矣。"①以"見諦朝宗"四字總括《雲山集》,朱氏可謂得評矣。

元代中後期,另外一位出自江南的教史家是住居江西浮雲山聖壽萬年宫的道士趙道一。關於他的教派歸屬,由於史料缺乏,我們不能完全斷定。然而,因爲他編撰的《歷世真仙體道通鑒續集》《歷世真仙體道通鑒後集》,均收有全真教高道傳記,可以肯定他與全真教之間有密切關係。

世祖至元三十一年(1294),趙道一編纂《歷世真仙體道通鑒》。趙道一,江西瑞州人,修道於地處今江西省宜春市奉新縣的浮雲山聖壽萬年宫。該書由《歷世真仙體道通鑒》53 卷,《歷世真仙體道通鑒續編》5 卷,《歷世真仙體道通鑒後集》6 卷等三部組成,全書共收録神仙、高道 899 人,係《正統道藏》中最爲齊全的仙傳撰著,現存《正統道藏》洞真部記傳類,其中《歷世真仙體道通鑒續編》專述全真教祖及七真事跡,卷一列王嚞、馬鈺,卷二譚處端、劉處玄、丘處機,卷三王處一、郝大通、和德謹、李靈陽,《後集》則收孫不二。值得注意的是,這些部分的編撰參考了李鼎最後撰定的《全真大傳》。趙道一的《歷世真仙體道通鑒》是道教史上彪炳史册的經典仙傳之作,在自序中,他提到受儒家《資治通鑒》、釋家《釋氏通鑒》之啓發,遂撰是書。此書最大的價值是參考了元以前的道教仙傳,例如劉向的《列仙傳》、葛洪的《神仙傳》、劉綱的《續仙傳》、北宋王太初的《集仙傳》及北宋徽宗主編的收録五萬人的《仙史》。元代著名學者劉辰翁評論説:"古瑞趙全陽高士,乃能會聚劉子政、葛稚川至近年諸書,疲精竭力,朱窠細字,如蟲蝕葉,不可爲萬計。雖傳聞、所傳聞異,而大略具是矣。"②又,元鄧光薦也在序中稱此書:"詳考訂核,可謂仙之董狐矣。"③由於此書所參考的劉綱《續仙傳》、北宋王太初《集仙傳》及北宋徽宗主編的收録五萬人的《仙史》今已失傳,端賴此書得以保存,因此其史料價值極爲珍貴。從其收録關於全真教的部分看,我們可以看出他已經完全接納北方全真教史家對全真譜系的建構。

此外,元代後期出自南中國的全真教史家還有劉天素、謝西蟾及陳致虚等

---

① 姬志真:《知常先生雲山集》,元延祐六年(1319)李懷素刻本。
② 劉辰翁:《歷世真仙體道通鑒・序》,《道藏》第 5 册,第 100 頁。
③ 鄧光薦:《歷世真仙體道通鑒・序》,《道藏》第 5 册,第 100 頁。

人。泰定三年(1326),劉天素、謝西蟾編成《金蓮正宗仙源像傳》。該書以圖文結合的形式編纂全真教十三位祖師之傳記,並插入元太祖、世祖、武宗的護持詔旨,顯係一部統合政教的全真祖師譜系文獻。該書首録老子,再以全真教五祖七真接續,表明全真教在追溯傳統時直接接續道教開創者老子的願望。此書亦參考李鼎等《全真大傳》、秦志安《金蓮正宗記》,並將《全真大傳》中王重陽、馬丹陽以及劉長生三人的贊詞原封不動收入。這説明,元後期全真教史的建構已完全固化定型,南方教史家衹是採納而已。

元明宗天曆二年(1329),宋德方一系高道陳致虛撰《上陽子金丹大要列仙志》,是書除列"五祖七真"外,主要載宋德方一系在江南的傳承,即太虛真人李玨—紫瓊真人張模—緣督真人趙友欽—上陽子陳致虛等四傳弟子,總計十六人。

二、全真教史家之間的交遊

元朝全真教史家生活的年代都很接近,他們之間雖分屬不同宗系,但由於或係同事,或共同參與教門公務。因此,他們中多數都交遊密切,其教史書寫互相影響自然也在情理之中。就中有一個交往平臺將他們中的一些人摶聚在一起,此即蒙古憲宗時期在全真教大宗師駐蹕之處大長春宮創設的玄學。

(一)全真教史家與玄學

海迷失后三年(1250),全真掌教宗師真常真人李志常於全真教總部燕京大長春宮創設玄學,以純成大師李志全爲提舉,在各地選舉道學精深、擅長講論的全真高道擔任講席。李志常於長春宮設立道教玄學,意義極爲重大,乃是道教於異族統治之際,儒學衰微,道教爲延續中華文化之文脈的艱苦努力。蓋蒙古國時期沿襲其固有的草原遊牧政制,一直未能實行科舉制度以沿續中華文脈,直至元仁宗時始有改觀。全真教雖係道教,然早自教祖王重陽始即宣導三教合一,加之第二代弟子如李志常、馮志亨等多由儒入道,故對元朝之際以儒、道爲代表的中華文化的延續尤爲致意。玄學由教史家李志全任提舉,《大朝故講師李君墓誌銘》載"教主真常宗師奉恩例,賜公(李志全)純成大師、提舉燕京玄學"[①]。全真教史家史志經、姬志真都應聘出任講經師。

史志經受聘燕京玄學講席是在玄學初創之年,1250年史志經由華山雲臺觀赴長春宮,成爲首批玄學講師。王鶚《洞玄子史公道行録》載:"庚戌(1250),掌

① 陳垣編纂:《道家金石略》,第581頁。

教李真人屢以書請,辭不獲已,來燕。玄學講餘間,受《易》《老》微旨。"[①]姬志真受聘玄學講席則在憲宗二年(1252)。此年姬志真六十歲。李道謙《知常姬真人事跡》記此事云:"壬子(憲宗二年)歲,掌教真常李君起置玄學於燕京大長春宮,師亦與其請,日與四方師德遞主法席,後學之士多賴進益。"[②]李志全、史志經、姬志真三位教史家既然都在長春宮執教,自然長春宮就是他們切磋玄學的平臺。1256年,張志敬下令於全真教各大宮觀增設玄學,以作成道教人材。據李道謙《終南山宗聖宮主石公道行記》記載:"無何,掌教誠明張君下教命,隨□名山大川,諸大宮觀,例起玄庠,教育後進。"[③]李道謙曾與石志堅同主祖庭講筵。這説明在張志敬掌教期間,玄學創設範圍進一步擴大,不僅限於全真教總部長春宮,各大型宮觀也創設了玄學。準此,祖庭、樓觀大宗聖宮等也都設有玄學講筵。

(二)詩文唱和

全真教史家之間還常常詩文唱和,互相勸勉,並彼此徵文,商討教史。憲宗四年(1254),出任重陽宮提點的李道謙由祖庭至堂下公幹,與其時正擔任長春宮玄學講師的姬志真相遇,這是全真兩大史家的首度相逢。臨別時,姬志真撰寫"送李和甫歸秦"詩:

> 之子西歸出鳳城,芰荷風襲羽衣輕。
> 蘧廬天地寸心事,咫尺雲山千里程。
> 幸矣相逢親識面,惜哉重别澹交情。
> 終南祖意君偏得,獨向長安道上行。[④]

此詩中送别的李和甫即李道謙。由詩中"幸矣相逢親識面,惜哉重别澹交情。終南祖意君偏得,獨向長安道上行"等句看,姬志真對李道謙是很看重的。

世祖中統二年(1261),商挺、孟攀麟、張徵、李庭、王博文、陳邃、王利用、姚燧、李頍、何道寧、李道謙、衛致夷、孫德彧等諸高道、名儒雅聚甘河遇仙宮,爲甘河遇仙宮賦詩留題,李道謙請李鼎撰寫《終南山甘河鎮遇仙宮詩序》。值得注意的是,參與此次遇仙宮詩會的文人都是與全真教關係密切的學者型官員。[⑤] 由李道謙邀請李鼎撰寫序引一事看,全真兩大教史家不但相互熟悉,而且李鼎應當還

---

① 陳垣編纂:《道家金石略》,第577頁。
② 李道謙:《甘水仙源録》卷八,《道藏》第19册,第792頁。
③ 陳垣編纂:《道家金石略》,第637頁。
④ 《道藏》第25册,第379頁。
⑤ 李道謙:《甘水仙源録》卷十,《道藏》第19册,第812~814頁。

是前輩。

李道謙也爲史志經的《長春宗師慶會圖》撰寫序文。至元十一年(1274),史志經撰成《長春宗師慶會圖》,請李道謙作序。全真教兩大史家還從遊數月,商略今古,斟酌教史,誠爲全真教史中之一大盛事。李道謙《史講師道行録後跋文》:"公(史志經)以至元癸酉冬自燕還雲臺,再年甲戌秋七月仙仗來終南,炷香祖庭,出所述《長春宗師慶會圖》託余爲序,而彌綸其闕。因得與公焚香談道,樽酒論文,從遊乎數月。"①又據作者失名的《重修九真觀記》所記,李道謙與這位佚名作者還參與《長春宗師慶會圖》的校刻:"時余寓跡終南祖庭,與筠溪公校《玄風慶會圖》,事多不暇,然憫來者之辭,重違寂然之命,不得以拙訥靳固而拒之。"②又,李道謙在史志經仙逝之後,還專門爲王鶚《洞玄子史公道行録》撰寫《史講師道行録後跋文》,對其道行進行評價:"逮季冬初吉,座中屢出長別之語,幡然東歸,而堅不可留。今年乙亥春,聞公於正月四日以後事囑諸嗣師寂然褚君,神遊於所居之松菊堂矣,享春秋七十有四。嗚呼,異哉!公先自庚戌歲承掌教真人命,遨遊四方,遠越二紀,以著述經傳,扶植玄教爲己任,高名揚海宇,偉跡徧天下。老年轍還故隱,翛然仙去,可謂人能弘道,道不負人者也。"③又,李道謙還在姬志真仙逝之後,爲其撰寫了《知常姬真人事跡》一文,多虧此文我們纔對姬志真生平行事有詳細瞭解。④

來自茅山的教史家朱象先雖然前此與北方教史家沒有交往,但在改宗全真,住居樓觀宗聖宮之後,也參與北方教史家交遊圈。元武宗至大元年(1308),朱象先編《古樓觀紫雲衍慶集》三卷,該書收録李鼎撰《大元重修古樓觀宗聖宮記》、石廷玉《終南山古樓觀宗聖宮圖跋文》、李道謙《大元宗聖宮主李尊師道行碑》、杜道堅《大宗聖宮重建文始殿記》等有關元代全真教修復、接管宗聖宮的重要碑記。又,我們前文提到仁宗延祐六年(1319)郝太古、王志謹一系高道、迎祥觀提點李懷素刊刻姬志真的《雲山集》,朱象先爲其撰寫後序,這也是現今所見朱象先的最後作品。衹有趙道一似乎是個例外,我們迄今沒有發現他與北方教史家來往的材料。

值得提及的是,全真教史家在書寫教史時還前後相繼,共同編纂教史著作。我們以最經典的全真教史製作《全真大傳》爲例,此書雖然由李鼎定稿於中統三

① 李道謙:《甘水仙源録》卷八,《道藏》第19册,第789頁。
② 王宗昱編:《金元全真教石刻新編》,第168頁。
③ 李道謙:《甘水仙源録》卷八,《道藏》第19册,第789頁。
④ 李道謙:《甘水仙源録》卷八,《道藏》第19册,第792~793頁。

年,但實際上初稿出於張邦直之手,其後又歷經張本、王粹、李鼎等三位教史家續修。對此,我們前引彭志祖的刊刻序文已有清晰交代。應該説,張邦直、張本、王粹等三人在蒙古國時期,對於全真教歷史書寫是具有重要貢獻的。

金國史院編修張邦直是《全真大傳》初稿的撰寫者。1233 年,張邦直受李志常之委託纂修《七真仙傳》。對於此事,王鶚撰於世祖至元元年的《全真大傳》序文云:

夫道在人弘,真不世出,子承孫繼,尤貴追崇,此《七真傳》之所以作也。七真生於宋末金初,神蹤仙跡,爛然在人耳目,雖間有紀録,而未成完書。金朝國史院編修河内張邦直子中嘗爲作傳,然略而不詳。真常宗師每注意焉,俾北燕巨儒王粹子正紬繹遺文,委之注撰,能事未畢而子正謝世。逮誠明嗣教,繼志述事,請虛舟道人李鼎之和任其責。①

又此年,張邦直還撰有《重陽祖師畫像贊》《真常子李真人碑銘》。其中《真常子李真人碑銘》係爲早期全真高道,歷扣全真七子中丘、劉、王、郝之真常子李志源所寫碑銘。其人逝於太宗五年,享年八十三。按張邦直係金衛紹王崇慶二年進士,後任翰林學士、知制誥,頗有文名。②

我們再看張本。他是金朝翰林學士,青年時曾與全真宗師李志常同學,係金宣宗貞祐二年(1214)進士。金哀宗天興元年,蒙古太宗四年(1232),張本加入全真教,受李志常委託居留長春宫編纂全真教史《全真大傳》。《訥庵張先生事跡》云:"正大九年,以翰林學士使北,見留,遂隱爲黄冠。居燕京長春宫僅十年,時真常掌道教,兄事如昔,盡禮給養之,後遊濟南,翛然而化。"③他是在張邦直稿本的基礎上編纂《全真大傳》,不過從其序文看,他對全真教史的編纂建立在對全真教的全新理解基礎之上。1237,張本續撰《全真大傳》稿本殺青,他撰寫序文云:

老氏曰:道之真,以治其身,荀子謂真積力久則入,與周濂溪所説無極之真一也。□之在人,得之上帝。降衷之初,其教之行,見於天德。君世之後,王者之民,皞皞如也,德章而真之復也;霸者之民,驩虞如也,世故開而其教熄也。夫真之寄天下,一日未嘗忘,雖王者之仁,霸者之力,不能毫髮損益其

① 臺灣大學圖書館藏《七真仙傳》,見張寶三主編:《臺灣大學圖書館藏珍本東亞文獻:中國古籍篇》,臺北:臺灣大學出版中心,2013 年。

② 陳垣編纂:《道家金石略》,第 468 頁。

③ 李道謙:《甘水仙源録》卷七,《道藏》第 19 册,第 785 頁。

間。然則斯民詐詐奸奸,如魑如魅,不能保吾真者,天德不覿而教之熄也。故雖服老子之教者,徒誦其言,佩其衣,□於耳目近習,其窮理盡性之學,躬行力踐之誠,無上知啓迪,所謂真知以修身者,且不知爲等物,況齊民哉? 重陽祖師出,繼得數君子,知我之與人共此真也,性域其情,志帥其氣,其踐履不遠,造次顛沛之際,慈儉不爭之化,往往庇及斯民。老氏之學,及先哲之所傳者,尚不墜云。①

這就緊扣全真教的真字,對全真教撥落歷史陳跡、復歸先秦老莊道家之真精神予以深度闡發。

此外,他還撰寫幾篇全真宫觀碑銘,對於我們瞭解蒙古國時期全真教發展有重要史料價值。1237 年,他撰寫《德興府秋陽觀碑》。此觀位於今河北張家口市大翮山,係全真高道韓志久受丘處機之囑託而建,丘處機、尹志平皆曾住居於此弘道,乃早期北方全真道一處重要弘教基地。張本載其規制云:

起三清正殿、七真殿、兩廡東西方丈、中外二門,翬飛焕然,至於賓館、雲庵、泉廚、蔬圃,凡所區處,莫不適宜。玄鶴朝來,白雲夜集,棟宇幽敞,花木秀陰,小有洞中之一天也。居徒嘗至七百餘指,歲穜白糧,奉御饍一車入貢以爲常。觀其規模創制,章章悉備,羽士志尚,亦可見於兹矣。②

王粹,字子正,號恕齋,北平人。他在蒙古國時期全真教内影響不小,尹志平《葆光集》有多首與他唱和的詩詞。王粹是 1234 年金朝滅亡之後加入全真教,師事李志常,李志常委託其編輯祖師七真道行記。據《恕齋王先生事跡》:

甲午,楊侯彦誠被命招集三教、醫卜等流,一時士人皆得保其妻孥,復還中國。楊侯獨迎先生至燕,遇真常大宗師,即北面事之,執弟子禮,居長春宫。真常遇之甚厚,復以上世師祖本行屬之爲傳,將藏諸秘笈,以永其傳。先生遂居萃玄堂,研精致思,旁求遠索,紬繹而編緝之。③

關於他撰寫《全真大傳》之事,元人王鶚作於至元元年(1264)《全真大傳》序

① 臺灣大學圖書館《七真仙傳》,見張寶三主編:《臺灣大學圖書館藏珍本東亞文獻:中國古籍篇》,臺北:臺灣大學出版中心,2013 年。

② 李道謙:《甘水仙源録》卷九,《道藏》第 19 册,第 801 ~ 802 頁。

③ 李道謙:《甘水仙源録》卷七,《道藏》第 19 册,第 784 頁。

載云:

> 夫道在人弘,真不世出,子承孫繼,尤貴追崇,此《七真傳》之所以作也。七真生於宋末金初,神蹤仙跡,爛然在人耳目,雖間有紀録,而未成完書。金朝國史院編修河内張邦直子中嘗爲作傳,然略而不詳。真常宗師每注意焉,俾北燕巨儒王粹子正紬繹遺文,委之注撰,能(按:當爲"然"之誤)事未畢而子正謝世。①

王粹仙逝於1243年,享年四十。此外,王粹還撰寫一些全真碑記。1233年,他撰寫《玄禧觀記》,該觀位於長春宫之南,由李志常命名。太宗十二年(1240),他又爲山西崞州神清觀撰寫《神清觀記》,述該觀創建始末。② 又,王粹留居長春宫時,李志常弟子即後繼志常出任掌教大宗師的張志敬曾從其問學。《全真大傳》最終定稿,乃是由李鼎於中統三年(1262)完成的,對此我們前文已有論述。1268年,這部經典全真教史著作刻版面世。奉全真掌教宗師張志敬之命,門人葆真大師、長春宫講經師彭志祖刊刻《全真大傳》並撰序文。此外,爲這部教史刊刻撰寫序文的還有全真教的外護,包括李冶、宋渤、王鶚、孟攀鱗等人。因此,從某種意義上説,這部教史經典是教内、教外全真教史家通力合作的集體創作。直到成宗大德七年(1303)全真道徒路道通重刻《全真大傳》,明成祖永樂十六年(1418)姚孤雲、沈友容續刻,依然傳承這一集體創作的傳統。

三、全真教史家與全真教譜系的建構

全真教譜系的建構乃是全真教史書寫的重要内容,自然也是全真教史家關注的核心議題。關於全真教宗祖譜系形成的歷史過程,筆者在《蒙元時期全真宗祖譜系的形成》③一文中已做過一些研究,在此再結合各宗系所撰教史予以補論。

(一)劉處玄、宋德方宗系最早明確構建五祖七真譜系

這一觀點筆者在《蒙元時期全真宗祖譜系的形成》一文中以宋德方的《全真列祖賦》爲重點已明確予以論述。④ 宋德方(1183—1247)係全真七子中劉處玄

---

① 臺灣大學圖書館藏《七真仙傳》,見張寶三主編:《臺灣大學圖書館藏珍本東亞文獻:中國古籍篇》,臺北:臺灣大學出版中心,2013年。

② 李道謙:《甘水仙源録》卷十,第807~808頁。

③ 張廣保:《全真教的創立與歷史傳承》,北京:中華書局,2015年,第131~155頁。

④ 張廣保:《全真教的創立與歷史傳承》,第146~148頁。

的嫡傳大弟子,逝於定宗貴由二年(1247),歷事劉長生、王玉陽、丘長春等全真高道,全真教史有"三燈傳一燈,一燈續三燈"①之譽。他的《全真列祖賦》歷記自全真創教至蒙古帝國時期全真傳法世系。這份《列祖賦》保存了較早時期全真教内部對宗系傳承的看法,是一份很珍貴的文獻。② 關於《全真列祖賦》撰寫年代,由於史料缺乏,筆者一直難以考定。近年,景安寧依據 1234 年宋德方於山西太原龍山開鑿的全真教石窟予以考證,推動了對這一問題的研究。據景安寧考證,第 1、2、3 窟完成於 1234 年。其中第一窟虚皇龕除主像虚皇外,並有二十尊侍從像,景安寧認爲即宋德方於《全真列祖賦》所述全真教二十列祖。第二窟三清龕爲三清、六御,這説明宋德方已將全真教宗祖譜固化爲雕像。③ 這一解釋是很有見地的。據此看來,《全真列祖賦》的撰作時代應在此年之前。從現存全真教史文獻看,宋德方《全真列祖賦》將東華帝君尊爲全真道第一祖,因此,可以推定全真教宗祖譜中五祖的完全推定當不晚於太宗六年。

此賦可以區分爲兩部分。第一部分論述全真教與傳統道教的聯繫,反映作者極力將年輕的全真教與道教大傳統牽聯結合的嘗試。其云:"三清,全真之主也。不全其真,曷爲三清?四帝,全真之師也。不全其真,曷爲四帝?由是言之,龍漢以前,赤明以上,全真之教固已行矣。"④此種將傳統道教崇奉之主神三清、四御與全真教牽聯之企圖頗值得注意,它表明作爲一種道教精神新産物之全真教最終仍復歸於中國道教的大傳統。按王嚞開創全真教,標榜不主一相,不居一教,凡立會必以三教名之,設教多引六經爲據,又教人讀《孝經》《般若心經》及《道德經》,表明其意在將傳統中國文化中的儒、釋、道重新冶爲一爐,一洗舊有三教之陳弊,開創一全新之宗教。基於這一動機,在弘道傳教時,他雖然也提到以太上爲祖⑤,但却很少牽涉傳統道教的三清、四帝等神譜。宋德方《全真列祖賦》將傳統道教的三清、四帝重新納入全真傳承譜,表明這一時期全真教風出現一次大轉變。

第二部分專論全真列祖之傳承:東華帝君(其師爲白雲之叟)——正陽子鍾離公——純陽子吕公——海蟾子劉公——重陽子王公——玉蟾子和公——靈陽子李公——丹陽子馬公——長真子譚公——長生子劉公——長春子丘公——玉

① 王利用:《玄都弘教披雲真人道行之碑》,陳垣編纂:《道家金石略》,第 753 頁。

② 宋德方:《全真列祖賦》,陳垣編纂:《道家金石略》,第 593 頁。

③ 景安寧:《道教全真派宫觀、造像與祖師》,北京:中華書局,2012 年,第 245 ~ 266 頁。

④ 宋德方:《全真列祖賦》,陳垣編纂:《道家金石略》,第 593 頁。

⑤ 王嚞《重陽真人金關玉鎖訣》云:"太上爲祖,釋迦爲宗,夫子爲科牌。"《道藏》第 25 册,第 803 頁。

陽子王公——廣寧子郝大通——清浄散人孫仙姑。這一部分有兩點值得注意：其一，雖列東華爲開教之祖，然又指出其師承爲白雲之叟，其徒秦志安《金蓮正宗記》承之；其二，將玉蟾子和公、靈陽子李公列入七真之前，顯然係以師禮待之，這種處理方法亦見於秦志安《金蓮正宗記》。《金蓮正宗記》卷一録全真教祖東華帝君、鍾離權、吕洞賓、劉海蟾，卷二録全真教實際創始人王嚞，和玉蟾、李靈陽；卷三至卷五著録了馬丹陽、譚處端、劉處玄、丘處機、王處一、郝大通、孫不二等七大弟子，這實際隱含著全真教五祖七真的宗祖譜。秦志安這一全真譜系顯然源自其師宋德方之《全真列祖賦》，反映劉處玄、宋德方宗系對全真教史的建構。

(二)丘處機、尹志平宗系論五祖、七真

那麼，對五祖、七真譜系的這一建構究竟是宋德方宗系的獨見，還是反映蒙古國時期全真教各宗系的共識？五祖、七真譜系的歷史淵源何在？全真教史家李志全在《清虚子劉尊師墓誌銘》的一段記述值得我們重視。《清虚子劉尊師墓誌銘》提到，尹志平門人劉志淵(1190—1253)於1224年在太極宫拜禮丘處機，曾親聞丘處機講述修真始末及教史淵源。這是一段非常重要的教史材料，對此景安寧加以質疑。[①] 在演法時，丘處機提及全真教傳承："五祖證道果於前，七真紹玄筌於後，並是清浄無爲心地法門，歸性覆命，深根固蒂，長生久視之道。"[②]這就明確提到五祖七真這一全真教宗祖譜。其後，丘處機又結合自己在磻溪、龍門的修行經歷，闡述全真道内功外行並重的修煉法門。這是現存碑銘記載丘處機最精彩的關於全真道修煉要旨的演述。其後，劉志淵即奉行丘處機的教誨，師事尹志平，内修心性，外建宫觀，約於1234年之前，創建太清觀：

> 建三清大殿，五祖七真之位，塑繪嚴飾極粹，並兩翼雲堂數處，静室、廚庫園廄，綽有列次，爲一方首出，蒙賜名額號太清觀，爲士庶祈祝香火之地。[③]

值得我們重視的是，劉志淵建於1234年之前的太清觀已將全真教的五祖七真神譜予以實體化，體現於本宗宫觀規制。如果我們再聯繫宋德方宗系在此前後開鑿的山西龍山石窟之類似神像規制，就可知劉志淵太清觀的這一具鮮明全真教特色的神靈崇拜絶非丘處機—尹志平宗系的私見，而是反映這一時期全真

---

① 景安寧認爲李志全是用自己五祖、七真詞彙追述丘祖的語義，載景安寧：《道教全真派宫觀、造像與祖師》，第83頁。

② 李志全：《清虚子劉尊師墓志銘》，陳垣編纂：《道家金石略》，第537～538頁。

③ 李志全：《清虚子劉尊師墓志銘》，陳垣編纂：《道家金石略》，第537～538頁。

教各宗系對本教宗祖譜系的共同認同。對此,如果我們不能簡單把這一認同看成某個人的創見,而視爲在全真教發展歷史中逐步形成的共同意識,上述丘處機 1224 年演法中對全真教歷史的逆溯顯然是標志性的,充分説明丘處機在晚年特别是東歸之後已經有意識地强化全真教對道教大傳統的接續,從全真教在王重陽時代不主一相、出入三教的教門創新轉入對道教傳統的自覺認同。事實上,東華帝君這一神格是北宋以來道教傳統神格的重要象徵,因爲北宋最顯赫的新教派神霄派的主神正是東華帝君。

此外,我們還可以提供幾個佐證。金哀宗正大五年,拖雷監國元年(1228),尹志平在長春宫白雲觀建處順堂奉藏丘公仙蜕,並在處順堂彩繪《西遊記》連環壁畫。關於處順堂彩繪《西遊記》連環壁畫一事,尹志平《葆光集》卷下有《西路請張道人,於處順堂畫西遊》詞描述此事:"清河畫士,處順存心堪發志。畫士清河,早早來時意若何。全真宗祖,畫向白雲傳萬古。宗祖全真,永鎮燕山日日新。"[①]由此可知,處順堂彩繪的連環壁畫應當有涉及全真宗祖的繪畫。這應當也是尹志平將從丘處機那裏聽到的全真宗祖教史譜系命畫工繪之於丘祖祠堂。如果上述論述靠得住,那麽,彭致中於 1347 年所集《鳴鶴餘音》卷三載録的王重陽《滿庭芳》一詞,對全真宗祖的羅列,或許就並非是後世所擬構。其詞云:

> 汝奉全真,繼分五祖,略將宗派稱揚。老君金口,親付與西王。聖母賜東華教主,東華降、鍾離承當。傳玄理,富春劉相,吕祖悟黄糧。登仙弘誓願,行緣甘水,復度重陽。過山東遊歷,直至東洋。見七朵金蓮出水,丘劉譚馬郝孫王。吾門弟,天元慶會,萬朵玉蓮芳。[②]

王重陽在這首《滿庭芳》詞中詳解全真宗派,提到五祖七真,不僅提到東華教主,而且還提到太上老君及西王母。這説明,五祖七真宗祖譜系的建構可能是直接源自王重陽。不過,這一點尚需更多史料予以佐證。至元六年(1269),元世祖降詔褒贈五祖七真,表明五祖七真作爲全真宗譜第一次得到官方正式認可。

(責任編輯:秦国帥)

---

① 《道藏》第 25 册,第 527 頁。
② 《道藏》第 24 册,第 268 頁。

錢穆論全真教

——以《金元統治下之新道教》爲探索中心

□梁淑芳

摘要：國學大師錢穆(1895—1990)在中晚年以“文化學”爲研究重心，指出“文化七要素”乃經濟、政治、科學、宗教、道德、文學、藝術。錢穆認爲中國的宗教氣氛比起西方没那麼濃重，西方人做事每依靠上帝，中國人則憑諸良心，西方人必須上教堂，中國人仰仗的是家庭，以儒家爲本位的錢穆，幾乎表明儒家思想就是中國的宗教。難能可貴的是，錢穆對全真教仍有屬於自己的研究心得，本文擬以錢穆的《金元統治下之新道教》爲探索中心，藉以觀察錢穆對於全真教的論述，尤其是錢穆提出“全真諸師制行涉世實最近儒。惟儒者志求上達，常期得君行道，治國平天下；全真諸師則志在下行，深入社會下層，與貧苦民衆交接，故其風格又似墨耳。”還有“邱、馬之道行又各自有别。以禪家相擬，重陽如五祖弘忍，邱、馬則慧能、神秀之分宗矣”。筆者在本文嘗試回應與討論。

關鍵詞：錢穆　全真教　全真七子　墨家　禪宗

作者簡介：梁淑芳，女，臺灣體育大學通識教育中心副教授。

一、前言

國學大師錢穆(1895—1990)在中晚年時期，以“文化學”爲學術思想中心，他强調文化是人類生活之總體，而人類生活則是多方面各種部門之配合，依其所見，所謂“各種部門”所包括者爲：經濟、政治、科學、宗教、道德、文學、藝術，此即文化七要素。①

① 錢穆：《靈魂與心》，臺北：蘭臺出版社，2001年，第183～184頁。

作爲文化要素之一的宗教,在錢穆看來,原非絶對必須,人們衹有在有感於自己的力量微不足道,對於眼前與未來毫無自信時,纔會去信仰宗教[①],錢穆經常告訴大家,宗教在中國並不發達,或並不重要[②],原來他認爲,"我們是以崇拜歷史、崇拜古代聖賢代替了崇拜上帝的宗教。其實我們民族的崇拜歷史心理,已經是心靈上之理想化,已經是超小我的一種宗教信仰。崇拜古代聖賢,可説是一種'人文教'。崇拜天國上帝,可説是一種'神道教'。神道教要求靈魂超升,要求天國福德,是純理想的、極端的、非現實的。中國人崇拜歷史,因此不求靈魂超升,而求子孫緜延。這已在理想的超小我的精神裏面羼進了現實的小我中心的成分"[③]。錢穆常説中國人不重視宗教,當然有歷史事實作爲根據[④],不過,那應該是相對於西方而言的,也就是説,中國的宗教氣氛比起西方是没那麼濃重,且錢穆也指出中國的宗教是"人心教"或"良心教",西方人做事每依靠上帝,中國人則憑諸良心,西方人必須上教堂,中國人仰仗的是家庭。[⑤] 以儒家爲本位的錢穆,幾乎表明儒家思想就是中國的宗教。對於一向推尊儒家的錢穆來説,這樣的思維模式是很合理的。在中國傳統文化中,儒、釋、道三者經常被視爲"三教",新儒家(當然錢穆並不認爲自己屬於新儒家)更是積極地認爲儒家即是宗教。[⑥] 衹是,誠如研究者所説的,儒教的特點並不體現在一般宗教意義的神譜、教義、儀規上,而是直接表現於農業生産方式和宗法生活方式,它以文教爲精神之源,並且

① 錢穆:《文化學大義》,臺北:蘭臺出版社,2001 年,第 50 ~ 51 頁。

② 錢穆認爲宗教是文化的七要素之一,而他又特别强調,人類文化有四大部門:宗教、科學、道德與藝術。西方文化比較重要的是宗教與科學,中國文化比較重要的是道德與藝術。錢穆:《從中國歷史來看中國民族性及中國文化》,臺北:蘭臺出版社,2001 年,第 100 頁。不僅如此,錢穆甚至説過這樣的話:"在中國文化中,没有發展出宗教。中國人的禮樂,乃是'宗教'與'藝術'之合一體。但後來有好好發展,幾乎把禮樂仍歸併到宗教裏面去,像佛教與道教,那是中國文化本所理想,未能充足表現之一缺憾。"《中華文化十二講》,臺北:蘭臺出版社,2001 年,第 53 頁。

③ 錢穆:《文化與教育》,臺北:蘭臺出版社,2001 年,第 53 ~ 54 頁。

④ 梁漱溟也曾説過:"中國人百分之九十以上,怕都不在宗教組織中。一個中國青年到印度,人家問他是哪一教;他回答:任何宗教都不是。當地人聞之全都詫訝不解。這回答若在歐洲中古,亦將爲人所不解的。然而這不是中國青年界極普通情形嗎? 我却非説百分之九十的中國人都是這樣。大多數中國人,恰與此相反。他們於聖賢仙佛各種偶像,不分彼此,一例崇拜,尚不及日本人進甲廟則不進乙廟,拜乙神則不拜甲神之稍有區别。區别都没有,尚何組織可言。"《中國文化要義》,臺北:問學出版社,1977 年,第 70 頁。

⑤ 錢穆:《靈魂與心》,第 30 頁。

⑥ 牟宗三:"一個文化不能没有它的最基本的内在心靈。這是創造文化的動力,也是使文化有獨特性的所在。依我們的看法,這動力即是宗教,不管它是甚麽形態。依此,我們可説:文化生命之基本動力當在宗教。瞭解西方文化不能衹通過科學和民主政治來瞭解,還要通過西方文化之基本動力——基督教來瞭解。瞭解中國文化也是同樣,即要通過作爲中國文化之動力之儒教來瞭解。"牟宗三:《中國哲學的特質》,上海:上海古籍出版社,1997 年,第 93 頁。

發展出一整套關於誠意、正心、修身、齊家、治國、平天下的内聖外王理論,從而對中華民族文化性格的形成施加了决定性的影響。①

錢穆對於儒道思想有相當精闢的認識與見解,可是,他似乎常混道家與道教爲一,例如他說:"道家與佛家亦有深刻的相異點。佛家'嚴肅厭世',因此有出世的要求;道家衹消極悲觀,却不嚴肅厭世,因此變成'輕蔑隨順'一種玩世不恭的遊戲人間。此因這是種悲觀消極的人生觀,到底還要分道揚鑣,各自發展。佛教依附道家思想而流傳,道教又模仿佛教形式而産生。在佛教傳入中國的前後,遂同時有道教之成立。但道教正因爲缺乏嚴肅厭世的心理,所以到底不成其爲一種真的宗教。嚴肅厭世的真宗教,到底是外來的,不是中國傳統文化之所有。"②以所謂"缺乏嚴肅厭世的心理"來否決道教是"真的宗教",理由很難成立。③

錢穆精通中國歷史,對於宋代學術史投入的心力,更是有目共睹。宋代最具時代意義的學術是理學,然而,三教合一却是時代之潮流。道教對理學的影響是多方面的。宋儒"主静"的修養方法是源於《禮記 · 樂記》"人生而静,天之性也"④,但也受到佛、道二教的影響。張伯端(984—1082)著《悟真篇》,宣傳内丹修煉,又主張三教合一,說"教雖分三,道乃歸一"⑤,主張以道教的修煉性命學説來結合三教。他的思想對後世道教影響甚大,南宋以後被奉爲全真道南宗之祖。⑥ 這一段歷史,錢穆必然極有概念,不過他對此或許不具特别的興致,這是因爲他關注的是儒學發展的歷史,雖然如此,其對全真教仍有屬於自己的研究心得。本文擬以錢穆的《金元統治下之新道教》爲探索中心⑦,藉以觀察錢穆對於全真教的論述。⑧

---

① 唐輝:《中國儒教及其文教精神》,《文史雜誌》2005 年第 3 期,第 26 頁。

② 錢穆:《中國文化史導論》,臺北:蘭臺出版社,2001 年,第 136 ~ 137 頁。

③ 詳細論辯,參梁淑芳:《錢穆宗教觀析論——〈文化與教育〉爲觀察核心》,收於《臺南應用科大學報》第 32 期,第 179 ~ 182 頁。

④ 見鄭玄注、孔穎達疏:《禮記正義》,《十三經注疏》,臺北:藝文印書館,1989 年,第 666 頁。

⑤ 張伯端:《悟真篇注疏》,《景印文淵閣四庫全書》第 1061 册,臺北:臺灣商務印書館,1986 年,第 438 頁。

⑥ 陰法魯、許樹安主編:《中國古代文化史》,北京:北京大學出版社,1991 年,第 3 册,第 399 頁。

⑦ 錢穆:《金元統治下之新道教》,收於《中國學術思想史論叢》(六),《錢賓四先生全集》第 20 册,臺北:聯經出版事業公司,1998 年,第 263 ~ 277 頁。

⑧ 肖美丰曾經在"崑嵛山與全真道"的學術研討會裏發表一篇《錢穆全真教研究三題》,針對錢穆的《金元統治下之新道教》提出三項重點予以附和及肯定,此《三題》乃"全真教具有存活北方民衆、保存傳統文化的宗教功能""淡化出世、增强入世的宗教性質""實行三教合一",實有參考價值。收入丁鼎編:《崑嵛山與全真道:全真道與齊魯文化國際學術研討會論文集》,北京:宗教文化出版社,2006 年,第 86 ~ 105 頁。

二、錢穆論全真教

基本上,世上任何國家都有自己的宗教,不過,錢穆有時在其鴻文或演講中,不認同中國有屬於自己的宗教①,可能這是其在最嚴格的宗教界定下的判斷,而在整套《錢賓四先生全集》裏針對全真教著墨較多的僅這篇《金元統治下之新道教》,在《元史・釋老傳》,分道家爲四派,曰全真,曰正一,曰真大道,曰太一。正一天師爲宋以前道教舊統,全真等爲宋南渡後河北新創三教②,而全真特盛,錢穆在這篇文章用力最深的當屬全真教。錢穆云:

> 當時已有李道謙之《祖庭内傳》與《七真年譜》《甘水仙源録》諸書記其梗概。清末東莞陳銘珪(友珊)有《長春道教源流》,近人新會陳垣(援菴)有《南宋初河北新道教考》,兩書鈎稽益詳。兹文特撮述大要。然亦多二陳所未及也。③

清儒陳銘珪(1824—1881)之《長春道教源流》與近人陳垣(1880—1971)的《南宋初河北新道教考》堪稱早期全真教研究之個中翹楚,錢穆以民國之史學家立場在《金元統治下之新道教》一文中撮述前二作之大要,且"多二陳所未及也",不僅實爲不易,而且,僅憑此一具有開創性之大作,其在全真研究史上即可留名。

文章一開始,錢穆引用劉祖謙(? —1232)《終南山重陽祖師仙跡記》、麻九疇(1183—1232)《鄧州重陽觀記》、商挺(1209—1288)《甘河遇仙宫詩》,謂全真教之創教祖師王重陽(1113—1170)乃"少讀書,係學籍,又隸名武選"④、"隱遁佯狂"⑤、"實曾糾衆起義"⑥。關於全真教祖師王重陽的生平,在《終南山神仙重陽真人全真教祖碑》有著詳細的記載:

---

① 錢穆經常提出中國無自創之宗教的概念,例如他在比較古代中國與外國的處境時,説:"我們處境,自始即没有希伯來人那般乾燥與寂寞;我們民族的命運,亦没有像他們遭遇的沉痛。然而我們亦没有希臘人那般秀麗的山海與景色。我們没有像希臘人那樣歌唱高興,但亦没有像希伯來人那樣悲歎失望。我們有希伯來人一般的歷史回溯,但是没有發展成他們的宗教。"引自《文化與教育》,臺北:蘭臺出版社,2001 年,第 53 頁。

② 陳援庵:《南宋初河北新道教考》,臺北:新文豐出版社,1977 年,第 11 頁。

③ 錢穆:《金元統治下之新道教》,《中國學術思想史論叢》(六),《錢賓四先生全集》第 20 册,第 263 頁。

④ 錢穆:《金元統治下之新道教》,《中國學術思想史論叢》(六),《錢賓四先生全集》第 20 册,第 263 頁。

⑤ 錢穆:《金元統治下之新道教》,《中國學術思想史論叢》(六),《錢賓四先生全集》第 20 册,第 264 頁。

⑥ 錢穆:《金元統治下之新道教》,《中國學術思想史論叢》(六),《錢賓四先生全集》第 20 册,第 264 頁。

> 真人名喆,字知明,應現於咸陽大魏村。仙母孕二十四月又十八日,按二十四氣餘土氣而成真人也。真人美鬚髯,大目,身長六尺餘寸,氣豪言辯,以此得衆。家業豐厚,以粟貸貧人,惠之者半,其濟物之心略可見矣。弱冠修進士業,籍京兆府學,又善武略,聖朝天眷間,收復陝西,英豪獲用,真人於是捐文場,應武舉,易名德威,字世雄,其志足可以知。……天譴文武之進兩無成焉,於是慨然入道,改今之名字矣。①

《祖碑》所言,大致可信,但是"文武之進兩無成焉,於是慨然入道"之説,有待商榷。在金熙宗天眷年間(1138—1140)的王重陽僅二十八九歲,距離海陵郡煬王完顔亮正隆年間(1159—1160)的甘河遇仙、醴泉得秘語之後的棄家入道與劉蔣村穴居,將近二十餘年,在這段漫長時間,王重陽的思想似乎已然産生了一些變化,例如其在《和落花韵》中寫道:

> 不謀輕舉望昇飛,碧洞無勞閉玉扉。
> 久厭世情名與利,素嫌人世是和非。
> 須知謹謹修心地,何必區區衒道衣。
> 門外落花任風雨,不知誰肯悟希夷。②

這首詩道出他的求道真諦。因對世情的不滿,纔會"不謀輕舉望昇飛"。而《蘇幕遮》詞的前半闋云:

> 有錢時,人見愛,及至無錢親也全踈待。
> 且見世情如此態,察盡人心,暗想:除非外。③

這説明王重陽的棄家入道,主要是對金人統治下的社會、世情的不滿。④ 在《長春

---

① 金源璹:《終南山神仙重陽真人全真教祖碑》,《甘水仙源録》卷一,《道藏》第19册,北京:文物出版社、上海:上海書局、天津:天津古籍出版社,1994年,第723頁。

② 王重陽:《和落花韻》,《重陽全真集》卷一,《道藏》第25册,第691~692頁。

③ 《蘇幕遮》,《重陽全真集》卷三,《道藏》第25册,第713頁。

④ 有學者引徐琰《郝宗師道行碑》:"重陽真君(王喆)……創立一家之教曰全真,其修特大略以識心見性、除情去欲、忍恥含垢、苦己利人爲之宗"(《甘水仙源録》卷二)之説,而認爲"在金、元相繼南侵的情況下,全真教所宣傳之忍辱的不抵抗主義和絶欲主義,是對於金、元的統治者有利的工具,而和當時起義農民在北方山中所組織的'忠義巡社'是對立的。"侯外廬主編:《中國思想通史》,北京:人民出版社,1960年,第4卷下册,第803頁。對於此説,筆者擬另撰專文討論。

道教源流》卷一中提到:“王重陽有宋之忠義也。其害風也,蓋激憤使然。”①王重陽生於北宋徽宗政和二年(1112),其時金人尚未南侵,祖居咸陽猶爲宋轄。等到“南宋渡,金人入長安,遊騎至咸陽。然其初,猶望渭南義兵滿野,不得渡,遂循渭而東。至建炎(南宋高宗年號)四年(1130),婁室破陝府,長驅入關,張浚與戰於富平而潰,金人遂引兵西上,入鳳翔,於是咸陽歿於金。”②這一年,金立劉豫爲皇帝於北京,國號齊。第二年,即南宋紹興二年(1131),金以陝西地賜劉豫,當時十八九歲的王重陽,面對異族統治的變亂現象,更加深了對亡宋的思念。因此在天眷間陝西爲宋所轄時,“捐文場,應武舉”,以圖報國。在《甘水仙源録》卷十有商挺《題甘河遇仙宫》詩云:

子房志亡秦,曾進橋下屨。佐漢開鴻基,矻然天一柱。
要伴赤松遊,功成拂衣去。異人與異書,造物不輕付。
重陽起全真,高視仍闊步。矯矯英雄姿,乘時或割據。
妄跡復知非,收心活死墓。人傳入道初,二仙此相遇。③

陳教友(1159—1160)在《長春道教源流》中引用此詩,認爲王重陽在關陝又爲金人佔領之後,“不惟忠憤,且實曾糾衆與金兵抗矣。金時碑記有所忌諱,不敢顯言,挺既入元,故直揭其大節也。”④要説王重陽糾衆抗金,目前尚無確切史料。但從商挺的詩意來看,並非無稽之談。“妄跡復知非,收心活死墓”,可見王重陽是在舉事難遂之後纔“收心”入道修煉的。然而他並不是個逃離人世,祇求自保的人,他自幼任氣好俠,對老百姓有著深厚的同情心。在《終南山神仙重陽真人全真教祖碑》記載著下面的一段故事:

會廢齊攝事,秦民未附,歲又饑饉,時有群寇劫真人家財一空。其大父訴之統府,大索於隣里三百餘户,其所亡者,金幣頗復得焉。又獲賊之渠魁。真人勉之曰:“此乃鄉黨饑荒,譬如乞諸其隣者,亦非真盜也。安忍陷於死地。”縱捨使去,里人以此敬仰真人愈甚。咸陽、醴泉二邑賴真人得安。⑤

---

① 陳銘珪,清光緒年間曾修道於羅浮山(在廣東省東江北岸,因晉代葛洪修道於此而著名於世),自號酥醪洞主。其所著《長春道教源流》卷一,收於《道教研究資料》第2輯,臺北:藝文印書館,1974年,第29頁。

② 《長春道教源流》卷一,《道教研究資料》第2輯,第29頁。

③ 商挺:《題甘河遇仙宫》,《甘水仙源録》卷十,《道藏》第19册,第813頁。

④ 《長春道教源流》卷一,《道教研究資料》第2輯,第31頁。

⑤ 金源璹:《終南山神重陽真人全真教祖碑》,《甘水仙源録》卷一,《道藏》第19册,第723頁。

上面的記載相當具體,由此可知王重陽的入道,不僅是文武兩無成,更重要的是深蘊著憤世嫉俗、濟世救人的理念。

當年王重陽在"活死人墓"修煉了兩年之後,在金世宗大定三年(1163)填却了墓坑,遷移到劉蔣村與道友和玉蟾(? —1170)、李靈陽(? —1189)結茅共修,重陽的外戚嚴處常(1110—1183)亦慕名來參。[①] 這時期的王重陽與僧、道、俗之往來贈答,在關中地區應有一定的影響和聲望,但是真正能合其心意修行應和者並不多,因此他決定前往山東收徒立教。

自從王重陽於大定七年(1167)抵達山東寧海,首先度化馬丹陽爲弟子。馬丹陽特别在家中南園築室,請王重陽居住,重陽並題此室爲"全真",後來全真教之名即由此而來。《全真堂》詩云:"堂名名號號全真,寂正逍遥子細陳。豈用草茅遮雨露,亦非瓦屋度春秋。"[②]王重陽將此堂稱之爲"全真堂",後人遂以"全真"名王重陽所創立之道派。[③] 重陽以此爲基地,於大定七年(1167)至九年(1169)先後又度得弟子七人,分别爲丘處機、譚處端、馬丹陽、王處一、郝大通、孫不二、劉處玄。錢穆提及著名的"全真七子",或稱"七賢"[④],此"七賢"之來由,應是元代樗軒居士(完顔璹,1172—1232,金宗室,允恭從子)講述重陽東行教化事跡之銘作,其中有一段話:

> 燒却庵舍,拂袖關中。乞化而往,全真道東。寧海因緣,萊陽通融。亟顯神異,東人畢從。淘汰真實,杜絶虚假,鍛鍊百端,捶楚怒罵。餘鄙解散,四子傳化。四子爲誰? 丘劉譚馬。德其亞者,王郝與孫。共成七賢,贊我真人。玉陽長春,大啓其門。遭遇聖朝,爲王之賓。真人高躅,望若星雲。瀛

---

① 關於玉蟾真人生平,李道謙曰:"師姓和氏,名德瑾,秦州甘泉縣人。……時聞重陽祖師亦遇真,居終南,乃往參同。大定三年,於劉蔣村結茅,與靈陽李公三人同處。既而心地圓通,大得其妙。"引自《終南山祖庭仙真内傳》卷上,《道藏》第 19 册,第 517 頁。至於靈陽真人,李道謙曰:"師姓李,京兆終南縣人。……至大定三年,與重陽祖師洎玉蟾和公同結茅于劉蔣居之。其於鉛汞龍虎之學,多賴重陽指授。"見於《終南山祖庭仙真内傳》卷上,《道藏》第 19 册,第 518 頁。還有嚴處常,李道謙言:"先生姓嚴氏,名處常,號長清子。京兆櫟陽縣人,即重陽祖師之外戚。……默自責曰:'昔得聖書,誓以四十出家,今過期矣。此疾稍痊,即當從道。無何目明如故。'遂往終南劉蔣,參重陽祖師,願受教爲門弟子。"參《終南山祖庭仙真内傳》卷上,《道藏》第 19 册,第 519 頁。

② 見《重陽全真集》卷一,《道藏》第 25 册,第 697 頁。

③ 錢穆徵引了元代張起巖《勞山聚仙宫記》、徐亨《郝宗師道行碑》、袁桷《清容居士集・錦月觀記》、王惲《秋澗集・徽州祚城縣靈虚觀碑》,和金代辛愿《陝州靈虚觀記》、元好問《遺山文集・離峰子墓銘》來解釋"全真"之教旨。詳見《金元統治下之新道教》,《中國學術思想史論叢》(六),《錢賓四先生全集》第 20 册,第 265 ~ 266 頁。

④ 《金元統治下之新道教》,《中國學術思想史論叢》(六),《錢賓四先生全集》第 20 册,第 265 頁。

> 海渺然，仙跡宛存。此道大行，逍遥乎真。[①]

其將丘處機（1148—1227）、劉處玄（1147—1203）、譚處端（1123—1185）、馬丹陽（1123—1183）直稱“四子”，加上“德其亞者”的王處一（1142—1217）、郝大通（1149—1212）、孫不二（1119—1182），形成了“七賢”。至於錢穆所説的“四哲”，今人張廣保曾分析道：“王、郝、孫都曾有過與重陽密切交往的經歷。然而，奇怪的是當王嚞南遊汴梁（今河南開封）時，他們都没有隨同前往，相反地丘、劉、譚、馬四子在此期間却緊隨左右。我認爲這件事及隨之而來的祖庭廬墓守喪對弟子身分的確立具有重要的意義。因爲這絶非一次普通意義的旅行，而是一次重要的修道雲遊活動。從《重陽教化集》《歷世真仙體道通鑒續編》的一些載述看，王嚞在其生命的最後三個月曾組織教團核心成員自山東南遊汴梁，實際上這相當一次修道集訓。”[②]這個見解是相當精到的。

錢穆又云：“論其大體，誠爲兼綜儒、釋、道三家之一種教義也。”[③]此論毫無疑義，考王重陽在世時，曾經在寧海、登州、萊州成立會堂以吸引信衆，前後創立了五個會，均冠以“三教”名稱，分别是：三教七寶會、三教金蓮會、三教玉華會、三教三光會及三教平等會，乃全真教之宣教組織[④]，要求會衆誦讀《孝經》《般若心經》《道德經》及《清静經》等儒、釋、道之三教經典。[⑤]

錢穆巧妙地爬梳元代王利用（生卒年不詳，元成宗大德二年，曾任安西路、興元路兩路總管）《無爲真人馬宗師道行碑》、尹清和（尹志平，1169—1251）《北遊語録》，將之與老莊思想、墨子之風、宋明理學、禪宗公案相輝映，得出了如下之論：

> 今全真教旨非儒非釋。所以非儒者，全真諸祖師皆亡國逸民，丁陽九之厄，苟全性命，本不作治平之想。所以爲非釋者，全真諸祖師驚心世亂，志切救難，亦豈忍謂之一切空。又所以爲非莊老者，莊老淡漠，全真懇摯。莊老玩世，全真則轉而求淑世。[⑥]

---

① 金源璹：《終南山神仙重陽真人全真教祖碑》，《甘水仙源録》卷一，《道藏》第 19 册，第 725 頁。

② 參張廣保：《全真教的創立與歷史傳承》，北京：中華書局，2015 年，第 133 ~ 134 頁。

③ 《金元統治下之新道教》，《中國學術思想史論叢》（六），《錢賓四先生全集》第 20 册，第 266 頁。

④ 關於三州五會，見於金源璹：《終南山神仙重陽真人全真教祖碑》，《甘水仙源録》卷一，《道藏》第 19 册，第 724 頁。

⑤ 金源璹：《終南山神仙重陽真人全真教祖碑》云：“真人勸人誦《般若心經》《道德》《清静經》及《孝經》，云可以修證。”《甘水仙源録》卷一，《道藏》第 19 册，第 725 頁。

⑥ 《金元統治下之新道教》，《中國學術思想史論叢》（六），《錢賓四先生全集》第 20 册，第 268 頁。

錢穆並云:"全真諸師制行涉世實最近儒。惟儒者志求上達,常期得君行道,治國平天下;全真諸師則志在下行,深入社會下層,與貧苦民衆交接,故其風格又似墨耳。"[①]筆者以爲,此一結論十分切中肯綮,但全真諸師之風格是否近似墨家,實在值得吾人深思。如衆所知,墨子(約爲479—381B. C.以内)主張兼愛、非攻,他認爲"天下兼相愛則治,交相惡則亂"[②],"兼相愛"就是愛無差等,愛任何人和愛自己一樣,要放棄小愛、私愛,達到普遍之愛,如此即可"交相利",而"非攻"則是在消弭國與國之間的戰争,全真教是一修行團體,兼愛、非攻的思想很難在其教團體現。或者如辛愿所云:"全真家,其謙遜似儒,其堅苦似墨,其修習似禪"[③],若以"堅苦"的立場看待全真教,如:劉處玄獨自往返於洛陽、開封之間,"煉性於塵埃混合之中,養素於市廛雜踏之叢"[④],潛藏於花街柳巷,借境煉心。郝大通在沃州橋修行時,"有人侮狎戲笑者,不怒也,志在忘形,如此三年,人稱不語先生"[⑤]。王處一在鐵槎山修煉時,"嘗俯大壑,一足跂立,觀者目瞋毛豎,舌撟然而不能下,稱爲'鐵脚仙'"[⑥],則符合墨家"摩頂放踵"之精神。[⑦]

王重陽一生最重要的弟子是"四哲",錢穆認爲"邱、馬之道行又各自有别。以禪家相擬,重陽如五祖弘忍,邱、馬則慧能、神秀之分宗矣。"[⑧]將重陽祖師視爲禪宗的弘忍大師(601—675),又將丘處機視爲慧能(638—713),將馬丹陽看作神秀(606—706),這樣的比喻,形象太過鮮明,而却又有很大的討論空間。神秀創立"北宗",主張漸悟之説,其同門師弟慧能於華南弘法,主張頓悟,號稱"南宗"。在尹志平《北遊語録》敘述著:丘處機因不滿重陽祖師對他"重作塵勞,不容少息"的安排,某日偷聽祖師爲馬丹陽講授"谷神不死"的修煉方法,久之推門而入,祖師馬上停止對丹陽的傳授。從此以後,處機力行偷聽得來的方法,數年却"猶未有驗"。[⑨] 後來丘處機理解爲:"丹陽非一世修行,至此世功行已備,用此'谷

① 《金元統治下之新道教》,《中國學術思想史論叢》(六),《錢賓四先生全集》第20册,第269頁。

② 墨子:"若使天下兼相愛,國與國不相攻,家與家不相亂,盜賊無有,君臣父子皆能孝慈,若此則天下治。故聖人以治天下爲事者,惡得不禁惡而勸愛?故天下兼相愛則治,交相惡則亂。故子墨子曰:'不可以不勸愛人者,此也。'"(清)孫詒讓著,孫以楷點校:《墨子閒詁》,臺北:華正書局,1987年,卷四,第93頁。

③ 引自元好問:《太古觀記》,《遺山先生文集》,臺北:臺灣商務印書館,1967年,第2册,卷三十五,第365頁。

④ 秦志安:《長生真人劉宗師道行碑》,《甘水仙源録》卷二,《道藏》第19册,第733頁。

⑤ 樗櫟道人:《廣寧郝真人》,《金蓮正宗記》卷五,《道藏》第3册,第363頁。

⑥ 姚燧:《玉陽體玄廣度真人王宗師道行碑》,《甘水仙源録》卷二,《道藏》第19册,第737頁。

⑦ 《孟子・盡心》上:"墨子兼愛,摩頂放踵,利天下爲之。"引自趙岐注、孫奭疏《孟子注疏》,臺北:藝文印書館,1989年,《十三經注疏》本,第239頁。

⑧ 《金元統治下之新道教》,《中國學術思想史論叢》(六),《錢賓四先生全集》第20册,第269頁。

⑨ 段志堅編:《清和真人北遊語録》卷三,《道藏》第33册,第170頁。

神'之道,當其時耳,故速見其驗。俺之功行未備,縱行其法,久而無驗,固其宜也。"[①]可見重陽祖師對弟子乃"因材施教",處機也體悟到"功行雙修"之重要。《北遊語録》又云:

> 長春師父嘗言:"我與丹陽悟道有淺深,是以得道有遲速。丹陽便悟死,故得道速。我悟萬有皆虚幻,所以得道遲。"[②]

馬丹陽能受到重陽祖師親自調教,傳授"谷神不死"之法,是累世修行,此生功德圓滿,直接從"悟死"下手,因此得道快。丘處機倡導"功行雙修"[③],爲的是積功累德,由"悟萬有皆虚幻"著手[④],必須等待功行俱足,修行纔能超越。筆者認爲馬丹陽似慧能之頓悟,丘處機則似神秀之漸悟。

錢穆進一步比較馬丹陽和丘處機修行有所出入,乃"時世因緣",錢穆言:

> 丹陽學道在金世宗大定八年,其化在二十三。金世宗號"小堯舜",其時與宋通好息兵,北方初安,故丹陽得以無爲立教。[⑤]

以"無爲"立教並非由丹陽發起,重陽祖師在詞作《木蘭花慢》就曾經直言"無爲"是修行的其中一點竅門:

> 論修行鍛錬,只元是這些兒。也勿取,翁婆奼女,嬰子相隨。休言木龍金虎,更何須,黑赤坎和離。奉報諸公入道,莫令形苦神疲。堪宜,正好搜尋時,坦蕩准希夷。放落魄清閑,任雲任水,真静真慈。靈然養成内實,聚玄機,密妙不難知。開闡當中一點,瑩然明照無爲。[⑥]

不執著於丹道中的翁婆、奼女、嬰兒、龍虎、坎離……名相,入道之門在於不要讓

① 段志堅編:《清和真人北遊語録》卷三,《道藏》第33册,第170頁。

② 段志堅編:《清和真人北遊語録》卷一,《道藏》第33册,第157頁。

③ 丘處機對"功行雙修"的看法是寬闊的,譬如:"於教門有力者用力,有心者用心,管領事務,調和人衆,無不是功行。"引自《清和真人北遊語録》卷一,《道藏》第33册,第157頁。

④ 對於"悟萬有皆虚幻",丘處機的《滿庭芳》其二云:"幻身無賴,何異燭當風。舊日掀天富貴,當時耀絶代英雄。百年後,都歸甚處? 一旦盡成空。"闡明生前一切的功名利禄,轉眼成空,收於《磻溪集》卷五,《道藏》第25册,第835頁。《沁園春》其一曰:"但此身彼物,皆名幻化;多虚少實,不可追隨。萬種纏絲,千般汩没,荏苒光陰老却伊。"此作顯然已參透世間萬有皆虚幻,見《磻溪集》卷五,《道藏》第25册,第834頁。

⑤ 《金元統治下之新道教》,《中國學術思想史論叢》(六),《錢賓四先生全集》第20册,第271頁。

⑥ 《木蘭花慢》,《重陽全真集》卷五,《道藏》第25册,第722頁。

這個肉身"形苦神疲",唯有真清、真静、真慈、無爲,則無形的内丹自然凝結。到了馬丹陽,承繼祖師對"無爲"的概念,在《無爲吟》裏自詠道:

術法我不會,打坐我不愛。終日樂逍遥,終日占自在。
觀天行大道,自然得交泰。本師傳口訣,無爲功最大。[①]

顯然對於世間任何的有爲修道法,丹陽全都置之不理。整日自在樂逍遥,從天體運行的自然法則,與祖師口授心傳的法門,天人之際自然交相泰,馬丹陽更加篤定"無爲"是通往修證之最便捷法門。這一部分,可以説是馬丹陽思想與修爲的一大特色。

錢穆以爲丘處機以有爲爲教[②],是因:

長春晚年則值蒙古崛起,長春《愍物》詩云:"天蒼蒼兮臨下土,胡爲不救萬靈苦。"又曰:"皇天后土皆有神,見死不救知何因。"其悲憫爲懷,不得不以有爲爲教者亦時也。[③]

陳垣在《南宋初河北新道教考》中提道:"全真何以能得人信服乎?竊嘗思之,不外三端,曰異跡驚人,畸行感人,惠澤德人也。"[④]這是長期觀察全真教所得,很有説服力,同時,可見"濟世度人"亦是全真精神之所在。處機一生最顯著的"有爲法"莫過於以七十三歲之高齡,西行雪山拜見成吉思汗。

當金朝南遷,全真教已成爲北方一股强大的宗教勢力,公元1219年,金廷與南宋皆派人詔請丘處機,但處機不應詔。同年蒙古領袖成吉思汗慕其名,派人持詔專程力邀處機西行會面。一開始,處機以老弱爲由婉拒,成吉思汗續以達摩東邁、老氏西行爲史鑑,要求會面,處機看到戰争頻仍,生靈塗炭,毅然決定帶著十八位弟子西行覲見大汗,期能改變殺戮策略,減輕人民苦痛。他在西行之初,寫下:

十年兵火萬民愁,千萬中無一二留。去歲幸逢慈詔下,今春須合冒寒遊。
不辭嶺北三千里,仍念山東二百州。窮急漏誅殘喘在,早教身命得消憂。[⑤]

---

① 《無爲吟》,《洞玄金玉集》卷五,《道藏》第25册,第589頁。

② 丘處機曰:"修行人全抛世事,心地下功,無爲也;接待興緣,求積功行,有爲也。"可見其提倡的"功行雙修"屬於有爲法,參《清和真人北遊語録》卷一,《道藏》第33册,第159頁。

③ 《金元統治下之新道教》,《中國學術思想史論叢》(六),《錢賓四先生全集》第20册,第271頁。

④ 《南宋初河北新道教考》,第37頁。

⑤ 《長春真人西遊記》卷上,《道藏》第34册,第481頁。

烽火連天，民不聊生，處機不辭勞苦西行，爲的是勸戒可汗減少殺戮，讓苟延殘喘的百姓，保住性命，不再憂愁。在《長春真人成道碑》裏詳實記載著丘處機覲見成吉思汗的過程：

> 己卯冬十月，上譴便宜劉仲禄率輕騎數十，攙搶開道，徑及海濱，奉召徵師。真人以天意所存，不辭而發軔，侍行者一十八人，皆叢林之傑出者。指程西北，跋涉艱虞，萬里龍沙，繼及行在。上嘉來遠之誠，重慰勞之。一日，問以長生之藥，真人曰："有衛生之經，無長生之藥。"上嘉其誠，每召就坐，即勸以少殺戮，減嗜欲，及慈孝之説，命史録之。①

以一位嗜殺的可汗，竟會派人詔請丘處機，處機以爲這是天意，帶著十八位弟子辛勤跋涉，終於見到可汗。某日，可汗問其"長生之藥是什麽?"丘處機回答："只有衛生之理，没有長生之藥。"可汗並未動怒，反而嘉許處機的誠意，每次見面，處機總是力勸可汗減少殺戮、降低嗜欲，還提醒他慈愛與孝道。因此，錢穆稱丘處機"悲憫爲懷，不得不以有爲爲教者"確實因時勢所迫。

三、結論

錢穆是相當出色的學者，對於宗教，他一向有很多自己的獨特主張，他並不認同中國有自己的宗教，而且進一步認爲中國的宗教就是"人文教""人心教"或"良心教"，亦即儒家思想可以取代宗教。錢穆以史學大師、文化學家的身分探討金元統治下之新道教，其中又以"全真教"爲主要之討論對象。錢穆先從全真教的創教祖師談起，説他曾中武舉，且糾衆起義，提及"全真七子"又稱"七賢"，其中以"四哲"爲要。再者，以全真諸師近儒與墨，將禪宗弘忍比喻重陽祖師，把丘處機、馬丹陽喻爲慧能、神秀。接著强調馬丹陽的修行注重"無爲法"，丘處機修行重視"有爲法"，皆"時勢因緣"所致，筆者已適度回應與討論。

（責任編輯：張琰）

① 姬志真：《長春真人成道碑》，收於陳垣編纂：《道家金石略》，北京：文物出版社，1988 年，第 588 頁。

論金元全真道的神仙譜系

□李遠國

摘要：道教發展的歷史告訴我們，任何一個道派在初創之際即開始構建自己的神仙譜系。所謂的“神仙譜系”，包括兩個系統，一是先天的神靈系統，一是後天祖師系統。歷代的祖師們功德圓滿，早已登入仙班，成爲人們崇拜的仙真，因此神仙譜系中都包括了歷代的祖師。同樣如此，全真道形成不久，即開始構築自己的神仙譜系。全真道尊東華帝君爲第一祖，並得到了教内的普遍認同。全真道神譜的形成，是在兩宋道教神譜的基礎上做了必要的調整，一些舊有的神靈祖師被替換，而全真道的東華帝君、五祖、七真、玄門十子等得以增補入列，名列仙班。正是依循全真道這一新的神譜，元代畫工們精心的繪製永樂宫壁畫，生動形象地顯示全真道崇拜的神靈仙真。

關鍵詞：全真道　神仙譜系　永樂宫壁畫

作者簡介：李遠國，男，1950年生，四川成都人。現爲四川省社會科學院研究員，主要從事道教研究。

全真道，是金代興起於北方的三大新道派中最重要的派别。該派創建於金大定年間，創立者王喆，原名中孚，字允卿，後改名德威，字世雄。入道後始改名爲喆，字知明。據李道謙《七真年譜》載，其家本咸陽著姓，後遷終南縣劉蔣村。宋徽宗政和二年（1112），生於終南劉蔣村。他幼好讀書，自稚不群，不拘小節。弱冠，修進士業，善於屬文，才思繁捷。金天眷初（1138），慨然應武略，以出色的成績考中甲科。他非常高興，期待將來能發跡。結果僅當一名征收酒税的小吏，於是他憤然辭職。隱棲山林，以酒爲慰，其時有心歸依佛教，但未能如願。

金正隆四年（1159），王重陽棄家而遊，於甘河鎮（今户縣境内）遇異人得内煉真訣，悟道出家，這是他一生最大的轉機。《歷世真仙體道通鑒續編》記載此事始末説：正隆四年，師忽自歎曰：孔子四十不惑，孟子四十不動心，予猶碌碌，如此不亦愚乎！自是之後，性少檢束。是年六月，“師醉於甘河鎮，會二人被髮披氈，其年貌同一，師訝之，從而懇請，其人徐曰：此子可教。因授其修真口訣。時年四十有八。故《遇師詩》云：四旬八上始遭逢，口訣傳來便有功。蓋唐純陽子吕仙翁之化身也”[①]。所謂“化身”，並非一定指吕洞賓，無非假託得吕洞賓的親傳，以弘揚其教而已。

王重陽四處傳教。金世宗大定七年（1167），雲遊至山東寧海，遇馬鈺、孫不二拜以爲師。後又收譚處端、劉處玄、丘處機、王處一、郝大通爲弟子，並在文登、萊州、登州等地建立三教七寶會、三教三光會、三教玉華會、三教金蓮會、三教平等會。大定九年（1169），與弟子馬丹陽、譚長真、劉長生、丘長春西歸，羽化於道中，葬於終南山劉蔣村，從此全真道尊爲祖庭，金章宗賜庵名靈虚觀，後元太宗加封爲重陽萬壽宫。從此，王重陽和他的弟子們肇開了全真道的規模。元徐琰《郝宗師道行碑記》説：“重陽唱之，馬、譚、劉、丘、王、郝六子和之，天下之道流祖之，是爲七真。”[②]後來全真道中又推王重陽爲五祖之一，於六子之中加上孫不二，稱爲七真。五祖七真，這就構成了全真道的核心體系。

元遺山《紫微觀記》綜述了金元全真道的概況：

> 又有全真家之教。咸陽人王中孚倡之，譚、馬、丘、劉諸人和之。本於淵静之説，而無黄冠禳襘之妄；參以禪定之説，而無頭陀縛律之苦。耕田鑿井，從身以自養，推有餘以及之人，視世間擾擾者差若省便然。故墮窳之人，翕然從之。南際淮，北至朔漠，西向秦，東向海，山林城市，廬舍相望，什百爲偶，甲乙授受，牢不可破。上之亦嘗懼其有張角斗米之變，著令以止絶之。當時將相大臣有爲主張者，故已絶而復存。稍微而更熾，五十七年以來，蓋不可復動矣。[③]

全真教的教義總體來説，在煉養上祖述黄老，繼承了老子、莊子、鍾離權、吕洞賓的思想，以全老莊之真、苦己利人爲宗旨。該教受時代思潮影響，力主三教平等，以《道德經》《般若心經》《孝經》爲經典。主張性命雙修，先修性，後修命。認爲修真養性是道士修煉唯一正道，除情去欲，明性見道，使心地清静，纔能返樸

① （元）趙道一編：《歷世真仙體道通鑒續編》，《道藏》第5册，北京：文物出版社、上海：上海書店、天津：天津古籍出版社，1988年，第415頁。

② 陳垣編纂：《道家金石略》，北京：文物出版社，1988年，第672頁。

③ 陳垣編纂：《道家金石略》，第475頁。

歸真,證道成仙。規定道士須出家住觀,嚴守戒律,苦己利人。金元之際丘處機嗣教時,全真道得到大發展。

一、全真道神仙譜系的東華帝君

道教發展的歷史告訴我們,任何一個道派在初創之際,即開始構建自己的神仙譜系。如張陵正一道奉祀太上老君爲主尊,在老君之下,有三官、太歲、四鎮將軍、百鬼等衆多神靈。上清派尊東晉魏華存夫人爲始祖,建構了更爲繁雜的神仙品階。《七域修真證品圖》詳言上清道士修真位業,宣稱修道之法,從凡至聖,昇降七域,每一域所修凡萬四千法,七域之中,九萬八千修道之門户,登真之徑路,皆在勤而能久,可致昇天。分修真位業爲七階,這與陶弘景《真靈位業圖》完全相同。至陶弘景《真靈位業圖》的出現,完成了道教史上的第一部神譜。陶弘景將人間帝王朝廷結構的觀念移用於神仙世界,依據天界在上、人間在中、地獄在下的依次遞降的道教宇宙觀,將天仙、地仙、鬼仙等分别按照位序的尊卑加以甄别後組織爲道教的神譜。所謂的"神仙譜系",包括兩個系統,一是先天的神靈系統,一是後天祖師系統。歷代的祖師們功德圓滿,早已登入仙班,成爲人們崇拜的仙真,因此神仙譜系中都包括了歷代的祖師。

同樣如此,全真道形成不久,即開始構建自己的神仙譜系。全真道神仙譜系中有兩位重要人物,一是東華帝君,一是吕洞賓。關於他們的生平事跡,歷史傳聞甚多,頗難辯折,這對全真道的研究帶來一定的難度,但又必須面對回應。

在全真道神仙譜系的構建過程中,宋德方起到了重要作用,他在《全真列祖賦》中將東華帝君尊爲全真道第一祖,宣稱:

> 三清,全真之主也。不全其真,曷爲三清?四帝,全真之師,不全其真,曷爲四帝?由是言之,龍漢以前,赤明之上,全真之教固已行矣。但聖者不言而天下未之知耳!逮我東華帝君王公者,分明直指曰,此全真之道也,然後天下驚駭傾向而知所歸依矣。帝君乃結庵於青海之濱,受訣於白雲之叟,種黄芽於岱阜,煆絳雪於崑崙,陰功普被於生民,密行遠沾於後裔。然後授其道於正陽子鍾離公者……。然後授其道於純陽子吕公者……。然後授其道於海蟾子劉公者……。然後授其道於重陽王公者,發揚秘語之五篇,煆煉還丹之九轉,譚中捉馬,丘上尋劉,餐霞於碧嶠之前,養氣向青松之下,飲甘

河之一滴，觀滄海之萬蓮，普化三州，同修五會。[①]

至此，全真道有關始祖東華帝君的形象基本定型，後來陳致虚《上陽子金丹大要列仙志》，劉天素、謝西蟾《金蓮正宗仙源像傳》，趙道一《歷世真仙體道通鑒》中的東華帝君事跡，基本上都是取材於《金蓮正宗記》。

考"東華帝君"一名，至遲在唐朝已出現。對此，趙衛東《東華帝君與金元全真道》、尹志華《全真教主東華帝君的來歷略考》都已詳盡的考辨，故不作更多的言辭。唐末杜光庭《墉城集仙録》卷一曰："老君與真人尹喜遊觀八紘之外，西遊龜臺，爲西王母説《常清静經》。故太極左宫仙公葛玄序曰：吾昔受之於東華帝君，東華帝君受之於金闕帝君，金闕帝君受之於西王母，皆口口相傳不記文字，吾今於世，書而録之。"[②]杜光庭注："東華者，按《上清經》云，東方有飄雲世界，碧霞之國，翠羽城中蒼龍宫，其中宫闕並是龍鳳寶珠合就，上有五色蒼雲覆蓋其上，故號蒼龍宫也。乃是東華小童君所居之處。"[③]杜光庭認爲東華帝君即東華小童。北宋李思聰《洞淵集》卷一亦徵引其説，謂《清静經》西王母傳予金闕帝君，金闕帝君傳予東華帝君，皆秘語相傳不死之文。南宋周無所住述《金丹直指》曰："道教自東華帝君傳之金闕帝君，金闕帝君傳之西王母，西王母皆以口口相傳。"[④]《庚道集》卷八曰："昔元始天尊授老君，體天地之造化，煉水火之成形，使金木而併一，普萬化而通道，故立一切造化，致成大藥秘法。次傳東華帝君，帝君繼傳西王母，之後自是神仙，口口相傳，不記文字，但口傳心授者曰三，成功品有九。"[⑤]

如同其他教派一樣，全真道亦把其歷史推至龍漢以前。所謂"龍漢以前"，是指天地未判時期。道教宣稱天地始分，渺渺億劫，混沌之中，元始天尊於祖劫化生諸天。《靈寶無量度人上經大法》卷四《訓釋經義品》："祖劫者，龍漢，延康，赤明，開皇，上皇也。大羅天者，虚皇居之，包含天地，不可窮極。經云：上無復祖，唯道爲身。於五劫之間，化生天地。"[⑥]閭丘方遠述《太上洞玄靈寶大綱鈔》：

大道既分，離爲五行，流爲五劫。每至劫終劫初，大聖出世，垂教説經，

---

① 《崇道詔書碑》，陳垣編纂：《道家金石略》，第 593—594 頁。

② 《道藏》第 18 册，第 168 頁。

③ （五代）杜光庭：《太上老君説常清静經注》，《道藏》第 17 册，第 190 頁。

④ 《道藏》第 24 册，第 91 頁。

⑤ 《道藏》第 19 册，第 495 頁。《庚道集》，道教外丹術著作，九卷。卷一説"蒙軒居士書於紹興甲子（1144）中元"，今人陳國符考證是書爲宋人集。

⑥ 《道藏》第 3 册，第 627 頁。

以度天人。所謂五劫者，龍漢木劫，赤明火劫，延康金劫，開皇水劫，上皇土劫。皆周而復始，衍爲日月星辰，陰陽曆數。下爲嶽瀆川源河海，人民鳥獸，各有主宰，皆遵稟天尊大聖，分氣受生。天尊於龍漢劫初，從碧落天降大浮黎國，在大地東方説法，演靈寶自然天書五篇真文。至軒轅黄帝時，天真皇人是前劫成真，於峨嵋山洞中，授黄帝，及守三一法黄帝赤书一篇，靈寶部中皆天書古篆。黄帝道成，封此法於鍾山，在西北，然後於仙都山升天。至堯時，禹父鯀理水，功用不就，堯舉舜執政，殛鯀於羽山，在東沂州，用禹理水。禹傷先人理水，功不成見誅，日夜號泣，感神人繡衣使者，告禹曰：黄帝得道，封靈寶五符於鍾山之阿，授汝而理水功就。禹遂詣鍾山，齋心祈祝，感鍾山真公授靈寶五法，皆備足。理水功成，會群臣於會稽山，更演五符，及出五帝姓諱，共成三通。一通藏於洞庭包山，今林屋洞是也，在吴縣。吴王令龍威丈人取出後，火化歸天。一通藏東海勞盛山，亦被吴王取出。一通藏於石嗔山，萬年方出，將授伯長，依前理水災，會稽山龍瑞觀前，有石嗔山是也。屬會稽。至吴太極左仙公，年十三，於會稽山陽石巖下精思，年十八感通。後於天台山精思，太極三真及太極法師徐來勒，重授靈寶諸法，仙公因合成七部科戒威儀齋法。仙公以吴赤烏二年八月十五日，於天台山白日升天。吴大帝孫權撰傳。至宋文、明二帝時，簡寂陸先生修静，更加增修，立成儀軌。於是靈寶之教，大行於世。始於軒轅、終於簡寂，法教圓通，使後世得睹天儀，傳習者悉無疑慮。於此教而成真者，不知幾極。承襲此教，爲帝師者，代有其人。仙人韓衆，傳樂子長靈寶法，是此源流。子長修行，得道者九人。海陵縣樂真觀即是舊宅。吴王使齎五符，問仲尼。仲尼不發函，託童謡：龍威丈人名隱居，獨入包山竊禹書，是也。開元中，玄宗皇帝於桃林縣所得石符，是尹真人舊宅，後改爲靈寶縣，城南置靈寶觀，内庭置靈符殿，皆是靈寶法遺跡。①

這裏雖然是在講靈寶派的歷史，但却被多數道派所共識，因此全真道也用“龍漢木劫”説。這種神異的説法當然衹是一種宗教的臆想，並非歷史的事實，不過是想表明道教歷史的悠久，表明道教是中國原始宗教、古代宗教的直接繼承者。

南宋董思靖進一步解釋云：“以開始青天元祖炁，明東方始青之元，應九陽木

① 《道藏》第6册，第376頁。

王之初，故東方得九炁，以分天境，劫號龍漢。”①東方始青元炁，正是化生東華帝君之本。《仙傳拾遺》云：“帝君蓋青陽之元氣，萬神之先也。居太晨之宫，紫雲爲蓋，青雲爲城，仙僚萬億，校録仙籍，以稟命於老君。所謂王姓者，乃尊高貴上之稱，非其氏族也，斯言蓋得之歟！元世祖皇帝封號東華紫府少陽帝君，武帝皇帝加封東華紫府輔元立極大帝君。”②

東華帝君的信仰，似與楚文化的“東君”信仰有關。楚文化發祥於湖北，形成和成熟於先秦時代。她是中國傳統文化的主體——華夏文化的重要來源，源遠流長，博大精深，具有鮮明的地域特色。而其中獨具特色的巫道内容和神仙觀念，則是道教信仰的直接淵源。從《楚辭・九歌》中的“東君”，到馬王堆漢墓出土的帛畫《太一出行圖》，反映了楚文化中崇拜東君、太一等神靈的巫道風俗。所謂“東君”，亦即後來道教神系中的東王父、東華帝君。正是在楚文化的基礎上，道教信仰中的諸多神真得出塑造、完善。據史籍記載，楚人信鬼好巫，楚地巫風盛行，人們崇拜多神，信仰萬物皆有靈性。《漢書・地理志》曰：“楚人信巫鬼，重淫祀。”王逸《楚辭章句・九歌序》云：“昔楚國南郢之邑，沅湘之間，其俗信鬼而好祠，其祠必作歌樂鼓舞以樂諸神。”在衆多的神靈中，東皇太一當爲楚人信仰的最高神。屈原的《九歌》中涉及楚地信仰的神祇有東皇太一、東君、雲中君、大司命、少司命、湘君、湘夫人、河伯、山鬼及國殤等十種，而東君正是楚人崇拜的太陽神。

關於這位東君，自東漢王逸以來，歷代注家皆認爲是東方之天帝，即太陽之神。陳夢家認爲，殷墟中已有關於崇拜日月之神的卜辭。他們被稱爲“東母”“西母”，後世演變爲東王公、西王母。他説：“《山海經》及《穆天子傳》並記西王母事，其地在西土崑崙之虚。東母未見載籍，惟《史記・封禪書》《楚辭・九歌・東君》並有東君之神，《廣雅・釋天》曰：東君，日也。疑即東母，殷人尊母系，祀典與男系等，故稱日神爲東母，殷以後男系專權，遂錫日神以君名。”③丁山亦指出，“東母即日母羲和。由於月生於西，兩周的王公，都是祭月於西，而稱月神爲西皇或西王母。日出於東，《禮記・禮器》則説大明生於東，因此春朝，天子拜日於東門之外，或祭日於東，而號日神爲東皇，或曰東君。月神之爲女性，從西王母的母字，可以確定；那末，甲骨文所常見的東母，當然是日神的别名。”④

---

① （南宋）董思靖撰：《洞玄靈寶自然九天生神章經》，《道藏》第 6 册，第 390 頁。
② （元）劉天素、謝西蟾編：《金蓮正宗仙源像傳》，《道藏》第 3 册，第 370 頁。
③ 陳夢家：《古文字中之商周祭祀》，《燕京學報》1936 年第 19 期，第 131 頁。
④ 丁山：《中國古代宗教與神話考》，上海：上海文藝出版社，1988 年，第 72 頁。

商周時期奉祀的日月天神，在《山海經》、楚帛書等文獻裏都有記載。在商周時期人們的觀念裏，日月之神就是上帝明神，也是人君的象徵。《國語・周語上》載："古者先王既有天下，又崇立上帝明神而敬視之，於是乎有朝日、夕月以教民事君。"韋昭注："上帝，天也。明神，日月也。"鄭玄《禮記・郊特牲》注："天之神，日爲尊。"孔穎達《詩・小雅》疏："日者，太陽之精，至尊之物。"這就是古人把日神視爲上帝神明的原因。

從自戰國以來，即奉東君爲日神，其祀頗隆。《周禮・春官》言："以禋祀祀昊天上帝，以實柴祀日月、星辰，以槱燎祀司中、司命、飌師、雨師，以血祭祭社稷、五祀、五嶽，以狸沈祭山林川澤，以疈辜祭四方百物。"於是，在楚國屈原《九歌・東君》中，生動地描述了迎降太陽神的歡樂場景："暾將出兮東方，照吾檻兮扶桑。撫余馬兮安驅，夜皎皎兮既明。駕龍輈兮乘雷，載雲旗兮委蛇。長太息兮將上，心低佪兮顧懷。羌聲色兮娛人，觀者憺兮忘歸。緪瑟兮交鼓，簫鍾兮瑶簴。鳴鯱兮吹竽，思靈保兮賢姱。翾飛兮翠曾，展詩兮會舞。應律兮合節，靈之來兮蔽日。青雲衣兮白霓裳，舉長矢兮射天狼。操余弧兮反淪降，援北斗兮酌桂漿。撰余轡兮高駝翔，杳冥冥兮以東行。"①你看，一輪噴薄而出的紅日出現在東方，那駕馭太陽的東君，從容不迫，不激不厲，安詳地駕著龍車緩緩而行，履行他神聖職責。其從官屬，蔽日而至，他們以青雲爲上衣，白蜺爲下裳，擁載於東君龍車的周圍。東君高舉長箭，去射那貪婪成性的天狼星，操起天弓以防災禍降到人間；然後又以北斗爲壺觴，斟滿美酒，灑向大地，爲人類賜福。洪興祖曰："天狼星名以喻貪殘，日爲王者，王者受命，必誅貪殘，故曰舉長矢射天狼。""《博雅》曰：朱明耀靈，東君日也。""《春秋命曆序》曰：皇伯登扶桑，日之陽，駕六龍以上下。""言日以龍爲車轅，乘雷而行，以雲爲旌旗，委蛇而長。"②這段對東君的文字描寫，成爲後來東王公人形化的一個形象依據。③

關於東王公最早的描述，首見於據傳是漢代東方朔所作的《神異經》④。此書模仿《山海經》體例，分《東荒經》《東南荒經》《南荒經》《中荒經》等九個篇目，其

---

① （南宋）洪興祖撰：《楚辭補注》卷二，北京：中華書局，1983年，第74～76頁。

② （南宋）洪興祖撰：《楚辭補注》卷二，第74頁。

③ 《宋書・樂志三》載魏武帝曹操《陌上桑》曰："濟天漢，至崐崙，見西王母，謁東君。"東君與西王母對舉，則東君亦謂東王公。

④ 《四庫全書總目》卷一百四十二曰："此書既劉向《七略》所不載，則其爲依託，更無疑義。《晉書》張華本傳，亦無注《神異經》之文，則並華注亦似屬假借。振孫所疑，誠爲有見。然《隋志》載此書，已稱東方朔撰，張華注，則其僞在隋以前矣。觀其詞華縟麗，格近齊梁，當由六朝文士影撰而成，與《洞冥》《拾遺》諸記先後並出。"

《東荒經》曰:“東荒山中有大石室,東王公居焉。長一丈,頭髮皓白,人形鳥面而虎尾,載一黑熊,左右顧望。恒與一玉女投壺,每投千二百矯,設有入不出者,天爲之籲噓;矯出而脱誤不接者,天爲之笑。”《中荒經》曰:“昆侖之山,有銅柱焉,其高入天,所謂天柱也。圍三千里,周圍如削。下有石室,方百丈,仙人九府治之。上有大鳥,名曰稀有,南向,張左翼覆東王公,右翼覆西王母。背上小處無羽,一萬九千里。西王母歲登翼,上之東王公也。故其柱銘曰:有鳥稀有,碌赤煌煌,不鳴不食,東覆東王公,西覆西王母。王母欲東,登之自通。陰陽相須,唯會益工。”①在這些描述中,東王公還不是一個完整的人的形象,他兼有“人形”“鳥首”和“虎尾”,這類似西王母早期半獸半人的形像,這是東王公從圖騰形象向人形過渡的一個中間階段。其“鳥面”形象顯然與殷商的宗神“玄鳥”有關。“玄鳥”的人格化就是“帝俊”,“俊”與“夋”古音相假。甲骨文中的“夋”就是鳥首的形狀。可以看出位處東方的太陽神亦是“鳥首”。

據漢桓驎《西王母傳》曰:“在昔道氣凝寂湛體無爲,將欲啓迪功,化生萬物,先以東華至真之氣,化而生木公,木公生於碧海之上,芬靈之墟,以主陽和之氣,理於東方,亦號曰東王公焉。”②陶弘景《真誥》卷五曰:“昔漢初有四五小兒,路上畫地戲,一兒歌曰:著青裙,入天門,揖金母,拜木公,到復是隱言也。時人莫知之,唯張子房知之,乃往拜之,此乃東王公之玉童也。所謂金母者,西王母也,木公者,東王公也,仙人拜王公,揖王母。”③這位知曉東王公由來的子房,就是輔佐劉邦成就一世霸業的張良。

這個時期的東王公,開始與西王母並列,成爲人們禱福求壽的神靈。《吴越春秋·越王陰謀外傳》曰:“立東郊以祭陽,名曰東皇公;立西郊以祭陰,名曰西王母。”從出土的銅鏡、墓室壁畫、漢畫磚等大量的器物中,充分地説明這一歷史情景。漢代銅鏡中所見之東王公之圖像,多爲東漢中期開始出現,如以下的幾例銅鏡:

1. 初平元年四獸鏡,湖北沔陽出土。圓形,大圓鈕。内區四獸與四方枚相間環列,每方枚内有四字,合爲:“吾作明竟,幽湅三羊,位至三公,天王日月。”外區即鏡内緣有銘文:“初平元年正月戊午日,吾作明竟自有己,除去不羊宜古市,來而東王父西王母,右同赤公子,千秋萬年不失志,買者大貴昌。”④

① (清)王文濡:《説庫》上册,揚州:廣陵書社,2008年,第17頁。
② (明)陶宗儀編:《説郛》卷一百十三,上海:上海古籍出版社,1990年,第5212頁。
③ 《道藏》第20册,第518頁。
④ 孔祥星、劉一曼編:《中國銅鏡圖典》,北京:文物出版社,1992年,第490頁。

2. 吾作對置式神獸鏡，湖南長沙東漢墓出土。圓形，圓鈕，鏈珠紋鈕座。主紋分爲四組：二組爲一神二獸，對置；另二組各有一神人。其外有十三個方枚和十三個半圓相間環列，方枚中各有四字，合爲："吾作明竟，幽湅三陽，周刻列記，□□萬象，帛□作禺，衆神見容，天守四首，東王父，西王母，仙人，三月三日，三公九卿，延年益壽，與師命長。"邊緣畫文帶爲二神捧日和月，六龍駕車等。①

3. 袁氏神人龍虎畫像鏡，湖北荊門出土。圓形，圓鈕，圓鈕座。四枚連珠座乳分爲四區，二區分别爲龍或虎，另二區爲一神二侍。主神端坐，兩側二羽人站立。外區銘文爲："袁氏作竟真大巧，東王公、西王母，青龍在左，白虎居右，山人子喬、赤踊子，千秋萬歲不知老，渴飲玉泉饑食棗。"②

4. 榮氏神人禽獸畫像鏡，湖北鄂城出土。六朝時期。圓形，圓鈕，連珠紋鈕座。主紋以四乳間以二組神像及二組羽人禽獸紋。二組神像均爲一主神和一侍，主神分别爲西王母、東王父，主神正面端坐，侍者側身跪地向著主神。另二組一爲羽人戲鹿，一爲鳥禽相對。外區銘文爲："榮氏竟佳且好，明而日月世少有，宜子孫兮。"③

5. 三羊神人禽獸畫像鏡，湖北鄂城出土。六朝時期。圓形，圓鈕，座周邊以連珠紋圈，五乳間紋飾分别爲；二神人對座，一獸，一獸，二神人對座，一禽。外區銘文爲"三羊作竟自有紀，除去不(祥)宜古市，上有東王公、西王母。"④

在漢代的一枚三段式神仙畫像鏡中，完整地展示了當時人們想像中的天界。其上方爲北，有天皇大帝；其東、西方則分别爲東王父和西王母。在北方世界的中央，有一大龜，龜背上有一圓柱，柱體上部如傘一樣張開，這是華蓋。撑著這華蓋的龜，就是支撑大地的神鰲；上面立有華蓋，其柄上下貫通天地。在下段的南方世界，有一棵叫作"建木"的神樹，這是天帝們往來天地之間的憑藉。⑤

類似題材的銅鏡甚多，它們出土於荊楚地區，充分説明了東王公信仰曾盛行於湖北地區，他被視爲具有賜福、賜壽、保佑家族平安、興旺和子弟求取功名順利等神性，這些帶功利性的祈求多屬百姓一生中追尋的共同願望；此外，四川(廣漢郡)、江浙(吴郡和會稽郡)、河南等地區亦出土了一批相同題材的銅鏡，這説明東

① 孔祥星、劉一曼編：《中國銅鏡圖典》，第 417 頁。

② 孔祥星、劉一曼編：《中國銅鏡圖典》，第 443 頁。

③ 孔祥星、劉一曼編：《中國銅鏡圖典》，第 448 頁。

④ 孔祥星、劉一曼編：《中國銅鏡圖典》，第 449 頁。

⑤ 〔日〕小南一郎：《西王母與七夕文化傳承》，《西王母文化研究集成》論文卷，中卷，桂林：廣西師範大學出版社，2008 年，第 561 頁。

王父信仰已在漢代相當流行。至道教創立之後,遂將東王公納入神系,稱其主陽和之氣。理於東方,亦號王公焉。與金母皆挺質太直,流神玄奥,於東方漠濱之中,分大道醇精之氣而形成,與王母共理二氣而育養天地,陶鈞萬物,凡天上天下三界十方,男子登仙得道者悉所掌焉。

在楚辭《九歌·東君》的描述中,太陽神將出於東方,他依據扶桑爲舍檻。洪興祖曰:"言東方有扶桑之木,其高萬仞,日出,下浴於湯谷,上拂其扶桑,爰始而登,照曜四方,日以扶桑爲舍檻,故曰:照吾檻兮扶桑也。"[①]所謂"扶桑",亦稱爲榑桑、扶木等。《山海經·海外東經》:"湯谷上有扶桑,十日所浴,在黑齒北。居水中,有大木,九日居下枝,一日居上枝。"[②]《文選·玄思賦》李善注引《古州記》説:"葉似桑樹,長數千丈,大二十圍,兩兩同根生,更相依倚,是以名之扶桑。"這裏的"扶桑",亦是《山海經·大荒東經》所説"湯谷上"的"扶木",枝上站立的"烏"即三足烏。《淮南子·天文訓》説:"日出於湯谷,浴於咸池,拂於扶桑,是謂晨明。"[③]《精神訓》中説"日中有踆烏",郭璞注説"中有三足烏"[④],則是對太陽爲金烏化身的説明和解釋。遠古神話傳説中的十日,每天早晨由三足烏馱著輪流從東方扶桑上昇起,每當一個太陽昇起,其它九個就在神樹上休息。扶桑位處東方,是太陽休息的場所。

在另一本託名東方朔的書《海内十洲記》中亦説:

> 扶桑,在東海之東岸。岸直陸行,登岸一萬里,東復有碧海,海廣狹浩瀚,與東海等。水既不鹹苦,正作碧色,甘香味美。扶桑在碧海之中,地方萬里,上有太帝宫,太真東王父所治處。地多林木,葉皆如桑。又有椹樹,長者數千丈,大二千餘圍,樹兩兩同根偶生,更相依倚,是以名爲扶桑。仙人食其椹,而一體皆做金光色,飛翔空玄。其樹雖大,其葉椹故如中夏之桑也,但椹稀而色赤,九千歲一生實耳,味絶甘美。地生紫金丸玉,如中夏之瓦石狀。真仙靈官,變化萬端,蓋無常形,亦有能分形爲百、身十丈者也。[⑤]

在這裏,"扶桑"即是一棵神樹,亦是東海岸邊的一個國度。在這個國度居住的都是真仙靈官,屬於海上的蓬萊仙境,這正是東王公的治所居處。正如同"昆侖"與

① (南宋)洪興祖:《楚辭補注》卷二,第74頁。
② 袁珂:《山海經校注》,上海:上海古籍出版社,1980年,第260頁。
③ 《諸子集成》第8册,長沙:嶽麓書社,1996年,第47頁。
④ 《諸子集成》第8册,第105頁。
⑤ 《道藏》第11册,第53~54頁。

西王母相聯繫一樣,“蓬萊”亦成爲東王公的仙境,“扶桑大帝”便成爲東王公的帝號。南朝道經《元始上真衆仙記》説:在二儀未分,天地混沌之時,已有元始天王。二儀始分以後,元始天王與太元聖母通氣結精,生出“扶桑大帝東王公,號曰元陽父;又生九光玄女,號曰太真西王母。”“衆仙或有日三朝扶桑公,或三朝西王母”。又説:“扶桑大帝,元始陽之氣,治東方,故世間帝王之子應東宫也。”[①]在陶弘景《真靈位業圖》中,將其排在上清左位第六位,號曰“太微東霞扶桑丹林大帝上道君”[②],顯示了其由日神演變而來。

作爲上清派重要的經師東華帝君,他有著衆多的名稱,如扶桑大帝東王公、上相青童君、東宫九微真人金闕上相青童大君[③]、東海王青華小童君[④]、東華方諸宫高晨師玉保王青童君[⑤],又稱東華青童、東華大神方諸青童君。《漢武帝内傳》有“青真小童”,又稱“青童小君”,乃“太上中黄道君之師真,元始天王入室弟子也。姓延陵,名陽,字庇華。形有嬰孩之貌,故仙官以青真小童之號。”[⑥]張商英《三才定點陣圖》謂禹餘上清天中,有“東華方諸宫高晨師玉保王青童道君”。張君房《雲笈七籤》卷八《三洞經教部經釋》曰:“青童君東華者,仙真之州也,在始暉之間,高晨玉保王所治也。東華真人呼日爲紫曜明,或曰圓珠。青童君乘雕玉之軿,御圓珠之氣,登雲波之山,入東華之堂。”[⑦]《上清天關三圖經》載上相青童君曰:“吾往學經歷七百年,涉峻登巔,越東跨西,殊南經北,逍遥中原,經師三十二人,凡受三百餘事,未得上登金闕,詣聖君受靈書紫文,服日月黄華,拘魂制魄之道,結璘鬱儀,九真八道,解形遁變,紫度炎光,流金火鈴,吐納飛霞,騰空步雲,躡行七元寶經。聖君以七星移度,太帝所寶,告盟見授,使斷落六宫死名,填塞東北鬼户,上聞天關,移度我身,然後可得上登,三元奉行,遂得上相之司,總領群仙,七星焕落於天,回轉九元之精,上乘三元之氣,下統六天之名,生死離合,莫不由於七星。”[⑧]司馬承禎《天地宫府圖並序》:“第二委羽山洞,周回萬里,號曰大有空明之天。在台州黄巖縣,去縣三十里,青童君治之。”[⑨]

---

① 《道藏》第 3 册,第 269、270 頁。
② 《道藏》第 3 册,第 273 頁。
③ (南朝)陶弘景編:《真誥》卷十,《道藏》第 20 册,第 553、491 頁。
④ (南朝)陶弘景編:《真靈位業圖》,《道藏》第 3 册,第 273 頁。
⑤ 《上清大洞真經》,《道藏》第 1 册,第 547 頁。
⑥ 《道藏》第 5 册,第 54 頁。
⑦ 《道藏》第 22 册,第 48 頁。
⑧ 《道藏》第 33 册,第 818 頁。
⑨ (北宋)張君房編:《雲笈七籤》卷二十七,《道藏》第 22 册,第 199 頁。

東晉南期的《上清神寶洞房真諱上經》，一名《青童道君列紀》，一名《太保玉經》，經中專門講述了青童道君的生平事跡。宣稱青童道君諱龍光玄，字幽無，爲木真一氣青霞流光化生，生於東玉那國玄珞之山，"玉儀九尺，洞觀十方，天女捧衣，玉帝稽顙，吟聲朗徹，林谷駭震。天寶神仙王，授青元上真秘籙一百五十五書，真目周悉。化庶兆門，以啓梵運，開道之本"。金闕帝君告青童曰："子體有玉骨，心有九皇，日窗高下，紫志頤下，碧睛深映，自宜位登高真，至道秘諱，今得開曉，而一形寓於天和，亦應煉冶，使有無合化，上升玄宫。"青童道君退齋鬱林，閉目習視，持之百日，夜視而光通。行之千日，身佩豁落，駕鳳乘雲，以造日宫。日中赤炁凝精，盤流千折，日根之神結玉之粹，其名鬱儀赤章龍文。青童揖之，以採日精。①

據南朝道經所載，扶桑大帝曾傳上清經書於世。五代梁丘子説："有《黄庭經》者，東華之所秘也。誠學仙之要妙，羽化之根本矣。……扶桑大帝君，命暘谷神王傳授南嶽魏夫人《黄庭内景經》。""心居身内，存觀一體之象色，故曰内景也。一名《琴心》，又琴者和也，誦之可以和六府，寧心神，使得仙矣。一名《大帝金書》，扶桑大帝君宫中盡誦此經，以金簡刻書之，故曰《金書》。一名《東華玉篇》，東華者，東方諸宫名也。東海青童君所居其中，玉女仙人皆誦詠之，刻玉書之，以名玉篇。"②在上清派道經《上清七聖玄紀經》《太真玉帝四極明科經》《洞真上清神州七轉七變舞天經》中，又謂扶桑大帝是《上清大洞真經》《太上玉佩金璫太極金書上經》等上清經的主要傳授神靈："扶桑大帝傳，右五紀篇，曰《太霄隱書》，或曰《玉珮金璫經》，有之者長生，使神行之者成真人。"③"太帝君命扶桑大帝暘谷神王，所撰三十一卷獨立之訣，皆備天地之運。"④

上清派經書、道法、符圖大多是由上相青童君傳到人間。如《上清三元玉檢三元布經》説，該經乃"太上大道君受之於玄古先生，以傳玄都仙王，西王母受之於九天王，以傳扶桑大帝君，大帝君以傳後聖金闕帝君，金闕帝君以傳上相青童君。今藏一通於東華宫，依科七千年當傳以成真之人。"⑤《皇天上清金闕帝君靈書紫文上經》題："五老上真仙都君受，聖君命授青童君，青童君以傳王遠遊，使下

---

① 《道藏》第 19 册，第 928～929 頁。

② 梁丘子：《黄庭内景玉經注》序，《修真十書》卷五五，《道藏》第 4 册，第 844 頁。

③ 《上清七聖玄紀經》，《道藏》第 33 册，第 791 頁。

④ 《道藏》第 33 册，第 552 頁。

⑤ 《道藏》第 6 册，第 211 頁。

教骨相玄名有仙籍之人，應得此文者。”[①]《洞真上清神州七轉七變舞天經》説：“七轉七變之道，上皇紫晨君受之於九天父母，修行道成，以傳玄感清天上皇君，皇君以傳三天玉童，三天玉童以傳紫極真元君，紫極真元君傳天帝君，天帝君傳南極上元君，南極上元君傳太微天帝君，太微天帝君傳後聖金闕君，後聖金闕君傳上相青童君，承真相係，皆經萬劫一傳。”[②]《洞真上清開天三圖七星移度經》説：“豁落七元内符，帝君以授天帝君，天帝君以傳南極上元君，南極上元君以傳太微天帝君，太微天帝君以傳金闕君，金闕君以付上相青童君，使授應仙之人。”[③]《上清外國放品青童内文》卷上：“上清太真玉保王上相大司馬，命高晨師東海玉門青華小童君，受高上玉帝外國放品隱元内文。其道高妙，乃生於九玄之先，結飛玄紫炁自然之章，靈文表異，焕明上清，經九萬之劫，刻書緑那之國靈鳥之山，著東華之岫玄圃之上積石之陰，流光洞曜，映落太空，日月俠照，五晨翼靈，八素交帶，四會結煙，飛霄翳氣，蓊鬱虛庭，金華之女、玉晨之童，各三百人，侍衛神文。天妃揚香，靈風散真，飛龍走獸，備羅玉關，朱鳳撫翮，神鸞蔭玄，西華宴禮，萬聖朝軒。”[④]《洞真太上道君元丹上經》：“太帝君、太上天帝君、太微天帝君，三尊君。三君昔之奉受玄丹上經於太上道君，施行奉修道成，上補帝王之真，臨昇霄之日，太帝君以真經傳授西王母，太上天帝君以經傳授南極上元君，太微天帝君以真經傳授金闕聖君，金闕聖君以真經傳授上相青童君，上相青童君以真經傳涓子。此經是素靈上篇，此道高妙，非中仙所可得聞。自非名書絳簡，緑字太極者，玄丹上經不相遭遇睹聞也。”[⑤]《上清丹景道精隱地八術經》：“此乃上清金臺玉室秘房妙術，藏之玉笈，封以金章，侍以玉童，衛以玉女，各八百人。太上玉晨高聖君，受之於九玄，七千年乃傳太極真人、東華大神方諸青童、扶桑暘谷神王、清虛真人，告盟於上清，裂金以誓。”[⑥]《上清金書玉字上經》亦上相青童君傳授，内言存思北斗九星及洞房神君之法。青童君有言：“作洞房，面有三陽，兩巳縱横，鼻爲天山，仰望明堂，神關紫户，遂見洞房，方圓璧立，一寸正方，静存斗精，來安其中，照蔭赤子，無英三王，乃成飛仙，乘玄駕龍，上造華辰，驅使玉女玉童，要道畢矣，密奉密

---

① 《道藏》第 11 册，第 380 頁。
② 《道藏》第 33 册，第 544、545 頁。
③ 《道藏》第 33 册，第 452 頁。
④ 《道藏》第 34 册，第 8 頁。
⑤ 《道藏》第 33 册，第 614 頁。
⑥ 《道藏》第 33 册，第 782 頁。

行。"[1]《洞真太上八素真經占候入定妙訣》曰:"玄師青童君,總領一切經書,寶文妙圖,皆悉由之。"[2]《上清高上金元羽章玉清隱書經》曰:"上相青童君以此文傳西城王君,位登四極真人,今封一通於西城山中。"[3]《上清太上開天龍蹻經》卷一甯君曰:"言中真傳德者,太易時傳授太帝君,太始時傳授天帝君靈陽子,太初時傳授太微帝君,太極時傳授太微天帝君,太素時傳授金闕後聖太平李真君、上相素童君、上相青童君、九玄帝君。"[4]陶弘景《登真隱訣》卷上曰:"太極帝君寶章,東海青童君授涓子,以封掌名山也。"[5]《金根經》云:太上大道君以《大洞真經》付上相青童君,掌録於東華青宫,使傳後聖應爲真人者。此金簡玉札,出自太上靈都之宫,刻玉爲之。[6] 甚至還有的經書直接題爲"上相青童君撰",如《洞真八景玉籙晨圖隱符》《上清金真玉光八景飛經》《洞真上清青要紫書金根衆經》等。

按上清經的説法,青童君掌學仙簿録。東華方諸青宫"北殿上有玉格,格上有學仙簿,録玄名年月,金簡玉札有十萬篇,領仙郎典之"[7]。"至冬至之日日中,天真衆仙皆詣方諸東華大宫,詣東海青童君,刻定衆仙籍。"[8]所有得道成仙之人,都要先在東華方諸青宫拜謁青童君。《洞真上清青要紫書金根衆經》説:"凡學道,道成應真人,皆先詣東華方諸青宫,投簡謁青童君也。"青童君校定金名後,便可受仙號,再清齋三月,書玉札一枚,詣金闕謁金闕帝君,更受真仙之號。[9]《洞真太上八道命籍經》卷上東海青童君告方諸真人曰:"子之應感,行化群生,凡有志向,宜須獎成,傳付此訣,密重丁寧。前代已過,今不具陳,即日自改,准此爲科。齋謝之後,小災即消,大災未釋,當急避之。避之所往,依案渾儀,仰觀俯察,精密勿宣。"[10]

成仙之人由東華青童君掌管,在道教中流傳甚廣。五代沈汾《續仙傳》卷下載仙人謝通修對聶師道説:"我適爲東華君命主玉笥山林地仙,兼掌清虚觀境土

---

① 《上清金書玉字上經》,又名《金書玉字洞房上經》。撰人不詳,約出於東晉南北朝。《道藏》第18册,第744頁。

② 《洞真太上八素真經占候入定妙訣》,撰人不詳,約出於東晉南朝。《道藏》第33册,第490頁。

③ 《道藏》第33册,第781頁。

④ 《道藏》第33册,第731頁。

⑤ 《道藏》第6册,第606頁。

⑥ (北宋)張君房編:《雲笈七籤》卷七,《道藏》第22册,第43頁。

⑦ 《洞真太上八素真經三五行化妙訣》,《道藏》第33册,第476頁。

⑧ 《上清洞真解過訣》,《道藏》第6册,第633頁。

⑨ 《道藏》第33册,第433頁。

⑩ 《道藏》第33册,第505、506頁。

社令。”[①]道教根據成仙的等級,將仙人分爲天仙、地仙等。由《續仙傳》的故事可以類推,不同等級的仙人,由東華青童君委派不同的仙官管理。《洞真太上太霄琅書》卷八青童君謂西城真人王君曰:“范幼沖上學精專,故能洞達,知其寄尸墓有四相,自言之者,微顯功德,招致有由,獎厲後之至人也。凡身神即令俱舉入道,並名神仙,舍形託死鬼中,立功進學得道,皆號靈人。”[②]唐盧道元編《太上肘後玉經方》:“昔巢居子奉事東海青童君,以節苦心寂奉師禮,冒暑雨祁寒,無懈無息,僅二十年,乃口授玄法,手録聖方。曰若求跨鶴昇九霄,未易致也。優遊乾坤之内,守灝然之氣,容色不改,心目清朗,壽數百年,不歸得矣。”[③]

此外,東海青童君還傳正一法籙、神丹經訣於世。《太上正一盟威法籙》曰:“紫微玉皇道君招財鎮寶者,蓋東海青童君之秘訣也,靈文隱秘,凡無所觀,昔黄帝於太白山,親承西王母玄女奉受,乃獲富貴而登仙,有玉釜仙人傳流於世,自無宿福,不可聞見斯文。寶籙招金召銀,錢帛日增,五穀充盈,奴婢保宜,田蠶倍收,商估有利,買賣倍還,財去復來,保護家門,賊寇無傷,凶徒惡侶,慈心相向,奉受修行,家門富貴,男忠女貞,年長命遠,福蔭後胤,官禄日增,仕君得意,人所愛敬,出入遠近,四路開通,官私敬仰,萬惡不忓,龍蛇虎獸,永自潛伏,五瘟疫鬼,遠迸千里,斯籙寶秘,非真勿傳,子能持之,深宜慎焉。”[④]《上清六甲祈禱秘法》:“東華大帝上朝元始上帝,太上道君老君、玉帝紫微大帝皆聚會於丙寅宿胃天宫。時東華帝君起立於衆聖之前,曰:臣有六甲天書三卷,意欲流傳閻浮提世界,受持行用。切見未來世中,刀兵凶亂,黎民失業,父子相離,不能相救。令傳上士,受持行用,佐國治亂,驅使六甲六丁,天遊十二溪女,那延五天女,共爲一部。陰陽之神,神通廣大,位下三員大將,各管鬼兵百萬。今分爲三卷上呈,按法以傳。”[⑤]《黄帝九鼎神丹經訣》卷八:“昔太極真人以此神經,及水石法,授東海青童君,君授金樓先生,先生授八公,八公授淮南王劉安,安昇天之日,授左吴。”[⑥]

宋代東華派亦尊東華帝君爲祖師,稱爲“東華太君”,宣稱他乃男女真仙授書,下教司命之主也,治東華方諸宫。[⑦] 清微派稱爲“東華木公上相青童道君”,乃

---

① (北宋)張君房編:《雲笈七籤》卷五,《道藏》第5册,第94頁。
② 《道藏》第33册,第693頁。
③ 《道藏》第18册,第510頁。
④ 《道藏》第28册,第476頁。
⑤ 《道藏》第10册,第760頁。
⑥ 《道藏》第18册,第817頁。
⑦ (南宋)甯全真授、王契真纂:《上清靈寶大法》卷十,《道藏》第30册,第731頁。

陽炁自然之神,男仙之主,居方諸青宫童初之府,青天童華宫童都府。[①] 金元時期,全真一宗興盛於世,更加推崇東華帝君。秦志安説:"全真之道,醖釀久矣!自太上傳之金母,金母傳之白雲,白雲傳之於帝君,天其意者,將此一枝大教,付於若人,豈草草學者之所能負荷哉!必自紅霞丹景中精選其可以爲群仙領袖者,然後挺於下方。"此"帝君"指東華帝君,即東王公:

> 帝君姓王氏,字玄甫,道號東華子。生有奇表,幼慕真風,白雲上真見而愛之,曰:天上謫仙人也。乃引入山,授之以青符玉篆、金科靈文、大丹秘訣、周天火候、青龍劍法。先生得之,拳拳服膺,三年精心,盡得其妙,遂退居於崑崙山煙霞洞,頤神養浩,久之結草庵以自居,篆其額曰東華觀。韜光晦跡,百有餘年,而人未之知也。後徙居代州五臺之陽山,今有紫府洞天,山下有道人縣。在人間數百歲,殊無衰老之容。開闡玄宗,發揮妙藴,陰功濟物,玄德動天,故天真賜號曰東華帝君,又曰紫府少陽君。授度門人正陽真人鍾離雲房,嗣弘法教,所有聖遠,不能其述。全真之道,由此濫觴,故立之以爲全真第一祖也。[②]

後出的《金蓮正宗仙源像傳》曰:"帝君姓王,不知其名,世代、地理皆莫詳。得太上之道,隱崑崙山,號東華帝君;復居五臺山紫府洞天,或稱紫府少陽君。後示現於終南山凝陽洞,以道授鍾離子。"[③]

成書於元代而經明人增纂的《三教源流搜神大全》卷一《東華帝君傳》,這是記載東王公事跡最詳細的傳記,它綜合了諸家的傳説,塑造了東王公完滿的形像。如説:"在道氣凝寂,湛體無爲"時,"先以東華至真之氣,化而生木公於碧海之上,蒼靈之墟,以主陽和之氣理於東方,亦號王公焉。……與王母共理二氣,而育養天地,陶鈞萬物。凡天上天下,三界十方男女之登仙得道者,悉所掌焉"。"紫府者,帝君校功行之所。夫海内有三島,而十洲列其中。上島三洲,謂蓬萊方丈瀛洲也。中島三洲,謂芙蓉、閬苑、瑶池也。下島三洲,謂赤城、玄關、桃源也。三島九洲,鼎峙洪濛之中。又有洲曰紫府,踞三島之間,乃帝君之别理,統轉靈官職位,較量群仙功行,自地仙而神仙,神仙而天仙,天仙而轉真聖,入虚無洞天,凡三遷也,皆帝君主之,釋之名也。紫府者,職居紫府,統三十五司命,遷轉洞虚宫,

① 《道法會元》卷二,《道藏》第28册,第680頁。
② (元)秦志安編:《金蓮正宗記》卷一,《道藏》第3册,第344頁。
③ 《道藏》第3册,第370頁。

校品真仙也。陽者，主東方少陽九氣，化成萬彙也。帝君者，位東方諸天之尊，君牧衆聖，爲生物之主，《易》曰'帝出乎震'是也。故曰東華紫府少陽帝君。……又考之仙經，或號東王公，或號青童君，或號東方諸，或號青提帝君。名號雖殊，即東華也。聖朝至元六年正月，上尊號曰東華紫府少陽帝君。"①

唐代的道教已開始供奉東華帝君，故道觀中已塑有東華帝君像。杜光庭《道教靈驗記》卷九記成都乾元觀三門之下，"舊有東華、南極、西靈、北真四天神王，依華清宫朝元閣様，塑於外門之下，並金甲天衣"②。是謂"東華"爲"神王"。早在唐代，即有東華、南極、西靈、北真四方天帝之説。《無上黄籙大齋立成儀》卷十五載有《唐武宗皇帝九天生神保命齋詞》，齋詞中上啓的神靈就有東華、南極、西靈、北真四天君。③ 唐末五代杜光庭編集《太上黄籙齋儀》卷一所載上啓的神靈，也有東華、南極、西靈、北真四位天帝。④《靈寶半景齋儀》曰："具法位臣某等謹同誠上啓，虚無自然金闕天尊無極大道太上大道君、太上老君、高上玉皇，十方已得道大聖衆，至真靈寶天尊、三十二天帝君，玉虚上帝，玉帝大帝，東華、南極、西靈、北真，玄都玉京金闕七寶玄臺紫微上宫靈寶至真明皇道君，玄中大法師，北極帝君，天地水三官，九天司命真君，九天使者真君，三界官屬一切真靈。"⑤則東華、南極、西靈、北真四帝位列三清、玉皇等之後，神格頗高。北宋末年《宣和畫譜》卷二載有唐代左蜀人陳若愚，師張素卿，得丹青之妙。於成都精思觀作青龍、白虎、朱雀、玄武四君像，聲譽益著，畫東華帝君像尤工。"蓋東華帝君應位乎震，自乾再索而得震，震，帝出以應物之地。若愚非道家者流，何以知此？宜前此未有寫之者也。今御府所藏一東華帝君像。"陳若愚畫東華帝君像，可證其時道教中人已將東華帝君納入神仙譜系。

至宋代，東華帝君信仰已十分流行。北宋興起的道教神霄派，其所崇奉的主神之一青華帝君，即爲東華帝君。《宋史・林靈素傳》載林靈素對宋徽宗説：天有九霄，而神霄爲最高，其治曰府。神霄玉清王者，上帝之長子，主南方，號長生大帝君，陛下是也。既下降於世，其弟號青華帝君者，主東方，攝領之。南宋趙與時《賓退録》卷一《林靈素傳》中，言政和三年，林靈素至京師，寓東太乙宫。徽宗夢赴東華帝君召，遊神霄宫，覺而異之，敕道録徐知常訪神霄事跡。時宫禁多怪，命

---

① 《藏外道書》第31册，成都：巴蜀書社，1994年，第743頁。
② 《道藏》第10册，第832頁。
③ 《道藏》第9册，第470頁。
④ 《道藏》第9册，第183頁。
⑤ 《道藏》第9册，第795頁。

靈素治之。埋鐵簡長九尺於地,是怪遂絶,因建寶籙宫、太乙西宫,建仁濟亭,施符水,開神霄寶籙壇;詔天下宫觀改爲神霄玉清萬壽宫,無觀者以寺充,仍設長生大帝君、青華大帝君像。

神霄派的神系中,在三清聖祖、紫微三帝之下,則爲神霄九宸大帝。《無上九霄玉清大梵紫微玄都雷霆玉經》記述説:“吾爲高上神霄玉清真王長生大帝,其次則有東極青華大帝,九天應元雷聲普化天尊,九天雷祖大帝,上清紫微碧玉宫太乙大天帝,六天洞淵大帝,六波天主帝君,可韓司丈人真君,九天採訪真君,是爲神霄九宸。”①《天皇至道太清玉册》卷五亦曰:“九宸,曰長生大帝、青華大帝、普化天尊、雷祖大帝、太乙天帝、洞淵大帝、六波帝君、可韓真君、採訪真君,即元始九炁化生也,故號九宸上帝。代天以司造化,主宰萬靈。”②這九位大神多係神霄派的新造,爲神霄派雷法之本尊,總號“雷霆九宸高真”。其中的青華帝君就是東華帝君,因此《高上神霄玉清真王紫書大法》卷一所載《元始八子封職》説,元始天王長子爲南極長生大帝君,任高上神霄玉清王,職太陽九炁玉賢君玉清保仙王,諱混洞,字曜華;次子封保生大君,任東華帝君,職青華帝君玉清太和王,諱永洞,字曜煙。③ 這裏明確把青華帝君、東華帝君視爲同一位尊神的不同名號。古代以五色配五方,東方爲青色,故東華、青華可通用。

全真道尊東華帝君爲第一祖,並得到了教内的普遍認同。陳致虚《金丹大要列仙志》曰:“東華帝君,姓王,不知其世代名號,或云名玄甫。得老子之道,後隱崑崙山,復居五臺山紫府洞天,自稱少陽君。於終南山凝陽洞,以道授鍾離正陽。六月十五日生,十月十六日上昇。”④

不過,東華帝君爲誰? 道教中説法有二:一是説爲王玄甫,一是説爲李亞。前者係全真道,後者爲金丹派南宗。白玉蟾《題張紫陽薛紫賢真人像》説:“昔李亞以金汞刀圭火符之訣傳之鍾離權,權以是傳吕巖叟,巖叟傳劉海蟾,劉傳之張伯端。”⑤白玉蟾三傳弟子鄧錡在《道德真經三解》中,載其師蕭廷芝所列“大道正統”,説了大致相同而稍異的話,稱元始天尊下授老子,經安期生九傳而至華陽真人李亞,再遞傳正陽真人鍾離權,純陽真人吕巖,海蟾真人劉玄英,以後劉玄英分

① 《道藏》第 1 册,第 752 頁。
② 《道藏》第 36 册,第 404 頁。
③ 《道藏》第 28 册,第 563 頁。
④ 《道藏》第 24 册,第 74 頁。
⑤ 《藏外道書》第 5 册,第 105 頁。

別傳重陽真人王喆、紫陽真人張伯端,再分二支傳南北二宗。①

《道法會元》卷八十三《先天雷晶隱書》所列"師派",有祖師青華帝君李亞、宗師高明洞明真人白玉蟾等。②《法海遺珠》卷十四《追鶴秘法》派系傳承,依次爲都仙教主青華帝君真玄靈應天尊李喆——靈真教主護國仙王高上元皇應化天尊鍾離權——九天上真高元紫虚清真元君魏華存——正真教主純陽靈寶妙通演正警化真君吕巖洞賓——明真教主海蟾明悟弘道真君劉玄英——玄真教主天台紫陽悟真妙有圓通真君張用成——翠玄演道杏林真人石泰得之——紫賢覆命毗陵真人薛道光——翠虚普濟泥丸真人陳楠——紫清定慧海瓊真人白玉蟾。"此法乃祖師鐵拐都仙教主東華帝君,在青城山之巔,會集衆仙,就南嶽關鶴乘空而至,事畢復還之。其教後傳鍾離正陽君,及南嶽紫虚魏元君。次傳之吕公洞賓純陽君,次授與劉仙海蟾翁,翁授之於天台紫陽張真君。歷代自此相承,至第九代嗣教仙師瓊琯仙翁,以是流傳於世,綿綿不絶。"③

從白玉蟾一系的金丹派南宗傳人所述來看,其師派亦上溯至東華帝君,或稱作青華帝君,而其姓名,或作李亞,或作李喆。《追鶴秘法》認爲李喆就是八仙之一的鐵拐李。從該文所述鍾離權、吕洞賓、劉玄英諸人的名號中有元世宗於至元六年(1269)加封的内容,可知該文作於至元六年以後。因而,以鐵拐李爲東華帝君的説法,可能興起較晚。但到了明清時期,此一説法却頗流行。明彭大翼《山堂肆考》卷一百五十説:"按拐仙姓李,名孔目,有足疾,西王母點化升仙,封東華教主,授以鐵拐一根。前往京師,度漢大將軍鍾離權,有功,加封紫府少陽帝君。"閔一得著《金蓋心燈》,卷首載吕守璞所撰《道譜源流圖》,也認爲李亞是東華帝君,而將王玄甫稱爲西華帝君,似乎是要調和全真道與南宗的争論。原圖在"東華帝君"旁注曰:"姓李,名亞,字元陽,號小童君,春秋時人,元朝敕封全真大教主東華紫府輔元立極少陽帝君,法録稱鐵師元陽上帝,世稱鐵拐李祖師。"又列"西華帝君",注曰:"姓王名騊,字玄甫,春秋時人,元朝敕封帝君。"④當然,閔一得的調和做法並未得到全真道信徒的廣泛認可,直至今日,絶大多數全真道信徒,仍然認爲王玄甫是東華帝君。

全真道與南宗關於東華帝君的不同説法,客觀地反映了南宗與全真道本爲兩個不同法脈的道派,他們擁有各自崇拜的神靈,歷代傳承的祖師,風格迥異的

---

① 《道藏》第 12 册,第 186 頁。
② 《道藏》第 29 册,第 330 頁。
③ 《道藏》第 26 册,第 805 頁。
④ 《藏外道書》第 31 册,第 162、163 頁。

道法,不同套路的丹訣,予其强制合一,不同分而論之。再則道門授受之事,乃教團内部的傳説,用歷史考據的方法難以理清,故對其名號、傳説,亦不必執著。

二、全真道神仙譜系的鍾、吕祖師

全真道奉鍾、吕爲祖師,並編撰了大量的神異傳説與故事,以説明其教派屬於道教正宗。從元世祖忽必烈開始,即對全真道的祖師屢加封賜,肯定他們神聖崇高的地位。至元六年(1269),下詔增封全真道崇奉的神仙人物王玄甫爲"東華紫府少陽帝君",鍾離權、吕洞賓、劉海蟾、王重陽皆賜"真君"之號,王重陽的七大弟子馬鈺、譚處端、劉處玄、丘處機、王處一、郝大通、孫不二均封爲"真人"。對其他一些道教徒亦不斷地賜贈封號,如中統二年(1261),詔贈全真道嗣教六祖尹志平爲"清和妙道廣化真人";追贈夏志誠爲"抱道素德真人";特贈王棲雲爲"惠慈利物至德真人";玄門掌教大宗師李志常爲"真常上德宣教真人"。中統三年(1262),贈玄門掌教真人張志敬爲"光先體道誠明真人",並賜金冠雲羅法服一套。至元十年(1273),又召王志坦襲教,加號真人。至元二十二年(1286),賜徐志根爲"崇玄誠德洞陽真人"。

鍾離權、吕洞賓,是宋元道教史上兩個關鍵的人物。從宋元的南宗、北宗,到明清的東西二派,他們都自稱得鍾、吕之真傳。爲了使鍾、吕具有廣泛的號召力和影響面,自北宋以來,道教中人就開始編造故事,神化鍾、吕,尤其是吕洞賓。這樣一來,出現了有關鍾、吕的大量記載,鍾、吕成爲神仙,列居唐宋八仙之中。

鍾離權,字雲房。其生卒、籍貫不詳。依唐宋文獻所載,鍾離權當爲晚唐、五代時人。敦煌遺書伯希和三八一〇寫卷《湘祖白鶴紫芝遁法》曰:"夫白鶴紫芝遁,乃漢名將中離翁傳唐秀士吕純陽。純陽、韓湘子闡陽天教,廣發慈悲,交後之進道。"這裏所言"中離翁",即鍾離權。唐僖宗朝高道仵達靈曾於乾符乙未(875),與鍾離權同入西蜀修道。他説:"今天子蒙塵,奸臣竊位,余西邁,又值鍾離公,得偕行同宿,超越三乘。"

仵達靈事跡另見《超化寺壁志》曰:"唐黄門内侍謁者仵達靈題云:予自知命之年,從鑾輿西幸,當天寶丁亥十二月,得城丈人授真元丹訣,而意未曉。屬駐蹕行在,掌命頗煩。及肅宗至德丁酉歲,銜命禋於嵩丘,復遇丈人,始全決神水黄芽之道。洎畢,請告回覲宸扆,乞骸歸田。會南曹郎張公去非、左史程公太虚皆以其故廬,共製神室,皇天眷佑,丹鼎融光,服餌浹辰,肌容發爽,淩虚不懾,意愈通神。自餌靈丹起至德丁酉,迄今上乾符甲午,歷春秋一百一十有八載。更十二朝,遂得還童復髭矣。”[①]

宋代江少虞輯《宋朝事實類苑》曰:“邢州開元寺一僧院壁,有五代時隱士鍾離權草書詩二絶,筆勢遒逸,詩句亦佳。詩曰:得道真僧不易逢,幾時歸去願相從。自言住處連滄海,别是蓬萊第一峰。其二曰:莫厭追歡語笑頻,尋思離亂可傷神,閑來屈指從頭數,得見昇平有幾人?”[②]宋釋志磐《佛祖統紀》卷四二説:“鍾離權,號雲房。自稱漢時遇王玄甫,得長生之道。避亂入終南山,於石壁間得《靈寶經》,悟陰中有陽,陽中有陰,爲天地昇降之宜;氣中生水,水中生氣,即心腎交合之理。乃静坐内觀,遂能身外有身。唐吕巖,字洞賓,三舉進士不第。於長安酒肆遇雲房,將洞賓入終南山,授《靈寶畢法》十二科,曰金誥、玉録、真原之義,比喻真訣道要,其義有六,包羅五仙之旨,以授洞賓。”

以上所説的“漢”,並非指秦漢之“漢”,而是指五代之“後漢”。對此,明楊慎考辨説:“鍾離權也,與吕嵒同時。韓潤泉選《唐詩絶句》卷末有鍾離一首,可證也。近世俗人稱‘漢鍾離’,蓋因杜子美《元日詩》有‘近聞韋氏妹,遠在漢鍾離’流傳之誤,遂傅會以鍾離權爲漢將鍾離昧矣。”[③]

師事鍾離權的吕洞賓、陳朴、鄭文叔、王老志等均爲五代宋初時人。《唐仙傳》説:“長樂鄭文叔與回翁,皆師鍾離於此郡。”[④]葉夢得《巖下放言》説吕洞賓,“五代間從鍾離權得道”。《陳先生内丹訣序》謂五代時人陳朴,“隱居青城大面山,受道於鍾離先生也”[⑤]。《集仙傳》亦言鍾離權“不知何許人也,唐末入終南山”。以上這些記載,多以鍾離權爲晚唐、五代時人,可以相信。

吕洞賓的生平事跡,最早見載於北宋。楊億《談苑》説:“吕洞賓者,多遊人間,頗有見之者。丁謂通判饒州日,洞賓往見之。……自言吕渭之後,渭四子,温、恭、儉、讓。”傳世有‘飲海龜兒人不識,燒山符子鬼難看;一粒粟中藏世界,二升鐺内煮山川’之句,大率詞意多奇怪類此,世所傳者百餘篇,人多誦之”。[⑥]《談苑》成書於北宋仁宗初年,記太宗、真宗朝事。北宋張方平《樂全集》卷二十二《華山重修雲臺觀記》説:“關中逸人吕洞賓,有劍術,雖數百里,傾刻輒至。”[⑦]葉夢得《巖下放言》卷中説:“世傳神仙吕洞賓,名嵒,洞賓其字也,唐吕渭之後,五代

① (南宋)陳葆光集:《三洞群仙録》卷七,《道藏》第32册,第279~280頁。
② (南宋)江少虞輯:《宋朝事實類苑》卷三十五,《文淵閣四庫全書》本。
③ (明)楊慎:《升庵全集》卷七十三,《文淵閣四庫全書》本。
④ (南宋)魏了翁:《鶴山全集》卷四十三《泉州紫帽山金粟觀記》,《文淵閣四庫全書》本。
⑤ 《道藏》第24册,第225頁。
⑥ (南宋)江少虞:《宋朝事實類苑》卷四十三,《文淵閣四庫全書》本。
⑦ (北宋)張方平:《樂全集》卷三十三,《文淵閣四庫全書》本。

間從鍾離權得道。權,漢人仙者。自宋以來與權更出没人間,權不甚多,而洞賓蹤跡數見,好道者每以爲口實。余記童子時,見大父魏公自湖外罷官還道岳州,客有言洞賓事者:近歲嘗過城南一居寺,題詩二首壁間而去。一云:朝遊岳鄂暮蒼梧,袖有青蛇但氣粗。三入岳陽人不識,朗吟飛過洞庭湖。其二云:獨自行時獨自坐,每恨時人不識我。惟有城南老樹精,分明知道神仙過。説者云寺有大古松,吕始至無能知者。有老人自顛徐下致恭,故詩云。然先大父使予誦之,後得季觀所記洞濱事碑,與少所聞正同。青蛇,世多言吕初由劍俠入,非是。此正道家以氣煉劍者,自有成法。神仙事渺茫不可知,疑信者,蓋相半。然是身本何物,故自有主之者? 區區百骸,亦何足言。棄之爲佛,存之則爲仙,在去留間爾。洞濱,雖非予所見,然世要必有此人也哉。"[①]江少虞《宋朝事實類苑》卷四三載吕洞賓事,曰:"宿州天慶觀,有神仙題詩二絶於五星門扉之上,俗傳云吕先生神篆。其詩曰:秋景蕭條葉亂飛,庭松影裏坐移時。雲迷鶴駕何方去? 仙洞朝元失我期。又曰:肘傳丹篆千年術,口誦《黄庭》兩卷經,鶴觀古壇槐影裏,悄無人跡户長扃。"此外,丹經《龍虎還丹訣頌》[②]《陳先生内丹訣》[③]中均引有吕洞賓的詩詞。

根據以上材料,可以推定吕洞賓係唐禮部侍郎吕渭的後代,五代宋初人。他歷五代戰亂,仕途功名無望,於是歸隱山林,潛心修道。傳世的吕洞賓詩作中有七律一首,表現了他對戰亂時期各種政治勢力爭權奪利,互相殘殺的憤懣:"巍巍蕩蕩下天庭,憔悴風光頗愴情。細柳營深蚊陣密,長江波闊蜃樓横。酒旗番作征旗動,簫鼓更爲戰鼓聲。無限競名貪利客,幾人能得見清平。"[④]生於亂世,無力回天,於是退身世外,修道求真。

今傳世題名鍾離權、吕洞賓的著作很多。但經考辨,可信的大致有以下這些:《破迷正道歌》《靈寶篇》《秘傳正陽真人靈寶畢法》《百問篇》《九真玉書篇》《指玄篇》《肘後三成篇》《傳道上篇》《傳道中篇》《傳道下篇》。另吕洞賓弟子施肩吾編有《鍾吕傳道集》《修真指玄篇》《會真篇》《西山群仙會真記》《華陽篇》,亦述鍾吕丹法,完全同一體系。這些著作北宋時期已在社會流傳,因此可作爲探討鍾吕内煉學説的基本文獻。鍾離權、吕洞賓的内丹理論獨成體系,特别是對内煉中的重要問題以及衆多基本範疇的探討,其精微透徹之處達到了他們所處時代的高峰,從而爲宋元内丹派的形成奠定了理論上的基礎。這也是南宗、北宗、

---

① (南宋)葉夢得:《巖下放言》,《文淵閣四庫全書》本。
② 《龍虎還丹訣頌》,爲真宗大中祥符六年以前著作。
③ 《陳先生内丹訣》,爲唐末五代著作。
④ 《純陽真人渾成集》卷上,《道藏》第 23 册,第 686 頁。

東派、西派均奉鍾離權、吕洞賓爲其始祖的内在原因。

關於吕祖的籍貫，亦存在多種説法。如北宋王舉《雅言系述》有《吕洞賓傳》，"云關右人，咸通初舉進士不第"，值黄巢之亂，"攜家隱居終南山，學老子法"。南宋吴曾《能改齋漫録》卷十八謂吕洞賓有自傳存於岳州石刻上，云："吾乃京兆人，唐末，累舉進士不第。因遊華山，遇鍾離，傳授金丹大藥之方；復遇苦竹真人，方能驅使鬼神；再遇鍾離，盡獲希夷之妙旨。吾得道年五十，第一度郭上竈，第二度趙仙姑。郭性頑鈍，只與追錢延年之法。趙性通靈，隨吾左右。吾惟是風清月白，神仙會聚之時，常遊兩浙、汴京、譙郡。嘗著白襴角帶，右眼下有一痣，如人間使者箸頭大。世言吾賣墨，飛劍取人頭，吾聞哂之。實有三劍：一斷煩惱，二斷貪嗔，三斷色欲，是吾之劍也。世有傳吾之神，不若傳吾之法；傳吾之法，不若傳吾之行。何以故？爲人若反是，雖握手接武，終不成道。"[①]南宋曾慥《集仙傳》則説："吕嵓字洞賓，又字希聖，九江人也。"[②]《金蓮正宗記》《金蓮正宗仙源像傳》《純陽帝君神化妙通紀》均謂吕祖爲永樂人。《歷世真仙體道通鑒》則説"世傳以爲東平人"，又説"一云西京河南府蒲阪縣永樂鎮人，即今河東河中府也"[③]。永樂鎮爲吕祖故里的説法，主要根據之一可能是新舊《唐書》中謂吕渭爲河中人之説。河中府治所在河東（今山西省永濟縣蒲州鎮），轄境包括永樂鎮，其縣治在永樂鎮。因此元代的道經多認爲永樂鎮爲吕祖故里，並得到了道教中人的普遍認同。

實際在吕祖傳説流行以前，盛唐時期當地已有道觀和天尊堂的建置。據金維諾先生言，永濟永樂宫舊址遺存有一石燈檯，上有銘記稱："先代因官徙居，遂家河曲。今奉爲開元天寶聖文神武皇帝陛下、法界蒼生、並合邑人、先代亡父母、見在家口，建立檯燈一所於村觀中天尊堂前……天寶五載歲次丙戌正月癸丑朔卅日壬午建。"文中所述村觀所在地"河曲"在河東蒲阪縣南，也就是黄河邊的永樂鎮。村觀除天尊堂外，似尚有其它殿堂或屋宇。石燈檯造於天寶五年，天尊堂當建置在此之前。説明開元、天寶年間永樂鎮早有道觀。這一建觀史實，對於當地崇尚道教，建置吕祖祠等都會有直接影響。唐代的天尊堂也正是永樂宫三清殿建置的先聲，這也意味著永樂鎮建置道觀的歷史向前推早了近千年。而蒲州在唐景雲二年也早有丹崖觀和靈仙觀等著名道觀，並屢受敕設齋醮修功德，這也

---

① （南宋）吴曾：《能改齋漫録》卷十八，車吉心總主編：《中華野史》第 5 册，濟南：泰山出版社，1999 年，第 2687 頁。

② （明）陶宗儀纂：《説郛》卷五十八，上海：上海古籍出版社，1990 年，第 2716 頁。

③ （元）趙道一編：《歷世真仙體道通鑒續編》卷四十五，《道藏》第 5 册，第 358 頁。

會促進這一帶的道教活動的開展。正因爲在盛唐時期當地已有李氏崇祀天尊的家廟,以後蒲州又出現了像王拙這樣一些道教壁畫的能手,在思想和技藝上長時期爲永樂宫的建置準備了條件。[①]

吕祖祠的建造是什麼時間? 今天無法確定,似當建於北宋中期。至元時全真教披雲真人宋德方在山西,大建道觀,"自燕齊及秦晉,接漢沔,星分棋布,凡百餘區"。其時於平陽玄都觀校刻道藏時,"庚子自甘棠來永樂,拜謁於純陽祠下,見其荒殘狹隘,無人葺之。遂召諸道侣而謂之曰:兹中條之南,洪流之北,名山大川,陽明交會之地,氣盛必變,實生純陽吕祖,是氣流行,曾不間斷,他日亦當有繼而出者。予年運而往,將以其宫易祠,不惟光大純陽之遺跡,抑亦爲後來繼出者張本爾"[②]。李道謙編《終南山祖庭仙真内傳》卷下亦載:宋德方於癸卯年(1243)自甘棠來永樂鎮,"拜謁於純陽祠下,見其荒蕪狹隘,師乃招集道衆住持。後雖掌教真常李君奏請朝命大行興建者,師實爲之張本"[③]。在宋德方倡議下,尋即元帥張忠暨先住持王志端、韓志沖等將並地基具狀以獻,都統張興又施水地三十畝,衆人又施磨窠一區,於是上報朝廷,請求修建事宜。

1245 年,當宋德方退居終南,全真教派了一位叫潘德沖的人,專門負責永樂宫修建事宜。潘德沖,字仲和,號沖和,淄之齊東人,也是隨丘處機西觀成吉思汗的十八弟子之一。1245 年他被任命爲河東南北路道門提點,"主領河東永樂純陽宫之法席,以事建立"。不過,由於某種原因,潘德沖直到一年後,還是没有走馬上任。於是,從 1246 年十月至十二月,宣差河中府長次官等人先後六次上疏"敦請潘公(德沖)大師住持永樂鎮純陽宫",期望加快工程進度。

需要説明的是,此刻的純陽祠是存在的,儘管"荒蕪狹隘",但仍有住持的道衆。但時過一年,純陽祠却被火焚全毁。單公履撰《沖和真人潘公神道之碑》記載:"甲辰(1244)河東永樂祠堂災。祠蓋吕純陽之仙跡也,朝議以爲純陽之顯道如此,祠而祀之,事涉簡陋,可改爲純陽萬壽宫。"於是經尹志平、李志常等推薦,朝庭乃署命燕京都道録潘德沖爲"河東南北兩路道教都提點",主持建造。1252 年,潘德沖率其徒至永樂,"百工勸緣,源源而來,如子之趨父事。陶瓦伐木,雲集川流。於是略基址,度遠邇,程功能,平枝榦,合事庀徒,百堵皆作,不數稔,新宫告成,殿廊廡齋,廚廄庫下,至於寮舍湢浴之屬,各有位置,莫不焕然一新"[④]。也

① 金維諾主編:《永樂宫壁畫全集》,天津:天津人民美術出版社,1997 年,第 1 頁。
② 李鼎:《玄都至道披雲真人宋天師祠堂碑銘並引》,陳垣編纂:《道家金石略》,第 547 頁。
③ 《道藏》第 19 册,第 540 頁。
④ 陳垣編纂:《道家金石略》,第 555 頁。

是在這一年的四月,全真教新掌門李真常,奉敕祭祀嶽瀆時,曾四駐永樂,關注宫觀的修建。先後經營了十八年,到元中統三年(1262)全部完成。當然,其後又多有增飾,如大德五年(1301)重修三門:“大堂殿已成砌墁,其三門猶是土基,不賴英豪,難成勝事,須資衆力,可建福緣。”①

純陽宫分上宫、下宫。下宫即今永樂宫,包括有無極門、三清殿、純陽殿、重陽殿、丘祖殿。後潘德沖逝世宫中,遂於宫西北處建一别祠以奉香火。純陽宫上宫位於九峰山,“土人云此純陽得道處也。謔其徒劉若水起純陽上宫,及於宫側創下院十餘區,市良田竹葦及蔬圃果園、舟車碾磑,歲充常住百色之費。至於四方賓侶,過謁宫下者,周爰四顧,見其嚴飭壯盛,儼敬之心油然而生。夫撤祠宇而爲宫庭,其崇卑相去奚啻萬萬”②。潘德沖嘗居九峰純陽上宫,又號九峰老人。門人三宫提點淵静大師劉若水,乃於師誦經處築臺,題記九峰老人誦經臺。

建造好後的純陽宫規模宏大,不但擁有“無極殿以奉三清,混成殿以奉純陽,襲明殿以奉七真”的三大殿正式建築,而且“徒衆之所居,賓旅之所寓”的福利設施,以及“齋廚庫廄、園圃井湢”的配套設施,也都一應俱全。此外,潘德沖還利用多餘資金,擴充道宫産業,在永樂宫一側建立“下院十餘區”,“市良田、竹葦及蔬圃、果園”,進行農林牧副等多種産業開發,甚至包括“舟車、碾磑”這樣的第三服務産業,他也積極拓展。純陽宫建成後,朝廷即請潘德沖爲住持,並賜號“沖和微妙真人”。《純陽宫令旨碑及請潘公住持疏》曰:“敦請潘公大師住持永樂純陽宫、平陽府長春觀,爲國焚修,祝延聖壽無疆者。”③並免去所有賦税,不得侵佔宫觀的土地、園林、産業。④

以永樂宫爲宗壇,其下隸衆多宫觀,從而形成了一個龐大的組織。重要的宫觀有平陽府長春觀、河瀆靈源宫、河中府雲臺觀、主腦溝長春觀、解州路村化卞庵、道靖觀、重真觀、焦山玄真觀、西里莊孫老庵、牛角川静樂觀、岳村劉姑道院、芮城翠微谷長生觀、招賢村清微觀、崇仙觀、河神廟、九峰重玄觀、相公廟、西莊清和觀、姚村純陽庵、力山種德庵、靈仙觀等,其住持道衆數百人。⑤

---

① 《大純陽萬壽宫化功緣記》,陳垣編纂:《道家金石略》,第 708 頁。

② 陳垣編纂:《道家金石略》,第 555 頁。

③ 陳垣編纂:《道家金石略》,第 491 頁。

④ 《純陽萬壽宫聖旨碑》,陳垣編纂:《道家金石略》,第 781 頁。

⑤ 《純陽萬壽宫提點下院田地常住户記》,陳垣編纂:《道家金石略》,第 792 頁。

三、全真道神仙譜系的完善

全真道神譜的形成，是在兩宋道教神譜的基礎上做了必要的調整，一些舊有的神靈祖師被替換，而全真道的東華帝君、五祖、七真、玄門十子等得以增補入列，名列仙班。正是依循全真道這一新的神譜，元代畫工們精心的繪製了永樂宮壁畫，生動形象地顯示了全真道崇拜的神靈仙真。

金元時期，道教得到統治者的利用和支持，道觀的興建也具有相當的規模。據法國高萬桑教授的分析，元代時期僅全真教的道觀竟多達5000餘座。他説："如果十三世紀末像李志柔一系大小的八個主要宗門尚能擁有250座宮觀，像王志祐一系的30個較小的宗門每一系擁有100座宮觀，那麽以此推算，當時全國全真宮觀的總數就達到了5000座之多。"①正是在道教興旺發達的社會背景下，永樂宮得以建造。

永樂宮原爲吕祖祠，是在宋祠基礎上重新修建的。據金代末年歸隱的進士袁從乂於1222年撰寫的碑文："永樂鎮東北隅，行百步許，曰招賢里，通道之北，即有唐得道吕君之故居也。鄉人慕其德，因舊址而廟貌之，歲時亨祀甚謹嚴。真人自成道以來，有重名於天下，凡譚及神仙者，必曰鍾吕也。""真人諱嵓，字洞賓，道號純陽子，世爲河中永樂人。禮部侍郎渭即其祖也。"②永樂宮前後營建了近百年纔最後完工，宏偉的規模、周密的籌畫，使它具有極其豐富的道教藝術遺存，其中宏偉精麗的壁畫更使人驚歎。壁畫共分三鋪，一爲《朝元圖》，一爲《純陽帝君顯化圖》，一爲《王重陽事跡圖》。

永樂宮純陽殿有《純陽帝君神遊顯化之圖》壁畫共五十二幅，畫於至正十八年(1358)完工，記有端應永樂、黄粱夢記、慈濟陰德、歷試五魔、衡州肅妖、神應帝王、石肆求茶、度老松精、再度郭仙、度何仙姑、誘侯用晦、金陵鶴會、度陳七子、武昌貨墨、度孫賣魚、儀真繪像、遊寒山寺、度馬庭鸞、救苟婆眼疾、婺州舉塔、成都施丹、救劉氏病、臨晉瓜皮詩、度趙相公、鼎州貨墨、賜藥狄青、赴千道會、賜雍竇棗、度劉高尚、鍾離權度吕洞賓、鍾離權、道觀齋供、道觀醮樂、八仙度海、柳仙、松仙等壁畫，表現了吕純陽由出生至羽化昇仙的故事，分作上下兩層，以山水、樹

① 高萬桑：《教團的創立：十三世紀全真教的集體認同》，張廣保編：《多重視野下的西方全真教研究》，濟南：齊魯書社，2013年，第20頁。

② 袁從乂：《有唐純陽吕真人祠堂記》，陳垣編纂：《道家金石略》，第448頁。

石、房屋、流雲串聯各個故事情景,畫面注重細節的生動描寫,宛若社會生活的縮影。

七真殿《王重陽事跡圖》壁畫的創作年代晚於純陽殿十年,敘述全真教創始人王重陽誕生、得道、成仙和歷次度化馬丹陽、孫不二、丘處機等北七真事跡,共四十二幅。

三清殿是永樂宫主殿,又稱無極殿,面闊七間,深四間,八架椽,單檐五脊頂。前檐中央五間和後檐明間均爲隔扇門,其餘爲牆。北中三間設神壇,其上供奉道教最高神元始天尊、靈寶天尊、太上老君,合稱爲三清。三清塑像今已不存,而壁畫保存尚好,衹很少部分經過修補。這一鋪壁畫是有名的《朝元圖》,壁畫高 4.26 米,全長 94.68 米,總面積爲 403.34 平方米。

關於三清殿壁畫的作者,在三清殿内原來三清塑像背後的扇面牆内側的雲氣壁畫上,有"河南府洛京勾山馬君祥、長男馬七待詔把作正殿前面七間、東山四間、殿内斗心東面一半、正尊雲氣五間。泰定二年六月工筆。門人王秀先、王二待詔、趙待詔、馬十一待詔、馬十二待詔、馬十三待詔、范待詔、説待詔、方待詔、趙待詔","河南府勾山馬七待詔正尊五間,六月日工畢雲氣"的銘記。從書寫字跡考察,實爲建築彩畫工題記,故未記壁畫其他内容。説明這衹是彩畫作者,而不是指從事整個殿中所有壁畫的畫家。

從現有銘記,可知這一堂壁畫和建築藻繪可能均完成於元泰定二年(1325)左右。而壁畫的作者應是與製作純陽殿的作者屬同一流派或師承的人。純陽殿壁畫完成於至正十八年(1358),是朱好古的門人張遵禮、李弘宜、王椿帶領人完成的。則三清殿極有可能是朱好古親自參與製作的。關於朱好古,《山西通志》卷三十記:"朱好古,元時襄陵人,善畫山水,於人物尤工,宛然有生態。與同邑張茂卿、楊雲瑞俱以畫名家。人有得者若拱璧。當時號襄陵三畫。"朱好古元大德十八年曾在稷山縣興化寺畫《藥師變》與《彌勒變》。也曾在太平縣修真觀畫壁,興化寺後殿北牆上有:"襄陵繪畫待詔朱好古、門人張伯淵,時大元國歲次庚申仲秋蓂生十四葉工畢"題記。[①] 庚申爲元仁宗延祐七年(1320),朱好古可能是完成興化寺壁畫後,轉至永濟從事三清殿的壁畫製作。這從興化寺壁畫風格與之相近也可以得到印證。《太平縣志》稱:"修真觀在縣南關西高阜處。殿壁間繪畫人物,元朱好古筆。精妙入神,有龍點睛飛去。"而且宣導永樂宫興建的宋德方一直在平陽府玄都觀校刻道藏,對平陽府内的繪畫名家朱好古應有所知,不會不邀來

① 金維諾主編:《永樂宫壁畫全集》,第 3 頁。

從事這一宏偉工程。同時出現在朱好古家鄉的壁畫也可以證實是朱氏領導了兩地的壁畫創作。

在經歷了五代時的宫宇摧頹之後,到北宋,隨著統治者對道教的尊崇,宫觀的建立也多了起來。從宋太祖建立建隆觀始,以後歷代皆有興建。宋太宗上臺後,志奉釋老,崇飾宫廟,首先建上清太平宫,以崇奉玉皇、紫微、七元、天蓬、九曜、翊聖真君等神靈。王欽若《翊聖保德傳》卷上載:上清太平宫共有十二座堂殿,修建於終南山下終南鎮,乃上帝宫闕。建造了三年宫成,中正之位列四大殿,前則玉皇通明殿,次紫微殿,次七元殿,次翊聖真君殿。東側有天蓬、九曜、東斗、天地水三官四殿,西側有真武、十二元辰、西斗、天曹四殿,又有靈官堂、龍堂、南斗閣,並列星宿諸神之像,豎鐘、經二樓,齋道堂室,靡不完備。[①] 此後又陸續建有太一宫、洞真宫等。

真宗時宫觀的建設也越來越多。大中祥符元年(1008),詔東京建玉清昭應宫。其後又大興天慶觀的建造,以供奉玉皇、天皇、北極、后土、聖祖帝、聖后等六御。《宋會要輯稿》記載真宗詔"天下州、府、軍、監、關、縣,縣有全無宫觀處,擇空閒官地,以官錢及工匠建道觀,以天慶觀爲額。若百姓有願捨地及就官地備材修者,亦聽。"[②]大中祥符年間合計路、州、府、軍、監、縣總數爲一千五百八十四,可推大中祥符年間一次建觀就達一千餘座。正因有此基礎,天禧年間纔能一次度道士七千多人。此後,真宗及以後的仁宗、英宗、神宗、哲宗也續有興建。徽宗時,隨著道教勢力的膨脹,也大量地建立宫觀。史載政和七年(1014)二月十三日,詔"神霄玉清萬壽宫,如小州、軍、監無道觀,以僧寺改建"[③]。無疑宫觀的數量有所增加。並且,除了由朝廷下令所建宫觀外,還有一些官僚士民捨宅爲觀,徽宗時的宫觀數量,一定超過了神宗時期。

道教的高速發展得益於北宋皇室的宗教政策。從太祖、太宗開始便大力扶持道教。太宗利用道士張守真,製造"黑殺"降世的神話,其目的是利用它來達到神化宋皇朝和鞏固自己地位的目的。據王欽若《翊聖保德傳》載:宋初有大神降於周至縣民張守真家,自稱是"高天大聖玉帝輔臣",奉玉帝之命降顯於世,以輔佐大宋皇朝,要張守真虔心崇奉於它。於是張守真"乃禮古樓觀先生梁筌爲師,度爲道士。遂於所居之側擇隙地,出家財構北帝宫,内立殿以事神,旦暮崇奉,頗

① 《道藏》第 32 册,第 652 頁。

② 舒大剛總編輯:《宋會要輯稿》第 2 册,上海:上海古籍出版社,2014 年,第 572 頁。

③ 舒大剛總編輯:《宋會要輯稿》第 2 册,第 564 頁。

極精至”。張守真精勤修持，以能通神降妖而名噪一時。宋太宗即位，立召張守真委以重任，於瓊林苑爲周天大醮，作延祚保生壇。

宋徽宗對道教的崇信更甚，他仿效真宗的做法，亦導演了多次天神下降的鬧劇。據畢沅《續資治通鑑》卷九一記載：徽宗還在藩邸時，即自稱曾夢見老君面諭：“汝以宿命，當興吾教。”政和三年(1113)十一月，宣稱他看見玉津園東有天神降臨，並親自作《天真降臨示現記》頒示天下。政和七年(1117)二月，徽宗宣稱“青華帝君”夜降宣和殿，授他“帝誥、天書、雲籙”等事。林靈素宣稱天有九霄，神霄最高，設神霄府，“神霄玉清王者，上帝之長子，主南方，是長生大帝君，陛下是也，即下降於世，其弟號青華帝君者，主東方，攝領之。己乃府仙卿曰褚慧，亦下降佐帝君之治”①。又稱蔡京、童貫等皆是神霄府的仙伯、仙吏，就連徽宗的寵妃劉氏亦是神霄府的“九華玉真安妃”，皆下降佐徽宗治理天下。四月，徽宗授意道録院册封他爲“教主道君皇帝”，從而把道教變成了國教。其時，徽宗又命林靈素“修正一黄籙青醮科儀，編排三界聖位，校正丹經子書”②。林靈素所作的“編排三界聖位”的工作，對道教神仙譜系的最後定型起了重要作用。

三清、六御的神真譜系，正式形成於宋代。“六御”者，指玉皇大天帝、紫微天皇大帝、紫微北極大帝、后土皇地衹、聖祖天尊大帝、元天大聖后③；或昊天至尊金闕玉皇上帝、紫微中天北極大帝、紫微上宫天皇大帝、東極救苦青玄上帝、神霄真王長生大帝、承天效法后土皇地衹④。或玉皇上帝、紫微中天北極大帝、紫微上宫天皇大帝、東極青華大帝、神霄真王長生大帝、東極青玄上帝⑤。

所謂“御”，是指諸天上帝所居之“御筵”。南宋甯全真校、林靈素編《靈寶領教濟度金書》卷四曰：“上御筵上層中列，玉清聖境虛無自然元始天尊妙無上帝，上清真境虛皇玉晨靈寶天尊妙有上帝，太清仙境萬變混沌道德天尊至真上帝；上層第二列，太上開天執符御曆含真體道昊天至尊金闕玉皇上帝，紫微中天北極大帝，紫微上宫天皇大帝，東極救苦青玄上帝，神霄真王長生大帝，承天效法后土皇地衹。以上並奏請，三清稱道慈，諸帝稱天慈，后土稱宸慈。”⑥

同爲北宋出現的神譜中，爲何會出現六御的差異？顯然這是因爲歷史與空

---

① 《宋史・林靈素傳》，百衲本《二十五史》第6册，杭州：浙江古籍出版社，1998年，第1338頁。
② (元)趙道一編：《歷世真仙體道通鑒》卷五三，《道藏》第5册，第408頁。
③ (北宋)賈善翔：《太上出家傳度》，《道藏》第32册，第161頁。
④ (南宋)甯全真授，林靈素編：《靈寶領教濟度金書》卷四，《道藏》第7册，第50頁。
⑤ (南宋)甯全真授，林靈素編：《靈寶領教濟度金書》卷六，《道藏》第7册，第63頁。
⑥ 《道藏》第7册，第50頁。

間因素而成。就歷史的原因而言,不同的時代會信奉不同的神靈,並新造一些神祇。如唐代信奉老子,並形成了三清、五帝的神系格局。就空間因素而談,道教正一道源於巴蜀漢中地區,太平道流傳於青、徐、幽、冀、荆、揚、衮、豫八州,造成了他們信奉神靈的差異,以後出現的上清派、靈寶派、樓觀派等在奉神上的差異與地域也有很大關係。同時道教齋醮科儀所請神靈,歷來重視隨世俗心理,供奉當境民間信奉的一切神靈。如吕元素《道門定制》卷九載:"三狀内皆有蜀中君臣神祇,其或他郡國各有山川群望,隨所奉事增減。"①可見,時間空間因素對神仙譜系構成均有一定影響。

唐代皇室欽定的道教神系中,老子或三清之下的主神是五帝。如洛陽玄元皇帝廟内,有吴道子繪製的《五聖千官圖》,圖中的五聖是東華天帝、南極天帝、扶桑大帝、西靈天帝、北真天帝。至北宋真宗朝,由王欽若主持,整理編製道教神系,尊玉皇大天帝、紫微天皇大帝、紫微北極大帝、后土皇地祇、聖祖天尊大帝、元天大聖后爲"六御",從而改變了唐代道教三清、五帝的神系格局。大中祥符初(1008),真宗曾命王欽若總領修校道經。大中祥符三年(1010),又命王欽若再次校理道經,與張君房一起,修成《大宋天宫寶藏》。至天禧三年(1019)春,寫録七藏以進。由於王欽若負責修校道藏,真宗、王欽若等奉祀的神靈,自然增入道教的醮儀中,變成主神,得以在各地道教宫觀設像,成爲道教造像的標準。

哲宗時任道官左街都監同簽書教門公事的賈善翔,著有《猶龍傳》《高道傳》《南華真經直音》《太上出家傳度儀》等。他在介紹出家傳度儀時講:引弟子於道席前,禮三拜,上香,度師祝香。以今焚香,"供養三清上聖,十極高真,玉皇大天帝,紫微天皇大帝,紫微北極大帝,后土皇地祇,聖祖天尊大帝,元天大聖后,三十二天帝君,十神太一真君,十一曜星官,天地水三官,南北二斗星官,四方二十八宿星官,四聖真君,三元真君,玄中大法師,經籍度三師,正一真人,五嶽聖帝,儲副佐命大洞仙官,三十六洞天仙官,七十二福地、三十六靖廬、二十四化仙官等,四瀆源王,四海九江水帝龍王,地府酆都北帝,出家弟子本命星官,宫觀里域真官,天曹地府、一切威靈"②。這裏所稱請的玉皇大天帝、紫微天皇大帝、紫微北極大帝、后土皇地祇、聖祖天尊大帝、元天大聖后,正是真宗欽定的六御。

到了唐代,朝野上下對玉皇的信仰也日益普遍。如武則天有《唐享昊天樂》十二首,唐中宗有《祀昊天樂章》十首,唐玄宗有《祀圜丘樂章》十一首。據《舊唐

---

① 《道藏》第31册,第749頁。

② (北宋)賈善翔撰:《太上出家傳度儀》,《道藏》第32册,第161頁。

書・肅宗本紀》載,肅宗朝有楚州刺史崔侁進獻定國寶玉十三件,表曰:"楚州寺尼真如者,恍惚上昇見天帝,帝授以十三寶。曰:中國有災,宜以第二寶鎮之。"① 唐代衆多詩人,亦多有吟詠玉皇之句。如李白詩曰:"天公見玉女,大笑億千場。"韋應物詩曰:"逍遥仙子家,日夕朝玉皇。"劉復詩曰:"天上見玉皇,壽與天地休。"韓愈詩曰:"玉皇頷首許歸去,乘龍駕鶴來青冥。"柳宗元詩曰:"忽如朝玉皇,天冕垂前旒。"元稹詩説:"萬里洞中朝玉帝,九光霞外宿天壇。"李咸用詩曰:"三清宫殿浮晴煙,玉皇據案方凝然。"白居易《夢仙》詩云:"人有夢仙者,夢身昇上清。仰謁玉皇帝,稽首前致誠。帝言汝仙才,努力勿自輕。却後十五年,期汝不死庭。再拜受斯言,既寤喜且驚。"②在詩人們筆下,玉皇大帝是神仙世界的最高神,得道成仙者都須向它朝拜,群仙猶如世上皇帝之公卿,皆列班隨侍其左右。這樣一來,民間信仰中的天帝、天翁和道教諸神中的玉皇合而爲一。

兩宋崇道,對玉帝的尊崇尤甚。真宗於大中祥符五年(1012)十一月丙申,親祀玉皇於朝元殿。八年(1015)正月朔,真宗駕詣玉清昭應宫奉表奏告,上玉皇聖號曰"太上開天執符御曆含真體道玉皇大天帝"。政和六年(1116)九月朔,復奉玉册、玉寶,徽宗親詣玉清和陽宫。"上太上開天執符御曆含真體道昊天玉皇上帝徽號寶册。丙申,赦天下,命洞天福地修建宫觀,塑造聖像。十一月丁酉,朝獻景靈宫。戊戌,饗太廟。己亥,祀昊天上帝於圜丘,赦天下。"③

道教亦爲之編寫經書,制定齋儀。王欽若編《翊聖保德真君傳》卷中曰:"上帝在無上三天,爲諸天之尊,萬象群仙,無不臣者。常升金殿,殿之光明,照於帝身,身之光明,照於金殿。光明通徹,無所不照,故爲通明殿。諸天帝君,萬靈侍衛,仙衆梵佛,悉來朝謁。仰視其殿,惟見大光明中,上帝儼然,仙班既退,光明遍散諸天焉。"④道教順應社會的需要,遂將玉皇的神格與地位大大提高,並編造了一批有關玉皇神跡的道書,如《玉皇本行集經》《玉皇心印妙經》《玉皇胎息經》《玉皇滿願寶懺》《玉皇宥罪錫福寶懺》《玉皇十七慈光燈儀》《玉皇九天譜録》《玉皇六辰飛綱司命大録》等。

據《高上玉皇本行集經》卷上載:昔有國名號光嚴妙樂,其國王净德、王后寶月光無嗣,後廣陳供養,六時行道,遍禱真聖,已經半載,不退初心,忽夜寶月光皇后夢太上道君抱一嬰兒與之,覺而有孕。懷胎一年,於丙午歲正月九日午時誕於

① 百衲本《二十五史》第4册,第22頁。

② 《古今圖書集成》第49册,第59908頁引。

③ 《宋史・徽宗本紀》,百衲本《二十五史》第5册,第58頁。

④ 《道藏》第32册,第653頁。

王宫。當爾之後王忽告崩,太子治政,俯念浮生,嗣位有道。“遂捨其國,於普明香嚴山中修道,功成超度過是劫,已歷八百劫身。常捨其國爲群生,故割愛學道於此。後經八百劫,行藥治病,拯救衆生,令其長樂。此劫盡已,又歷八百劫。廣行方便,啓諸《道藏》,演説靈章,恢宣正化,敷揚神功,助國救人,自幽及顯。過此已後,再歷八百劫,亡身殞命,行忍辱故,捨己血肉。如是修行三千二百劫,始證金仙,號曰清静自然覺王如來,教諸菩薩,頓悟大乘正宗,漸入虚無妙道。如是修行,又經億劫,始證玉帝。”①

《玉帝聖號同異考》曰:“玉帝聖號,崇自浩劫前,中古復尊上,重稱讚耳。世主好道,感玄恩,各就所見聞所皈重,事與時會,功以世顯,隨其彰著,人人共覩聽者。敬上諸神之號,以定稱謂。玉帝有四:一太微玉帝,漢武帝上太微垣星主號也。二梵天玉帝,漢宣帝上天市垣帝主號也。三焰華少微玉帝,漢哀帝上先天定位號也。四紫微玉帝,漢光帝上後天乾號也。皆非此玉帝。此玉帝號昊天金闕無上至尊自然妙有彌羅至真玉皇上帝,又曰玄穹高上玉皇大帝,是帝宰諸天,永不毁淪。”②《梓潼化書》載南宋紹熙六年正月初一,三清至尊在玉清聖境,大會九天十極諸真,“玉皇上帝總領三界群真,諸天列曜,地水衆聖,上朝三清。爾時元始天尊登命金闕,侍中九天司馬儲福定命真君開璧玉寶笈,流露丹匣,出萬天素威功過玉曆,考校諸天諸地,水界陽曹,升真得道以來功過大小。”③從此,玉皇大帝在道教神系中的崇高地位及神格便得到固定,成爲僅次三清至聖的大神。

經過這些道書的闡揚,玉皇上帝的地位一下提高到四御之首,並從道教神學理論上予以調整與確認。甯全真《上清靈寶大法》卷十中重編道教神譜,於“玄穹主宰”中首列元始天尊、靈寶天尊、道德天尊,次列昊天上帝、救苦天尊、北極大帝、天皇大帝四御。並解釋説:“昊天上帝,諸天之帝,仙真之王,聖尊之主,掌萬天升降之權,司群品生成之機,三洞四輔,禁經之標格,大梵至妙無爲之神威,乃三界萬神三洞仙真之上帝君也。自三氣之天胤,三寶之皇胄,高出乾坤之表,生萬物而不宰也。高出乾坤之表,生萬物而不宰也。三才肇立,氣清高澄,積陽成天,萬匯之源,豈應無主。故以形象言之,謂之天;以主宰言之,謂之帝。故曰玉真天帝玄穹至聖玉皇大帝。”④

自宋代以來,形成了以玉皇大帝爲首的昊天三界之尊的道教神真體系,《皇

① 《道藏》第1册,第697頁。

② 《皇經集注》卷一,《道藏》第34册,第631、632頁。

③ 《古今圖書集成》第49册,第59913頁。

④ 《道藏》第30册,第730頁。

經集注》卷一曰："元始爲三教之首，玉帝爲萬法之宗。"[①]《太上洞神天公消魔護國經》卷下亦曰："天地萬物既備，元始大道退居無爲，遂命玉皇統御三界，覆育蒼生，公平無私也。命地母爲地后，敕天官司天曹，敕地官司地府，敕水官司水府。"[②]這一神系結構便爲以後的道教沿用，至今不變。

道教《朝元圖》的形成，有著悠久的發展歷史。所謂"朝元"，就是朝謁道教的最高尊神元始天尊。唐高宗時道書《道門經法相承次序》卷上解説諸天神尊名號階位，説天有三十二天，三十二天之上有三清天，又有大羅天彌覆三清之上，合三清、大羅、三界等爲三十六天。其大羅天中有玉京山，山上有七寶城，城周旋二十四萬里，高二萬四千里。城中有七寶玄臺，九萬層臺，出城上三百六十里。"其間微風動條，枝葉粲麗，贊詠洞章，玄煥曜目，四靈邕邕，宫殿樓觀，難可稱焉。諸天帝王，大聖天尊，妙行真人，仙童玉女，皆各奉功朝修，灑掃、燒香、散花。師子辟邪，神龍朱鳳，悉皆飛翔。靈獸侍衛，百千萬種。此山出五色流泉，又有九色光明，徹照大羅衆天之上，虚皇大道元始天尊之所都。""常至三元八節諸是齋日，十方上聖，諸天帝皇，妙行真人，無鞅數衆，並嚴天威羽服，各從十千萬人，駕雲乘龍，作天大樂，嘯歌邕邕，十絶靈幡，飄流浮空而上，大會玄都，朝宗玉京元始天尊。"[③]元始天尊爲天界主宰，每當節慶齋日，所有的仙尊真聖都會各乘羽仗神獸，浮空而至大羅天玉京山金闕聚會，朝禮元始天尊。規模宏大，人物衆多，朝元也就成爲神仙大聚合的象徵和代稱。

然而，《朝元圖》不僅僅是一組非常珍貴的藝術品，更爲具備神聖價值和宗教意義的崇拜對象，是道教用於存想思神、齋醮科儀活動的道場。杜光庭《太上老君説常清静經注》云：

> 聰明正直謂之神，陰陽不測謂之聖。故云心靈則道降，道降則神靈，神靈則聖也。神明既聖，即可昇也。昇者，登也，昇登於上界。上界者，則三界之上三清之境大羅天也。人能保精、養炁、愛神，調和於元炁，填補於腦，烹煉神水，變化精神，神炁若全，即得上昇三界，朝禮太上高尊。凡學仙之士，所説朝元，即有二種：一論天地，二論人身。即明三丹田、且三界朝元者，即上中下是三元也。上元者，上應玉清，始炁所化，號天寶君，理玉清聖境清微天，總一十二部聖行之經，爲洞真教主，下於人身中爲上丹田腦宫，亦號泥丸

① 《道藏》第34册，第631頁。
② 《道藏》第11册，第425頁。
③ 《道藏》第24册，第787頁。

宫帝君,以主於炁。中元者,上應上清,元炁所化,號靈寶君,理上清境禹餘天,總一十二部真行之經,爲洞玄教主,下於人身中爲中丹田心府絳宫帝君,主於神。下元者,上應太清,玄炁所化,號神寶君,理太清仙境大赤天,總一十二部仙行之經,爲洞神教主,下於人身中爲下丹田炁海腎宫帝君,主於命。此三元三宫三寶者,天地得之以成,失之以傾,人身得之以生,失之以死。①

這是講存神朝元,以登三清聖境。

《玉籙資度早朝儀》曰:"臣等皈身皈神皈命,首體投地,仰依太上三尊十方衆聖。願以是香功德,端爲某靈,增崇天福,登進仙階。恭願凝神空碧,高步始青。擁環佩以朝元,慶延聖祚;被藻旒而問道,祥衍神斿。"②甯全真授《上清靈寶大法》卷三曰:朝元之時,面東,整肅衣冠,端坐靖中,以鏡照之,存思己形。如此七日,形存照己,明爽無别。夜半即思己形在泥丸,日中存居心中,晡時存居下丹田,七晝夜上下分明。即至其夜,關告天門,及奏三天玉帝,東西二炁,王母青君,方始朝元。"至星界,有日月黄道,光明如長虹之狀,兩邊多有琪花寶樹,如松杉青葉,黄赤之花,碧枝絳實,風動自然成金玉之音。遠望四方金樓玉闕,在寶雲之中,皆星官仙府也。時有乘軒乘車,乘鳳乘鶴,駕龍麟乘雲,皆仙真之子也。須掩面避道。半時覺車登盡萬里長虹之路,見紫雲隱隱中有天門,侍衛天人,止是門内威神守衛甚威。天門相對,乃欲界魔王之境,乃太清欲界天也。自此後分大券,付守衛之神,入進天門,適意而朝。"③這是講飛神謁靈,漸登仙階,高步始青天中,擁環佩以朝三元,被藻旒而問道。正如金王處一《雲光集》卷二曰:"入得天長正位宫,交參殿宇映重重。金壇玉壁朝元像,七寶玲瓏顯聖容。"④

唐宋以來出現了一批非常著名的《朝元圖》。如洛陽北邙山老君廟《五聖朝元圖》,這是畫聖吴道子最有影響的道教圖像作品。《五聖朝元圖》原來畫在洛陽北邙山老君廟東西壁,東壁上畫東華天帝君、南極天帝君、扶桑大帝及其部從;西壁上畫西靈天帝君、北真天帝君及其部從。杜甫當年曾經賦詩讚頌這一作品:"畫手看前輩,吴生遠擅場。森羅移地軸,妙絶動官牆。五聖聯龍衮,千官列雁行。冕旒俱秀髮,旌旆盡飛揚。"這鋪"妙絶動官牆"的壁畫,長期被人傳摹學習,並使畫者從而不斷獲得成功,被傳爲藝壇佳話。宋代名畫家王瓘就是通過觀摹

① 《道藏》第17册,第193、194頁。
② 《道藏》第9册,第142頁。
③ 《道藏》第30册,第670頁。
④ 《道藏》第25册,第658頁。

此畫,因而取得傑出的成就。劉道醇撰《聖朝名畫評》説:王瓘“少志於畫,家甚窮匱,無以資遊學。北邙山老子廟壁畫,吴生所畫,世稱絶筆焉。瓘多往觀之。雖窮冬積雪,亦無倦意。有爲塵滓塗漬處,必拂拭磨刮,以尋其跡,由是得其遺法。又能變通不滯,取長舍短。聲譽藉甚,動於四遠。……故於乾德、開寶之間,無與敵者”①。以後宋代畫家武宗元也曾在老君廟重畫《五聖朝元圖》。現在流傳的《朝元仙仗圖》就是此畫的部分粉本。另外一張《八十七神仙卷》也是同畫的宋傳粉本。兩張畫都不同程度地保存了吴道子遺風,是吴道子的典範作品。

在《五聖朝元圖》之後,還相繼出現過類似的圖像,如《朝真圖》《朝會圖》等。五代王建修青城山丈人觀,請張素卿畫希夷真君殿的《五嶽朝真圖》。從所記内容,可知這時創作的《朝真圖》雖是朝見希夷真君,但與中原《朝元圖》粉本仍有一定關係。作品一方面吸收《朝元圖》千官列雁行的浩浩蕩蕩場面,一方面又開始表現了五嶽、四瀆、十二溪女、山林溪沼,樹木諸神和嶽瀆曹吏等衆多的人物,創造了各具特色的下界諸神形象。據稱張素卿構思敏速,下筆如神;詭怪之質,生於筆端,善畫道門尊像,天帝星君,形制奇古。因此能在吴道子《朝元圖》基礎上,進一步有所創造。②

從同一時期出現的《紫微朝會圖》《玉皇朝會圖》,也可以看出其中的傳承關係。《朝元圖》《朝會圖》都是相類似的結構,如宋李廌在《德隅齋畫品》中記載二圖粉本稱:“《紫微朝會圖》,朱梁時將軍張圖所作。帝被衮執圭,五星、七曜、七元、四聖左右執侍,十二宫神、二十八舍星,各居其次,乘雲來下。其容色皆端敬,其服章皆嚴謹。道家謂玉皇大帝爲衆仙天子,紫微大天帝爲衆星天子……圖作衣紋,不思吴帶當風、曹衣出水之例,用濃墨粗筆如草書,顫掣飛動,勢極豪放,至於作面與手,及諸服飾儀物,則用細筆輕色,詳緩端慎,無一欹仄,亦一家之妙用。”“《玉皇朝會圖》,蜀石恪所作,天仙、靈官、金童、玉女、三官、大乙、七元、四聖、經緯、星宿、風雨雷電諸神、嶽瀆君長、地上地下主者,皆集於帝所。玉皇大天帝南面端扆坐,衆真仰首,承望清光。見之者神爽,超然如在乎通明殿中也。”③元代劄馬剌丁、虞應龍等編纂《大元大一統志》謂均州明道觀係唐代道觀,貞觀十八年改濮王泰宫爲龍飛觀,在鄖鄉縣西。宋天聖八年賜《朝元圖》,有聖祖、天寧六御坐傍,有太祖太宗御容。可見湖北武當明道觀亦有北宋初期繪製的《朝元

① (北宋)劉道醇撰:《聖朝名畫評》,《文淵閣四庫全書》本。
② (北宋)郭若虛:《圖畫見聞志》卷二《張素卿傳》,《文淵閣四庫全書》本。
③ (北宋)李廌:《德隅齋畫品》,《文淵閣四庫全書》本。

圖》。

類似的壁畫還有一些。陝西臨潼華清宫唐代朝元閣遺址,宋初猶有部分保存。張師正《倦遊録》記載:"故華清宫……所謂朝元閣者,峰側有夾柱,作王母之像,雖小有腐損之處,而丹青未甚暗昧。"[①]南宋寶祐三年(1255)劉克莊《饒州天慶觀新建朝元閣記》記載:淳熙年間道士程聞一、李師古捐資"建朝元閣五間,高百尺,横徑二十餘丈……中列仙聖"[②]。甚至一些本來不是朝元内容的材料,亦因其仙真人物場面壯觀而以"朝元"名之。如北宋大中祥符二年《承天觀碑》稱:"若乃金床玉几,儼若三尊之御;玄冠翠綬,穆然衆聖之容。既從以靈官,復位其列宿,等威斯辨,若朝元之會,儀仗衛列。"[③]扈蒙《宋東太一宫碑銘》稱,該宫像設"宛似朝元之處"[④]。

與永樂宫壁畫有血脈關係的宋代武宗元的《朝元仙仗圖》,實爲道教壁畫的先聲,對永樂宫壁畫有巨大影響。《朝元仙仗圖》原來就是壁畫粉本,描繪南極天帝和東華天帝君率領仙官、侍從和儀仗朝謁玄元皇帝的場面,共有神仙人物八十七名,其中男仙十一名,神將八名,餘皆爲手捧供品、仙果、樂器的仙女。畫幅以手持寶劍的護法神開道,以甲卒、神將殿後,其中二天帝君都略高大於其他神仙,其處理手法與唐閻文本《歷代帝王圖》、周日方《簪花仕女圖》相類,以人物的比例大小來突出主要人物,此手法在道釋畫,以及宋元以降的文人畫中也常有運用,如《韓熙載夜宴圖》等。各神仙頭上或身旁都有一個長形墨線描繪的題名牌框,並標上該神仙的尊號,如"東華天帝君""扶桑大帝"等。全圖主次分明,各具神態,具有線描藝術的韻律感。

永樂宫三清殿的《朝元圖》是集中了唐、宋道教繪畫精華所形成的巨製,形象、生動、具體地反映了全真道教所信仰的神仙譜系。這一神仙譜系的形成,與王欽若製定的神系關係甚密。據王欽若編《翊聖保德傳》卷上記載:北宋初道教醮壇分爲九種,上三壇爲國家設之。其上曰順天興國壇,供神位三千六百,爲普天大醮。其中曰延祚保生壇,凡神位二千四百,爲周天大醮。其下曰祈穀福時壇,凡神位一千二百,爲羅天大醮。中三壇則爲臣寮設之。其上曰黄籙延壽壇,凡神位六百四十。其中曰黄籙臻慶壇,凡神位四百九十。其下曰黄籙去邪壇,凡神位三百六十。下三壇則爲士庶設之。其上曰續命壇,凡神位二百四十。其中

① (北宋)張師正:《倦遊録》,《文淵閣四庫全書》本。
② 陳垣編纂:《道家金石略》,第413頁。
③ (清)陸耀遹:《金石續編》卷十四,北京:中國書店,1985年。
④ 陳垣編纂:《道家金石略》,第222頁。

曰集福壇,凡神位一百二十。其下曰却災壇,凡神位八十一。"此九壇之外,别有應物壇,或六十四位,或四十九位,或二十四位,法物所須,各以差降。士民之類,可量力而爲之。如臣庶上爲帝王祈祐,當作祈穀福時壇,凡一千二百位。或爲父母師尊禳災祈福,當爲醮設壇,隨宜增益也。"①

爲了規範羅天醮、金籙齋,王欽若又奉聖旨,詳校羅天醮分科儀,"修整列羅天聖位九卷,並修到羅天科儀,集成一卷,標於卷首。但慚凡目,竊覘真階,奉天徒仰於紫清,測漢莫窮於仙統,上遵宸扆,稍備朝修。其羅天科儀,品位共十卷,謹同上進。伏乞宣付崇文院三館都監劉崇超繕寫十五本,裝褫送臣處,用道藏印縫訖,降下會真、太寧、上清、太清、太平宫等處,庶令崇奉,永薦福祥,謹具奏聞,謹奏。"②孫虚白曰:"三籙齋升降次第,及聖真位號,乃大中祥符年,詔推忠協謀同德佐理功臣丞相王欽若重修定,頒下在京宫觀,並天下名山福地收掌,以備朝廷修奉,或大臣爲國,亦許修設,庶人不許奉修。又近降皇帝本命,及天寧節,逐年七次。藩方節鎮修建金籙道場,罷散設醮三百六十分位止。聖位具載新降科儀,永爲定式。"③自神宗朝設普天大醮,以供奉三千六百位神靈,其後遂爲定式,歷代皇室皆遵奉行。

永樂宫中不僅有三鋪壁畫,共五百餘位神仙人物,還有四百餘座諸神牌位,這説明當爲全真道最爲完備的神仙譜系。這一譜系當主要取自甯全真。甯全真《靈寶領教濟度金書》卷四《聖真班位品》中保存了宣和神祇系統的三百六十分位名目,正是用於開度祈禳科儀。上層中列:玉清聖境虚無自然元始天尊妙無上帝,上清真境虚皇玉晨靈寶天尊妙有上帝,太清仙境萬變混沌道德天尊至真大帝,這就是三清至聖。上層第二列:太上開天執符御曆含真體道昊天至尊金闕玉皇上帝,紫微中天北極大帝,紫微上宫天皇大帝,東極救苦青玄上帝,神霄真王長生大帝,承天效法后土皇地祇,合稱六御大帝。以上並奏請,三清稱道慈,諸帝稱天慈,后土稱宸慈。

左右班三百六十位。左班:無上玉帝,虚無玉帝,太微天帝,九幽拔罪天尊,朱陵度命天尊,逍遥快樂天尊,度人無量天尊,轉輪聖王天尊,東方無極太上靈寶天尊,南方無極太上靈寶天尊,西方無極太上靈寶天尊,北方無極太上靈寶天尊,東北方無極太上靈寶天尊,東南方無極太上靈寶天尊,西南方無極太上靈寶天

---

① 《道藏》第 32 册,第 651 頁。

② (南宋)吕元素編:《道門定制》卷三,《道藏》第 31 册,第 676 頁。

③ 《道藏》第 31 册,第 676 ~ 677 頁。

尊，西北方無極太上靈寶天尊，上方無極太上靈寶天尊，下方無極太上靈寶天尊，清微天帝君，禹餘天帝君，太赤天帝君，鬱單無量天帝，上上禪善無量壽天帝，梵監須延天帝，寂然兜術天帝，波羅尼密不驕樂天帝，洞元化應聲天帝，靈化梵輔天帝，高虛清明天帝，無想無結無愛天帝，東方太皇黄曾天帝，大明玉完天帝，清明何童天帝，元胎平育天帝，元明文舉天帝，上明七曜摩夷天帝，虛無越衡天帝，太極蒙翳天帝，西方元載孔昇天帝，大安皇崖天帝，顯定極風天帝，始皇孝芒天帝，太黄翁重浮容天帝，無思江由天帝，上揲阮樂天帝，無極曇誓天帝，九微太真玉保王金闕上相大司命，高晨師東海玉明青華小童道君，甲子天皇君，甲寅地皇君，甲申人皇君，太陽太丹炎光鬱明上真道君，東方歲星始陽上真青皇道君，南方熒惑丹火朱陽赤皇上真道君，中央鎮星中黄太皇上真道君，西方太白太素少陽白皇上真道君，北方辰星太玄陰元黑皇上真道君，北斗陽明太尉府摅斗真人，玉皇九晨君，北斗陰精上宰府攀魁真人，玉皇北上晨君北斗真人，司空府履斗真人，玉皇主仙華晨君，北斗玄冥遊擊府步斗真人，玉皇玄上北蓋晨君，北斗丹元斗君、府躡紀真人，玉皇金魁七晨君，北斗北極太常府步綱真人，玉皇北辰飛華晨君，北斗天關上帝府乘龍真人，玉皇總靈九元北蓋晨君，北斗洞明玉帝府遊行三命真人，玉皇帝尊九晨君，北斗隱元帝真府徘徊三陽真人，玉皇帝真元晨君，東方壽星，分角宿天門星君，亢宿天庭星君，大火分氐宿天府星君，房宿天駟星君，心宿天王星君，析木分尾宿天雞星君，箕宿天津星君，西方降婁分奎宿天將星君，婁宿天獄星君，大梁分胃宿天倉星君，昴宿天目星君，畢宿天耳星君，實沈分觜宿天屏星君，參宿天水星君，三天化主玄中大法師真君，三天扶教輔元大法天師，正一沖玄神化靜應顯佑真君，靈寶監齋大法師真君，靈寶經師真君，靈寶籍師真君，靈寶度師真君，九天尚父天蓬都元帥真君，九天佐翊天猷副元帥真君，九天上輔翊聖應感儲慶保德真君，九天遊弈靈應佑聖助順福德真君，青帝護魂君，赤帝養氣君，白帝侍魄君，黑帝通血君，黄帝中主君，東方無極飛天神王，南方無極飛天神王，西方無極飛天神王，北方無極飛天神王，東北無極飛天神王，東南無極飛天神王，西南無極飛天神王，西北無極飛天神王，上方無極飛天神王，下方無極飛天神王，北魔非魔靈魔制魔太玄魔王，九天玉輔上宰四協侍宸真君，九天南昌度人不死尊神，度世司馬大神，好生韓君丈人，回骸起死監生大神，九天採訪應元保運真君，儲福定命真君，九天消災散禍真君，保命續命真君，注禄注生真君，掌禄掌算真君，定禄生神、定貴見生、萬福運炁、定命延生真君，九天陽官曹、陰官曹、司命曹、司禄曹、司天曹、司録曹仙官，三天門下上元道化真君，中元護正真君，下元定志真君，上清黄籙院使真君，靈寶天仙内院、九天司命府、九天普度院、青玄黄籙左府、上清童初府主宰真君，太上玄一寶輿真人，玉輿真人，緑輿真人，三清上境天真皇人，九天普度院三十六真人，後聖上保南極太丹元君紫元夫人，後聖上傳白山宫太素真人，後聖上宰西城總真王真人，九州都仙太史高明大使，至道玄應神功妙濟真君祖師，南極紫真太極玉宸聖后，金闕上保檢仙司命東華道君，金闕大夫東華領真上清仙侯祖師，正一嗣師、係師、女師真人，三洞四輔經籙中上聖高真主宰仙官，上元紫微宫左府主生太陽火官，右府主死太陰水官，中府主生死罪録靈官，上元太極右宫左府主生太陽火官，右府主死太陰水官，中府主生死罪録官，靈寶天仙内院六部仙官，赫奕仙曹，執職萬神，靈寶玄壇功曹使者，玉童玉女，左右龍虎君，直符香官，建齋所請天地神真，日月星宿，嶽瀆河海兵馬，正一章奏司、九靈飛步章奏司功曹從事官吏，北魁玄範府神虎追攝玉司玉女功曹官吏，靈寶如意萬司主召諸類幽魂諸大神、諸部官吏，朱陵火府南昌上宫鍊度官吏、天醫六職治官，靈寶解結司全形司官吏，玄都茭龍、金龍驛吏，地府、火府齎簡童子，九龍符命使者，地道功曹，玉山大變神王，六龍普變靈官，溟滓大梵靈官，玉清混元十二炁化生大將軍，上清天樞院、北極驅邪院宣勞效職仙靈官吏，本靖所佩三洞四輔諸部經籙仙真靈官，諸階符法將帥官吏，東嶽太靈蒼光青帝真君，南嶽慶華紫光赤帝真君，西嶽素光耀魄太明白帝真君，北嶽鬱微洞淵無極黑帝真君，中嶽黄元太光含真黄帝真君，五嶽儲副正職佐命大神，十大洞天仙官，七十二福地仙官，二十八治仙官，華陽洞天童初院蕭閑堂易遷官含真館仙官，本靖本派祖師、玄師、真師，名山洞府得道神仙，北陰玄天酆都大帝，太陰黑帝靈君，佐理玄滋天君，助理太一靈君，九壘三十六土皇君，中元洞空青靈宫左府主生太陽火官，右府主死太陰水官，中府主生死罪録官，中元南洞陽左宗天宫左府主生太陽火官，右府主死太陰水官，中府主生死罪録官，中元北酆都右陰天宫左府主生太陽火官，右府主死太陰水官中府主生死罪録官，中元四十二曹仙官，地府泰素妙廣真君，地府陰德定休真君，地府洞明普静真君，地府玄德五靈真君，地府最聖耀靈真君，地府寶肅昭成真君，地府神變萬靈真君，地府無上正度真君，地府飛魔演慶真君，地府五化威靈真君，酆都紂絶陰天宫洞仙官，酆都奏殺諒事宗天宫洞仙官，酆都恬照罪炁天宫洞仙官，酆都宗靈七非天宫洞仙官，酆都敢司連宛屢天宫洞仙官，酆都明晨耐犯武成天宫洞仙官，地府列曹諸司僚，屬案掾官吏，五道大神，東方道都大主者，南方道都大主者，西方道都大主者，北方道都大主者，東北方道都大主者，東南方道都大主者，西南方道都大主者，西北方道都大主者，上方道都大主者，下方道都大主者，南方火翳地獄主者，北方溟泠地獄主者，東南方銅柱地獄主者，西北方火車地獄主者，三塗五苦地獄主者，酆都二十四大地獄主者，陰府考鬼治罪冥官，巨天力士,執罰神兵,牛頭獄卒,五嶽二府掌亡人功德案受生案主者,地府掌亡人案主者,東嶽掌亡人案主者,九州掌亡人案主者,五嶽二府十方三界部衛亡人善導官吏,本州城隍司主者,當境土地,里域真官,正神監壇,某廟某神,東嶽差來齋壇彈壓吏兵,今年某季掌風雷雨部聖衆,玄虚監察,應感靈祇,玄虚四直功曹使者,玄壇監齋典吏,監醮香官,十方三界隨從降赴醮筵聖衆。

右班:玉虚上帝,太微玉帝,少微天帝,火鍊丹界天尊,法橋大度天尊,金闕化身天尊,隨願往生天尊,寶華圓滿天尊,東方玉寶皇上天尊,南方玄真萬福天尊,西方太妙至極天尊,北方玄上玉晨天尊,東北方度仙上聖天尊,東南方好生度命天尊,西南方太靈虚皇天尊,西北方無量太華天尊,上方玉虚明皇天尊,下方真皇洞神天尊,洞真天寶君,洞玄靈寶君,洞神神寶君,東方安寶華林青靈始老九炁天君,南方梵寶昌陽丹靈真老三炁天君,中央玉寶元靈元老一炁天君,西方七寶金門皓靈皇老七炁天君,北方洞陰朔單鬱絶五靈玄老五炁天君,東北方始青天君,東南方始丹天君,西南方始素天君,西北方始玄天君,南方赤明和陽天帝,玄明恭華天帝,曜明宗飄天帝,竺落皇茄天帝,虚明堂耀天帝,觀明端静天帝,玄明恭慶天帝,太焕極瑶天帝,北方皓庭霄度天帝,淵通元洞天帝,太文翰寵妙成天帝,太素秀樂禁上天帝,太虚無上常融天帝,太釋玉隆騰勝天帝,龍變梵度天帝,太極平育賈奕天帝,紫微元靈白玉龜臺九靈太妙夜光金真萬炁祖母,青金丹皇大道君,紫微垣帝座星君,太微垣帝座星君,天市垣帝座星君,太陰黄華素曜元精聖后,上黄神母元君,天乙紫炁道曜星君,太乙月孛彗星真君,神首羅睺建星真君,神尾計都墜星真君,南斗上相司命府寶光玉玄上真道君,南斗天相司録府丹精玄明寶室上真道君,南斗天梁延壽府靈瑶寶耀赤天上真道君,南斗天同益算府景明碧虚真王上真道君,南斗天樞度厄府極真太玄寶仙玉皇太上上真道君,南斗天機上生府紫宸絳房玄玄大帝,上清道君,北斗天罡萬真節度奎光大帝君,上台司命虚精星君,中台司空六淳星君,下台司録曲生星君,南方鶉首分井宿天井星君,鬼宿天匱星君,鶉火分柳宿天廚星君,星宿天庫星君,張宿天秤星君,鶉尾分翼宿天都星君,軫宿天街星君,北方星紀分斗宿天廟星君,牛宿天機星君,玄枵分女宿天女星君,虚宿天卿星君,危宿天錢星君,陬訾分室宿天廪星君,壁宿天市星君,玉清上相大羅無極神公天君,泰玄上相天君,天機内相天君,天機上相天君,天樞使相天君,天樞左丞相天君,天樞右丞相天君,玄都元陽七寶紫微宫總主上真自然大聖,上元一品賜福天官大帝君,中元太陽洞耀元君二品赦罪地官元虚洞靈皇帝君,下元金靈洞陰大帝三品解厄水官洞真大皇元光皇帝君,東斗主算星君,西斗紀名星君,中斗大魁星君,青天魔王,赤天魔王,白天魔王,黑天魔王,黄天魔王,欲界大魔王，色界大魔王，無色界大魔王，天曹太皇萬福真君，定名玉曆真君，天曹延壽益算真君，扶衰度厄真君，消災散禍真君，天曹延生保命真君，生死録籍真君，注生勾死真君，天曹司命、司録、司非、司危、司罰、司刑、司殺、掌籍、掌算、財庫、禄庫真君，天曹司天曹掌仙録、陽官曹掌民録、陰官曹掌鬼録、司録曹掌算録、司罰曹掌罪録、司命曹掌生録仙官，三天門下上章詞表靈官，直日曹治引進仙官，上清天樞院、北極驅邪院、都天校量功德院、玉樞五雷院、玉府五雷院、二院三司主宰真君，東極大慈大悲救苦真人，大慧真人，注生宫真人，上清妙行真人君，后真人泉降真人，三天門下上章二十四真人祖師，太玄妙道沖虚聖伯真君，東嶽上卿司命神君，定録右禁至道沖聖德祐真君，三官保命微妙沖惠仁祐真君，玉清元始法師，總仙上真祖師，太極太虚真人，太極左仙公，沖應孚祐真君，上清朱陽真人祖師，簡寂陸真人，清都張真人，廣成杜真人，三洞四輔符法中上聖高真主宰仙官，上元太極左官左府主生太陽火官，右府主死太陰水官，中府主生死罪録官，上元三十六曹仙官，靈寶施用仙曹三界所問仙曹，九鍊真司官吏，靈寶玄壇領仙監齋，金闕上佐御史大夫，承符傳檄官吏，建齋所請天官，開度諸章中仙靈官君神吏，青玄黄籙左右真司玉女、功曹將軍、使者官吏，靈寶玉都玄台内省追攝諸部功曹官吏，九天普度院三十六將軍，守雄抱雌二大神將，高上玉清神霄玉府鍊度官吏，靈寶瀚濯巾笥變鍊攝化填埡給散司官吏，靈寶察命童子，護戒神王，五帝考官，六宫掾吏，太玄真一本際童子，發放童子，五靈啓道童子，黄籙院追攝鍊度諸部官吏，玉樞五雷院、玉府五雷院、雷霆都司宣勞效職仙靈官吏，本靖所部侍靖仙官、玉童玉女、主將副將，護道監壇諸大將吏，諸省府院司將吏兵馬，東嶽大生天齊仁聖帝，南嶽大化司天昭聖帝，西嶽大利金天順聖帝，北嶽大貞安天元聖帝，中嶽大寧中天崇聖帝，五嶽飛仙真人司命上真，三十六小洞天仙官，海上五嶽仙官，三十六靖廬仙官，東華方諸宫、青玄府、皇極宫、丹元宫、洞靈館仙官，本靖本派經、籍、度三師真人，洞天福地考校諸仙真，東霞丹林扶桑大帝，水府丹靈大帝，龜臺大帝，玄溟大帝，海上十洲三島仙官，下元暘谷洞源青華宫左府主生太陽火官，右府主死太陰水官，中府主生死罪録官，下元南清泠左水會宫左府主生太陽火宫，右府主死太陰水官，中府主生死罪録官，下元北酆都右羅酆宫左府主生太陽火官，右府主死太陰水官，中府主生死罪録官，下元四十二曹仙官，水府暘谷神王，洞淵諸大龍王，東海昭聖廣德靈會王，南海洪聖廣利靈孚王，西海通聖廣潤靈通王，北海沖聖廣澤靈祐王，江瀆昭靈孚應威烈廣源順濟王，河瀆顯應靈源弘濟王，淮瀆長源溥濟王，濟瀆清源善濟王，九江水帝，三元水府福善順聖昭信王，五湖大神，七澤大神，十二河源仙官，十二溪真水府列曹諸司僚屬，案掾官吏，溟泠大神，冀州社令司主者,兖州社令司主者,青州社令司主者,徐州社令司主者,梁州社令司主者,雍州社令司主者,荆州社令司主者,揚州社令司主者,豫州社令司主者,東方風雷地獄主者,西方金剛地獄主者,東北方鑊湯地獄主者,西南方屠割地獄主者,中央普掠地獄主者,酆都三十六大地獄主者,酆都鐵圍山、硤石血湖、無間地獄三者,黄泉蒿里丈人,丘丞墓伯幽臺長夜主者,十方道掌亡人功德案受生案主者,水府掌亡人案主者,十方道掌亡人案主者,當境五道社令司掌亡人案主者,五嶽二府十方三界亡人經由水陸關津神祇,本縣城隍司主者,當境遠近列廟神祇,齋主家土地司命六神,城隍司差來齋壇彈壓吏兵,太歲部下六十甲子諸官君,當境地分傳奏諸神祇,玄虚三界直符使者,玄壇受事功曹,直壇土地,玄壇守衛四靈神君,方隅禁忌一切明神。①

永樂宫三清殿壁畫的内容,前人已有記載。明天啓四年(1624)郡人孟綰祚説:"吾蒲條山以南永樂鎮,有純陽萬壽宫。宫内有無極、混成、重陽三大殿,創自勝國,規模閎巨,廣廡翼翼,邃靚軒豁,金碧輝煌,壁繪天神像三百六十,計牌有四百餘座,供棹有數十餘張。明神赫奕,燦然昭列,禋祀歲舉,聿成盛曲。歷至於今,越數百年。"②可見,永樂宫壁畫繪天神像三百六十,顯然是爲舉辦開度祈禳齋醮所設立的,因此神祇數目相同。當然具體的神祇應有調整,减少了一些舊有神祇,增添了許多全真道所崇拜的神祇。如主尊除描繪金闕玉皇上帝、紫微中天北極大帝、紫微勾陳天皇大帝、東極救苦天尊青玄上帝、神霄真王長生大帝、承天效法后土皇地祇外,又增加了東王公、西王母。

永樂宫三清殿的整鋪壁畫正是六天帝、二帝后率領衆仙朝元的完整圖像。玉皇大天帝和紫微大天帝等在這裏正是率領朝會的所屬諸神,來朝拜三清。環繞三清塑像的斗心扇面牆上,東西面分别是南極長生大帝、東極青華太乙救苦天尊和玄元十子等;扇面牆背面爲三十二天帝君;正面北壁東部是中宫紫微北極大帝、天罡大聖及北斗七星、十一曜、二十八宿及歷代傳經法師;北壁西部是勾陳星宫天皇大帝、南斗六星、二十八宿和天、地、水三官以及歷代傳經法師等。東壁是太上昊天玉皇上帝、后土皇地祇和扶桑大帝、十二元神、五嶽、四瀆、地府諸神;西壁是東華上相木公青童道君、白玉龜臺九靈太真金母元君和十太乙、八卦、雷雨諸神;南壁兩側是青龍君、白虎君。

① 《道藏》第7册,第50~55頁。

② 孟綰祚:《永樂宫重修諸神牌位記》,陳垣編纂:《道家金石略》,第1304頁。

《朝元圖》左班有：南極長生大帝、尹喜、庚桑楚、南榮趎、尹文、辛鈃[①]、太皇黄曾天帝、太明玉完天帝、清明何童天帝、玄胎平育天帝、元明文舉天帝、上明七曜摩夷天帝、虚無越衡天帝、太極蒙翳天帝、赤明和陽天帝、元明恭華天帝、耀明宗飄天帝、竺落皇笳天帝、虚明堂曜天帝、觀明端靖天帝、玄明恭慶天帝、太焕極瑶天帝、天罡大聖、神荼、鬱壘、三台星君、歷代傳經法師、北斗七星、二十八宿、中宫紫微北極大帝、太陽帝君、太陰元君、木德歲星星君、火德熒惑星星君、金德太白星星君、水德辰星星君、土德鎮星星君、羅睺星君、計都星君、紫炁星君、月孛星君、功曹元辰、太沖元辰、天罡元辰、太乙元辰、勝光元辰、小吉元辰、傳送元辰、從魁元辰、河魁元辰、登明元辰、神后元辰、大吉元辰、天篷元帥、翊聖元帥、四目老翁、太上昊天玉皇上帝、后土皇地祇、扶桑大帝、四瀆、壽星、福星、禄星、五嶽、后土皇地祇、酆都大帝、冥府十王、茅盈、聖祖趙玄朗、梓潼文昌帝君、三元將軍、太極仙侯、明星大神、九嶷仙侯、青龍君及仙曹玉女、飛天神王、天丁力士等。

《朝元圖》右班有：東極青華太乙救苦天尊、崔翟、柏矩、列御寇、士成綺、莊周、太安皇崖天帝、顯定極風天帝、始皇孝芒天帝、太皇翁重浮容天帝、無思江由天帝、上揲阮樂天帝、無極曇誓天帝、淵通元洞天帝、太文翰寵妙成天帝、太素秀樂禁上天帝、太虚無上常融天帝、太釋玉隆騰勝天帝、龍變梵度天帝、太極平育賈奕天帝、南斗六星星君、二十八宿星君、勾陳星宫天皇大帝、天、地、水三官、紫光夫人、天猷元帥、真武元帥、倉頡、孔子、東華上相木公青童道君、五福太乙、君基太乙、大遊太乙、小遊太乙、天一太乙、臣基太乙、直符太乙、民基太乙、四神太乙、地一太乙、白玉龜臺九靈太真金母元君、雷雨諸神、八卦、雷公、電母、雨師、白虎君及仙曹玉女、飛天神王、天丁力士等。

在這些神靈中，南極長生大帝、中宫紫微北極大帝、太上昊天玉皇上帝、東極青華太乙救苦天尊、勾陳星宫天皇大帝、東華上相木公青童道君爲“六御”，后土皇地祇、白玉龜臺九靈太真金母元君爲“二后”，這顯然與兩宋道教神譜中的“六御”的組成是不同。北宋賈善翔《太上出家傳度儀》中的六御者，指玉皇大天帝、紫微天皇大帝、紫微北極大帝、后土皇地祇、聖祖天尊大帝、元天大聖后[②]。南宋甯全真《靈寶領教濟度金書》卷四中的六御者，指昊天至尊金闕玉皇上帝、紫微中天北極大帝、紫微上宫天皇大帝、東極救苦青玄上帝、神霄真王長生大帝、承天效

① 道教稱尹喜、庚桑楚、南榮趎、尹文、辛鈃、崔翟、柏矩、列御寇、士成綺、莊周爲玄元十子，元趙孟頫撰有《玄元十子圖》。

② 《道藏》第 32 册，第 161 頁。

法后土皇地祇[1]。或玉皇上帝、紫微中天北極大帝、紫微上宫天皇大帝、東極青華大帝、神霄真王長生大帝、東極青玄上帝[2]。究其原因,當與全真道重新構造的神靈譜系有關。

荷蘭萊頓大學的葛思康(Lennert Gesterkamp)在《朝元圖與道教科儀》一文中寫到:"在道教科儀中,上章在露天道壇上或在道觀殿堂内進行。傳統上,在這些場所用繪畫或雕塑進行裝飾,在視覺上再現朝覲,但這種裝飾也並非必要。道教進表的儀式序列稱爲'朝',裝飾在儀式區域内的繪畫就是通常所説的《朝元圖》。"葛思康發現《朝元圖》與道教科儀的密切聯繫,並找到了觀念結構的切入點,他命名爲"圖像實踐學"(iconopraxis)[3]。這種圖像學的研究方法無疑在處理神真圖像學和作品斷代的問題基礎上,豐富了道教圖像的内涵,尤其是當代道教研究"關注道教繪畫和科儀這一推測性關係的研究不多。此類研究中,有一些僅僅暗示到儀式性的關係,或否認或簡單的脱離這一未提及的論點。"[4]葛思康的研究主要針對宋元時期的道教神真繪畫,包括《朝元圖》《朝真圖》和《朝會圖》等,因爲元代永樂宫《朝元圖》的完整性賦予了研究者很大的助益。

隨著宋代道教理論的完善和大量神真圖像的肇製實踐,元代繼承了中國傳統繪畫和雕刻藝術的内容和形式,同時在吸取和借鑒佛教藝術基礎上,迎來了道教壁畫圖像的全盛時期,而這一時期最爲精美的大型作品就是永樂宫壁畫。雖然宫觀大殿所展示的神仙非常有限,但是爲了創造出强大的圖像威懾和征服的力量,創作者們嘔心瀝血,繪製了近1000平方米、容含天神地祇數百尊的壁畫。它不僅是我國繪畫史上的重要傑作,在世界繪畫史上也是罕見的巨製。

(責任編輯:趙衛東)

---

① 《道藏》第7册,第50頁。

② (南宋)甯全真授,林靈素編:《靈寶領教濟度金書》卷六,《道藏》第7册,第63頁。

③ 葛思康博士論文 *The Heaven Court: A Study on the Iconopraxis of Daoist Temple Painting*, PhD Dissertation Leiden University.

④ 李淞編:《道教美術新論》,濟南:山東美術出版社,2008年,第246頁。

金元全真道神仙體系中“六御”身份考

□耿紀朋

摘要：宋代道教神系並非完全定型，北宋真宗和徽宗先後兩次構建新的道教神系，促進了新道派的出現。南宋鑒於徽宗亡國，對道教的管理較爲嚴格。但是南宋道派衆多，信奉的神系並不相同，這在道教經典中多有體現。全真道和太一道、大道教在北方金元統治區傳播，各自提出不同的道教思想。雖然金元沿用了道教神仙體系中的“六御”尊神信仰，但是其具體身份却隨著教派的發展有不同的界定，元朝全真道神仙體系中的“六御”是結合全真祖師信仰形成的玉帝、紫微、勾陳、東華、后土、金母組合的新模式。

關鍵詞：全真道　六御　四帝二后

作者簡介：耿紀朋，四川文化藝術學院副教授，湯用彤國學院副院長，主要從事道教美術史、道教文化史研究。

宋金元時期道教研究中，僅次於三清主神的“六御”（或稱“四帝二后”）是不可繞開的尊神。從文獻和圖像不同材料介入，從宗教學或美術史等不同的角度研究，已經有了諸多不同的研究結論。概而言之，可以分爲兩種主要的觀點：一種是依據宋代或宋代之前道教經典認爲“六御”是玉皇、勾陳、紫微、后土、東極、南極（皆爲簡稱，其尊號在不同時期略有不同，下文則結合前人研究列有較爲詳細的尊稱），以王遜先生爲代表①；另一種觀點則是以景安寧先生爲代表②，認爲宋代“六御”爲玉皇、勾陳、紫微、后土、聖祖、聖祖母，元代全真道尊奉的“六御”爲玉皇、勾陳、紫微、后土、東華、金母。研究爭論的主要問題皆是針對山西芮城永樂宮三清殿現存元代壁畫“朝元圖”的八位主尊展開。

① 王遜：《永樂宮三清殿壁畫題材試探》，《文物》1963 年第 8 期。

② Jing Anning, *Yongle Palace: The transformation of the Daoist pantheon during the Yuan Dynasty(1260 ~ 1368)*, DAI ~ A 54/12, Jun, 1994. UMI.

一、針對永樂宫三清殿壁畫主尊展開的問題探討

關於永樂宫三清殿壁畫中的八位主尊，王遜先生認爲：東壁爲太上昊天玉皇上帝和后土皇地祇，西壁爲東華上相木公青童道君和白玉龜臺九靈太真金母元君，北壁東部爲中宫紫微北極大帝，北壁西部爲勾陳星宫天皇大帝，扇面墻東外壁是南極長生大帝，扇面墻西外壁是東極青華太乙救苦天尊。[①] 康豹先生認爲無極門與三清殿的壁畫和雕塑的神仙總數符合三百六十分位，而無極門壁畫的損毁導致現在無法完全確證這一文本來源。[②] 景安寧先生則是在肯定王遜先生部分考證的基礎上提出異議，認爲宋元之際的道教神仙體系不是没有變動，而是變動巨大。景安寧先生認爲宋代道教神系的主神“六御”中包括宋皇趙氏的“聖祖”和“聖祖母”，元代全真信仰不可能照搬宋代神系，而是在保持“六御”數量一致的前提下將東華帝君和金母取代聖祖和聖祖母。景安寧先生還認爲，神壇東壁外墻面和神壇西壁外墻面分别描繪了以吕洞賓和鍾離權爲主尊的全真派祖師[③]，這引起了康豹先生的質疑，認爲没有同時期的文本或圖像的資料支撑。[④]

對於八位主尊的身份，目前有諸多不同的觀點。葛思康先生的研究論著中與王遜先生的判斷基本一致[⑤]，李德仁先生、鄧昭女士、趙偉女士則分别在各自的研究中提出新的觀點，對八位主尊的身份進行了辨識。

李德仁先生和趙偉女士依據唐五代時期杜光庭《道門科範大全》等文獻提出八位主尊中應該有四極大帝。據《道門科範大全》記載：“北方曰紫微大帝總御萬星，南方曰南極長生大帝總御萬靈，西方曰太極天皇大帝總御萬神，東方曰東極青華大帝總御萬類。”[⑥]李德仁先生認爲北壁主尊東爲勾陳大帝，西爲紫微大帝，理由是“北極大帝居右（西），多環列文職神祇，勾陳大帝在左（東），並出現不少武職神祇，是以右爲上位。”[⑦]趙偉女士則不認爲尊右可以無限放大，她傾向於祇

---

① 王遜：《永樂宫三清殿壁畫題材試探》，第 28 頁。

② 〔美〕康豹：《多面相的神仙——永樂宫的吕洞賓信仰》，吴光正、劉瑋譯，濟南：齊魯書社，2010 年，第 180 頁。

③ Jing Anning, *Yongle Palace: The transformation of the Daoist pantheon during the Yuan Dynasty (1260 ~ 1368)*, p. 428.

④ 〔美〕康豹：《多面相的神仙——永樂宫的吕洞賓信仰》，第 181 頁。

⑤ 葛思康：《〈朝元圖〉與道教科儀》，李凇主編：《道教美術新論——第一屆道教美術史國際研討會論文集》，濟南：山東美術出版社，2008 年，第 247 頁。

⑥ 趙偉：《道教壁畫五嶽神祇圖像譜系研究》，北京：文化藝術出版社，2013 年，第 74 頁。

⑦ 李德仁：《永樂宫壁畫與全真道宇宙觀》，《上海道教》1989 年第 1、2 期，第 44 頁。

在東西兩壁存在尚右觀念。趙偉女士結合甯全真《上清靈寶大法》對四極大帝的位置進行了進一步論述,認爲勾陳天皇大帝被繪於紫微北極大帝的西側是仿照天體運行的實際情况而來。[①] 趙偉女士結合建築特點和方位關係,提出:"如果以永樂宫三清殿扇面墻中心爲原點O建立以天爲縱軸、地爲横軸的坐標系的話,那麽,當四極大帝圍繞此原點作某一角度左旋後正可構成一個擁有完整四個方位的空間,其結果也符合'南極入地三十六度,北極出地三十六度,天形倚側,半出地上,半還地中,萬星萬氣悉皆左旋'的記載。"[②]其後關於位置旋轉的解釋過於牽强。

鄧昭女士認爲東壁爲太上昊天玉皇上帝(其文中簡稱"玉皇")和后土皇地祇(簡稱"后土"),西壁爲南極長生大帝(簡稱"南極")和白玉龜臺九靈太真金母元君(簡稱"西王母"),北壁東部爲中宫紫微北極大帝(簡稱"紫微"),北壁西部爲勾陳星宫天皇大帝(簡稱"勾陳"),扇面墻東外壁是東華上相木公青童道君(簡稱"東王公"),扇面墻西外壁是東極青華太乙救苦天尊(簡稱"東極")。[③]

八位主尊中有六位坐像,四位帝君冕旒衮服像,二位后妃鳳冠霞帔像,與唐代以來,特别是宋金元明時期關於"四帝""四帝二后"的文獻資料、圖像資料數目相吻合。關於八位主尊身份的判斷,一方面與"四帝""四帝二后"是否是統一組合有關,另一方面與位置關係有關。

二、依據文獻的研究

關於文獻資料,"四帝""四帝二后"的提法還和"四御""六御""四極"等尊神的組合有關。"四御"或"六御"都是指三清之下最尊貴的幾位神祇,説法不一,多與"四帝"或"四帝二后"相重合,另一種説法則是"四后"與"四極"相重合。"四極"與方位對應,爲東華、南極、西靈、北真。鄧昭女士認爲,"考慮到元代各新道派基本上仍以宋代發展起來的奉神體系爲基礎,討論三清殿八位主神時,衹能是對宋代在理論和科教儀範上體系比較完整,同時也具有代表性的主要典籍加

---

① 趙偉:《道教壁畫五嶽神祇圖像譜系研究》,第 74 ~ 75 頁。

② 趙偉:《道教壁畫五嶽神祇圖像譜系研究》,第 79 ~ 82 頁。

③ 鄧昭:《永樂宫三清殿壁畫女主神身份辨析》,李凇主編:《山西寺觀壁畫新證》,北京:北京大學出版社,2011 年,第 63 頁。

以考察”[1]。並且將這些典籍中所列主神列表如下[2]：

北宋賈善翔[3]	三清	玉皇、勾陳、紫微、后土	聖祖、聖祖母	三十二天帝……
南宋甯全真[4]	三清	玉皇、紫微、勾陳、東極	神霄、后土	三十六天帝……
南宋吕元素[5]	三清	玉皇、勾陳、紫微、后土	……	
南宋留用光[6]	三清	玉皇、勾陳、紫微、后土	東極、南極	九幽
南宋金允中[7]	三清	玉皇、紫微、勾陳、后土	南極、東極	東王公、西王母……

根據上列文獻資料，鄧昭女士認爲這一時期的“四御”主要是玉皇、紫微、勾陳、后土這一内涵上的“四御”，增加南極和東極則是“六御”。永樂宫三清殿的八位主神則是以南宋金允中的《上清靈寶大法》爲依據，“六御”加上東王公、西王母。[8]

景安寧先生在其多部論著中都否定永樂宫三清殿壁畫與宋代道教經文的直接對應關係，認爲應該“從分析神像的造型特點入手，觀察其組織原則、結構特色、分組關係、上下位置、大小比例、冠服裝飾、所持器物等”[9]。儘管由於元代“焚道經”事件使得道教經典大量佚失，元代全真道派齋醮的科儀經典未曾完整保留，就宋代經典和元代時事背景，也可推測這一時期的變化。

宋代道教神系並非完全定型，從鄧昭女士所列典籍中所列主神來看，北宋中期曾出現以聖祖和聖祖母配祀三清四御的結構。但是隨著宋真宗的駕崩，後世的皇室並未如真宗朝時期大肆宣揚聖祖和聖祖母，而是結合儒家禮儀供奉玉帝、聖祖、太祖、太宗等模式的神祖組合。聖祖和聖祖母配祀三清四御的供奉模式雖然在道教信仰中仍然存在，但是這一神系在北宋末，隨著徽宗推崇神霄派的發

① 鄧昭：《永樂宫三清殿壁畫女主神身份辨析》，第 37 頁。

② 鄧昭：《永樂宫三清殿壁畫女主神身份辨析》，第 37 頁。

③ 《太上出家傳度儀》卷一“祝香”中所列神系，《道藏》第 32 册，北京：文物出版社、上海：上海書店、天津：天津古籍出版社，1988 年，第 161 頁。引文中元天大聖后即聖祖母，“元天大聖后”爲宋真宗封號，見任繼愈：《中國道教史》（下卷），北京：中國社會科學出版社，2001 年，第 546 頁。

④ 《靈寶領教濟度金書》卷四所列“聖真班位”，《道藏》第 7 册，第 50 頁。神霄長生大帝即南極長生大帝。見任繼愈：《中國道教史》（下卷），第 746 頁。

⑤ 《道門定制》卷二“表狀篇”中所列“九皇御號”，《道藏》第 31 册，第 669 頁。該篇雖謂“九皇”，但實際僅列出三清四御“七皇”。

⑥ 《無上黄籙大齋立成儀 · 建齋總式》第二所列，《道藏》第 9 册，第 380 頁。

⑦ 《上清靈寶大法》卷三九“散壇設醮品”上“黄籙大齋醮謝真靈三百六十位”中所列神次，《道藏》第 31 册，第 37 頁。

⑧ 鄧昭：《永樂宫三清殿壁畫女主神身份辨析》，第 37 頁。

⑨ 景安寧：《道教全真派宫觀、造像與祖師》，北京：中華書局，2012 年，第 329 頁。

展,出現了變化,東極和南極取代了聖祖和聖祖母的位置。道士林靈素向宋徽宗奏對:"天有九霄,而神霄爲最高,其治曰府。神霄玉清王者,上帝之長子,主南方,號長生大帝君,陛下是也,既下降於世。其弟號青華帝君者,主東方,攝領之。己乃府仙卿曰褚慧,亦下降佐帝君之治。"後徽宗諷示道録院上表章册封其爲教主道君皇帝。徽宗還令林靈素修正一黄籙青醮科儀,編排三界聖位,校正丹經子書。[①] 也就是説北宋末,神霄派重新構建了神系,不同於真宗朝的神仙體系。南宋鑒於徽宗亡國,並有言論稱林靈素等人誤國,對道教的管理更爲嚴格。但是,南宋道派衆多,信奉的神系並不相同。南宋道派多爲符籙派,以茅山(上清)、閣皂山(靈寶)、龍虎山(正一)"三山符籙"爲主,還有内丹派南宗和天心派、净明忠孝道、東華派、神霄派、清微派等符籙道派。甯全真、留用光、金允中和林靈真皆是東華派祖師。[②] 所以,兩個版本的《上清靈寶大法》和《靈寶領教濟度金書》《無上黄籙大齋立成儀》皆有東華派齋醮科儀的特點。

全真道和太一道、大道教在北方傳播。早在金統治時期,全真派早期代表人物王處一、丘處機、劉處玄、劉通微就先後奉詔到金中都,入住天長觀並主持齋醮儀式。金明昌元年(1190)二月,皇太后有疾,金章宗敕天長觀設普天大醮七晝夜,親自行香,青詞曰:"嗣天子臣謹上君三清、四帝、二后……"[③]景安寧先生認爲金朝道士齋醮科儀中供奉的"四帝二后"仍然是"玉皇大帝、天皇大帝、北極大帝、聖祖、后土、聖祖母",並指出北方的道士不一定知道聖祖和聖祖母的來歷,知道也出於自我保護等原因不會道出奧秘,使其演變爲抽象神祇。但是全真派的第二代大師們應該是瞭解三清四帝二后的神系的,並將其視爲"正宗"。[④] 宋德方《全真列祖賦》中稱:"三清,全真之主也,不全其真,曷爲三清?四帝,全真之師也,不全其真,曷爲四帝?由是言之:龍漢之前,赤明之上,全真之教固已行矣。"[⑤] 李志全明確提出宫觀建造和佈局應該按照以三清、四帝、二后等神祇的高下順序

---

① 參見任繼愈主編:《中國道教史》,上海:上海人民出版社,2001 年,第 483 頁。

② 張宇初《峴泉集》卷一談諸符籙派的源流時,曾談到靈寶派分衍爲東華派及東華派的承傳譜系:"靈寶始於玉宸,本之《度人經》法,而玄一三真人闡之。次而太極徐君(徐來勒)、朱陽鄭君(鄭隱)、簡寂陸君(陸修静)。倡其宗者,田紫極(田思真)、甯洞微(甯全真)、杜達真、項德謙、王清簡、金允中、高紫元、杜光庭、寇謙之、鎦沖靖,而趙、林、白、陳而下,派亦衍矣,是有東華、南昌之異焉。"見《道藏》第 33 册,第 187 頁。

③ 朱瀾:《十方大天長觀普天大醮瑞應記》,《道藏》第 19 册,第 719 頁。景安寧認爲可能道士不瞭解四帝二后與北宋皇室的關係而沿用,見景安寧:《道教全真派宫觀、造像與祖師》,第 76 頁。

④ 景安寧:《道教全真派宫觀、造像與祖師》,第 76 ~ 77 頁。

⑤ 陳垣編纂:《道家金石略》,北京:文物出版社,1988 年,第 593 頁。

安排。[①] 據《道法會元》卷二《清微應運》稱:“混元上德皇帝,乃唐以李老君爲始祖,故祀之爲聖祖,上尊號混元。今以泰清位號,非也。先天元后,乃老子之母玄妙玉女,猶太宗以軒轅黄帝爲始祖,故尊事皇(黄)帝爲聖祖。先天太后即皇(黄)帝母也,或以聖母爲聖祖之妻,謂不當坐子之下,尤非也。應國朝皆有聖祖,聖祖者,即其始祖也。”[②]南宋金允中編《上清靈寶大法》卷四末尾附有討論文字“内有聖祖天尊位號。辯論:今世既不設此位,不復書入矣,非漏落也。此聖位乃宋朝之始祖,以元天大聖后爲配耳,只今之九天司命真君也。”[③]景安寧認爲這是全真派宋德方或秉承其觀點的人在編修道藏時所加。[④] 可知金元時期北方齋醮科儀中奉請的尊神以“三清、四帝、二后”爲首,“四帝二后”的身份還存在争議。造成這種情況的原因一方面是因爲元代曾焚毁道教經版典籍,另一方面也與全真派發展過程中逐漸調整自己的齋醮科儀與祖師體系有關。

三、圖像資料爲基礎的研究

從現存宋金元時期的圖像資料來看,除了永樂宫三清殿的壁畫,並未有可參照的三清以下八位或九位元主神的其他圖像資料,但有四位元、六位或七位的例證。石刻造像主要有重慶市大足區南山三清古洞(南宋,無題記)、四川省安岳縣老君洞(南宋,有部分榜題)、山西省太原市龍山石窟三清洞(元,無題記),壁畫或壁畫粉本主要有《朝元仙仗圖》(北宋,粉本,有題榜)、《八十七神仙卷》(北宋,粉本,無題榜)、山西省臨汾市流出的壁畫《神仙赴會圖》(元,無題記)、陝西省耀縣藥王山南庵壁畫(元明,無題記)、山西浮山老君洞壁畫(元明,有榜題),明代陝西省延長縣道教石窟雕刻和山西省汾陽縣太符觀玉皇殿壁畫等也可作爲參考。

李淞先生的文章《浮山縣老君洞道教圖像的調查與初步研究》和鄧昭女士的論文《永樂宫三清殿壁畫女主神身份辨析》對現存的圖像材料原有研究皆進行了分析。景安寧先生的論述主要用到了和《神仙赴會圖》的比較,他認爲大足南山三清古洞和安岳老君洞中“四帝二后”的組合都是玉皇、勾陳、紫微、后土、聖祖、

① 李志全:《天壇十方大紫微宫懿旨及結瓦殿記》,陳垣編纂:《道家金石略》第 481 頁。
② 《道藏》第 28 册,第 680 頁。
③ 金允中:《上清靈寶大法》卷四,《道藏》第 31 册,第 370 頁。
④ 景安寧:《道教全真派宫觀、造像與祖師》,第 77 頁。

聖祖母。[①] 安岳老君洞右龕内二帝一后可以根據題記辨認爲“北極紫微大帝”“聖祖”“元天大聖后”。李淞先生在《浮山縣老君洞道教圖像的調查與初步研究》一文中對安岳老君洞的題記提出質疑,因爲題記都是重妝記,題記作者又是僧人,没有紀年。另一則有紀年的年款是“嘉靖乙酉三月吉日”,由此可懷疑題記有可能是明代重妝時題寫。[②] 故而景安寧先生對於兩處造像身份的推測證據略顯牽强。李淞先生還提及關於大足南山三清古洞“四帝二后”像兩個有創意的解釋。四川省博物館王家祐研究員用“四輔”對應六像的“一名二像”法:“‘三清古洞’中雕道教‘三清’坐像。左右爲‘四輔’:中天紫微(星)北極大帝;昊天金闕至尊上帝(即玉皇與王母娘娘雙像);勾陳(星)上宮天皇上帝;后土皇祇(帝后雙像)。”[③]四川省社科院胡文和研究員則是改造道經將神祇組合重新糅合改造,再加以補充、删減,從而構成其個人理解的六像:“比較能説明問題的是《靈寶領教濟度金書》中三清神後面所列的幾位神祇,即‘玉皇大天尊玄穹高上帝、北極紫微大帝、紫微天皇大帝、后土皇地祇、南極長生大帝、東極青華大帝’。其中‘北極紫微大帝’和‘紫微天皇大帝’合併成一神,是爲‘中天北極紫微大帝’,將后土皇地祇除外,如此構成‘四御’。似應爲三清古洞中的四御……其餘兩個元君,一個應爲后土皇地祇,一個白玉龜臺九靈太真金母元君(或爲西王母)。”[④]李淞先生認爲他實際上取消了“天皇”(勾陳)。[⑤] 筆者在《大足南山三清洞主尊身份考》一文認爲此處的“四帝二后”中,上層爲“玉皇”和“聖祖”,下層“左側爲宋太祖與孝明皇后,右側爲宋太宗與懿德皇后。”[⑥]三清古洞中心龕一側還有帝君出行圖,另一側似未完成。歷來多認爲是玉帝出行圖,如果原計劃是兩側都有兩位帝王,是否會出現與永樂宫壁畫主尊一致的帝后像?筆者認爲大足南山三清古洞與永樂宫三清殿壁畫没有直接聯繫。山西省太原市龍山石窟三清洞造像、山西省臨汾市流出的壁畫《神仙赴會圖》、陝西省耀縣藥王山南庵壁畫則與永樂宫三清殿有一定關係,特别是前兩處。

山西省臨汾市流出的壁畫《神仙赴會圖》現藏加拿大皇家安大略博物館。懷

---

① 景安寧:《元代壁畫——神仙赴會圖》,北京:北京大學出版社,2002 年,第 84 頁。

② 李淞:《浮山縣老君洞道教圖像的調查與初步研究》,第 19 頁。

③ 王家祐、丁祖春:《四川道教摩崖石刻造像》,《四川文物》1986 年《石刻研究專輯》,第 57 頁。

④ 胡文和:《中國道教石刻藝術史》(下卷),北京:高等教育出版社,2004 年,第 267 頁。

⑤ 李淞:《浮山縣老君洞道教圖像的調查與初步研究》,第 20 ~ 21 頁。

⑥ 耿紀朋:《大足南山三清洞主尊身份考》,大足石刻研究院編:《2009 年中國重慶大足石刻國際學術研討會論文集》,重慶:重慶出版社,2013 年,第 550 頁。

履光主教認爲該畫東壁主像爲天皇、黄帝、后土,西壁主像爲老子、玉帝和黄帝女兒[①]。景安寧先生認爲東壁主像爲紫微、玉皇、后土,西壁主像爲老子、聖祖、聖祖母,是由佛教徒在道教“佛道辯論”失敗後主持創作羞辱道教的造像。[②] 趙偉女士認爲東壁主像爲紫微、玉皇、后土,西壁主像爲借鑒道教齋醮儀式中天尊名目的天尊、聖祖、聖祖母。[③] 結合壁畫創作的時間和地區,筆者認爲其可能是全真道早期祖師譜系與道教神祇共同組合的朝元圖,東壁主像爲紫微、玉皇、后土,西壁主像則爲白雲[④]、東華、金母。這兩壁造像應該並不完整。元代的重陽宮有白雲殿,或許也與白雲上真有關。隨著全真道五祖七真組合的固定,身份不明確的白雲上真不再出現在祖師譜系中,更爲明確東華帝君的第一祖身份,出現了永樂宫三清殿壁畫的組合模式。龍山石窟三清洞是龍山最大的石窟,相當於宫觀中的三清殿,窟門有秦志安和李志全的題記祝文,頂部有雲龍,北壁和東西兩壁共有十五尊雕像。北壁主尊爲三清,東西各三尊坐像和三尊立像,有學者認爲六位坐像是馬丹陽等王重陽的六位男性弟子[⑤],但受到景安寧先生質疑。景安寧先生認爲六尊主像是六御,即四帝二后,具體識别爲:東壁第一坐像爲玉皇大帝,西壁第一坐像爲北極大帝,東壁第二坐像爲天皇大帝,西壁第二坐像爲東華帝君,東壁第三坐像爲后土,西壁第三坐像爲金母。[⑥]

山西浮山老君洞壁畫正壁(北壁)分爲兩排,上排中央三清像,無榜題,左右坐像爲“四帝二后”。據李淞先生《浮山縣老君洞道教圖像的調查與初步研究》一文,可知“從西到東的榜題分别爲(方框爲字不清,括弧中的字爲筆者推斷):1 承天□□(效法)后土聖母 2□微南極長生大帝 3 上官勾陳天皇大帝 4 昊天玉皇金闕上帝 5 中天星主紫微大帝 6 先天一炁聖母元君。”[⑦]李淞先生認爲浮山老君洞圖像系列是延續宋、元的傳統,是李志全所述“四帝二后”的具體解釋。[⑧] 李

---

① William Charles White, *Chinese Temple Frescoes: A Study of Three Wall ~ paintings of the Thirteenth Century*, Toronto: The University of Toronto Press, 1940, p. 178 ~ 211.

② 景安寧:《元代壁畫——神仙赴會圖》,第 48 ~ 51 頁。

③ 趙偉:《道教壁畫五嶽神祇圖像譜系研究》,第 85 ~ 117 頁。

④ 秦志安的《金蓮正宗記》中,“東華帝君”篇贊詞稱:“……且全真之道,醞釀久矣。自太上傳之於金母,金母傳之於白雲,白雲傳之於帝君。天其意者,將以此一枝大教付於若人,豈草草學者之所能負荷哉? 必自紅霞丹景中,精選其可以爲群仙領袖者,然後挺於下方。”見秦志安編:《金蓮正宗記》,《道藏》第 3 册,第 344 頁。

⑤ 楊伯達:《秀麗多彩的元明清雕塑》,《中國美術全集·雕塑編·元明清雕塑》,北京:人民美術出版社,1988 年,第 9 頁;胡文和:《中國道教石刻藝術史》(下卷),第 382 頁。

⑥ 景安寧:《道教全真派宫觀、造像與祖師》,第 265 ~ 266 頁。

⑦ 李淞:《浮山縣老君洞道教圖像的調查與初步研究》,第 4 ~ 5 頁。

⑧ 李淞:《浮山縣老君洞道教圖像的調查與初步研究》,第 22 頁。

淞先生結合文獻有“先天聖母廟”和丹經對“先天一炁”的論述,認爲“先天一炁是萬物之始端。”[①]鄧昭女士則結合《墉城集仙録》推測“先天一炁聖母元君”是西王母的别號。[②] 但是,“先天一炁”作爲萬物之始的丹道術語與神仙名號並没有完全重合的記載,“先天一炁聖母元君”是西王母别號的推測也還缺乏確定的支持材料。浮山縣老君洞正壁的塑像爲一尊,李淞先生據碑文推測應爲太上老君像。[③] 如主尊塑像非三清,而是太上老君一尊,雖然壁畫中以三清爲主,但其仍可能有不同時期神系改變的痕跡。雖然現存實物圖像中不能給予更多的佐證,但相關文獻保存的碑記等材料可以予以佐證,還多有相關記載。孛蘭肹爲元大都(北京市)“十方昭明宫”所作碑記有“建大殿以祀玄元聖祖,及五祖七真,粧嚴繪事,備極精緻,靈官爲堂,弘玄爲祠”[④]。秦州(天水市)玉泉觀太上殿以五祖七真事之[⑤]。這種情况在明初還在全真派勢力較勝的北方地區盛行。明肅莊王朱楧(明太祖第十四子)於建文二年(1400)在臯蘭縣建金天觀,“左玄壇祠,右真武祠。正門曰九天門,雷公、電母、風伯、雨師居其下,中有檄雷之壇。左曰法王堂,右曰天師堂。正殿曰雷祖寶殿,雷師、皓翁、卿使、師相、十大雷神列班左右。後有玄極殿,中有三清,左右設南北二派五祖七真”[⑥]。也就是説元代晚期更爲注重三清和全真祖師的組合,淡化了“四帝二后”在全真信仰體系中的地位,强調了三清或老君與五祖七真的信仰體系。這種情况在明初衹是在部分地區延續,但隨著明代宗教政策的變化和道教派系强弱的變化,不同地域的信仰體系也發生了新的變化。

筆者認爲浮山老君洞圖像是玉皇與地方派系“四御”(勾陳、紫微、后土、南極,即北宋神霄派信仰體系中的部分“六御”尊神)信仰,結合太上老君與先天太后的信仰,在金代形成的“四帝二后”新模式。“先天一炁聖母元君”應該是太上老君之母,即唐朝皇帝尊奉的“先天太后”,也是道教尊稱的“聖母元君”、“無上元君”。這種模式在元代全真信仰構建了新的“六御”信仰體系之後漸被取代,但

① 李淞:《浮山縣老君洞道教圖像的調查與初步研究》,第 22 頁。

② 李淞:《浮山縣老君洞道教圖像的調查與初步研究》,第 39 頁。

③ 李淞:《浮山縣老君洞道教圖像的調查與初步研究》,第 3 頁。

④ (元)孛蘭肹:《元一統志》卷一,北京:中華書局,1966 年,第 50 頁。棲雲真人王志瑾(1178 ~ 1263)請弘玄子(王志瑾門人)居此宫,弘玄子興構,仙蜕後,其徒郭志真嗣其役。

⑤ 唐仁祖:《創建玉泉觀記》,張維:《隴右金石録》卷五,《石刻史料新編》第一輯第 21 册,臺北:新文豐出版公司,1977 年,第 16104 ~ 16105 頁。

⑥ 朱楧:《金天觀記銘》,《隴右金石録》卷六,第 2 ~ 4 頁,《石刻史料新編》第一輯第 21 册,第 16135 ~ 16136 頁。

仍在部分地區或派系流傳。當元明易代,全真派勢力衰弱之時,又重新出現在造像中。

結論

結合文獻與圖像兩方面的材料,筆者認爲金代尊奉的“四帝二后”參照了北宋晚期部分派系的一種“四御”(勾陳、紫微、后土、南極)版本,抬高玉皇地位,結合唐代信仰的“先天太后”形成新的“四帝二后”信仰模式。元代自宋德方等重新構建神系以後,則形成尊奉“玉帝、紫微、勾陳、東華、后土、金母”的新“四帝二后”模式。明代以後則有四種體系在不同道教派系中流傳,分别尊奉宋(真宗朝體系、徽宗朝體系)、金、元不同體系,而全真派勢弱,樓觀派又與全真派合流,加之宋真宗尊奉趙氏聖祖與聖祖母多有政治關係,則多以徽宗朝體系爲主,即五帝一后,或稱“六御”的玉帝、紫微、勾陳、后土、南極、東極組合模式。

(責任編輯:胡常春)

鄧錡《道德真經三解》的詮釋特點

□劉固盛

摘要：鄧錡所著《道德真經三解》是研究道教思想史特別是研究道教南宗和全真道思想的一部不可多得的重要文獻。所謂“三解”，即“解經”“解道”“解德”。解經主要是明瞭句讀，並簡述老子思想大意。與通行的斷句與解釋相比，鄧錡之解頗有獨到之處，具有新意。從解道的層面看，鄧錡强調以真常立宗，注重闡發《老子》一書的哲學思想。從解德的層面來看，鄧錡主張用丹法解《老》，並且以張伯端内丹思想爲宗，由此上溯鍾、吕及劉海蟾，而最終以全真爲主旨。

關鍵詞：鄧錡　《道德真經三解》　真常　性命兩全

作者簡介：劉固盛，華中師範大學歷史文化學院教授，博士生導師，湖北省人文社會科學重點研究基地道家道教研究中心主任。

鄧錡爲道教南宗實際創始人白玉蟾二傳弟子，後加入全真道[①]，其所著《道德真經三解》見識精當，彰顯出了全真道老學的致思路向以及道教南宗的立教精神，具有很高的學術價值，是研究道教思想史特別是研究道教南宗和全真道思想的一部不可多得的重要文獻。關於該著的特點，鄧錡自己曾説：“謹依《道德》章句，别爲三解，是知天地大，造化一，出於聖人，無爲而爲者矣，其旨不亦遠乎？一解經曰：惟以正經句讀增損一二虚字，使人先見一章正義，混然天成，無有瑕謫。二解道曰：直述天地大道，始終原反，其數與理若合符節。三解德曰：交索乾坤，顛倒水火，東金西木，結汞凝鉛，一動一静，俱合大道。凡五萬餘言，名曰《三解道德經》。”[②]鄧錡的注解和常見的直解方式不同，而是分爲“三解”，本文即根據作者的提示，從“解經”“解道”“解德”三個方面對該著的詮釋特點加以論述。

---

① 關於鄧錡的生平事跡，拙著有具體考訂，參見劉固盛：《〈道德真經三解〉通釋·前言》，北京：宗教文化出版社，2016 年。

② 熊鐵基、陳紅星主編：《老子集成》第五卷，北京：宗教文化出版社，2011 年，第 425 頁。

一、解經:句讀與新解

鄧錡《道德真經三解》的解經主要是明瞭句讀,並簡述老子思想大意。與通行的斷句與解釋相比,鄧錡之解頗有獨到之處,具有新意,下面略舉數例。

1. 第1章"常無欲以觀其妙,常有欲以觀其徼"句。此句有兩種斷句方法,即"常無,欲以觀其妙;常有,欲以觀其徼"和"常無欲,以觀其妙;常有欲,以觀其徼"。鄧錡斷爲"常無,斯欲以觀其妙。常有,斯欲以觀其徼"①。在欲字前增加了一個"斯"字,顯然他是按照"常無、常有"斷句的。馬王堆帛書本此句作"恒無欲也,以觀其妙;恒有欲也,以觀其徼",説明以"無欲、有欲"斷句可能更加符合老子的原意。其實,漢唐時期的《老子》注疏,都是"無欲、有欲"斷句,到了宋代,王安石、司馬光、蘇轍等人注解《老子》,則提出了"常無、常有"斷句的新見,影響很大②,亦被鄧錡採納。鄧錡接著指出:"妙乃無名之常,徼乃有名之道。"③無名之常指"常道",有名之道指"可道",由於"常道"與"可道"有層次之分,故以妙、徼視之,鄧錡的解釋不爲無見。

2. 第11章"三十輻共一轂,當其無有車之用"句。有、無是老子思想中兩個十分重要的範疇,《老子》第2章提出了"有無相生"的命題,本章則以車轂、陶器、房屋爲喻,闡明有之爲利,無之爲用的觀點。值得注意的是,本章首句的斷句,一般讀法是"三十輻共一轂,當其無,有車之用",即無與有分開,但根據鄧錡的解釋,他的斷法是"三十輻共一轂,當其無有,車之用"④,有指車轂的實體,無指車轂的空處,這是他的新見。畢沅《老子考異》説:"本皆以當其無斷句,案:《考工記》'利轉者以無有爲用也',是應以有字斷句,下並同。"⑤畢沅的考釋證明鄧錡的斷句是有道理的,馬敘倫、高亨、張松如等近現代《老子》研究的學者都從有斷句,如高亨解釋説:"無謂輪之空處,有謂輪之實體,言車之用在其空處與實體也。"⑥從無斷句,則更加突出了無的哲學意義,從有斷句,則把有視爲與無同等位置的哲學概念,兩種斷法從思想上看各有優長。

---

① 熊鐵基、陳紅星主編:《老子集成》第五卷,第427頁。

② 相關論述,參見劉固盛:《老子首章無欲有欲問題辨析》,載《中國哲學史》2015年第4期。

③ 熊鐵基、陳紅星主編:《老子集成》第五卷,第427頁。

④ 熊鐵基、陳紅星主編:《老子集成》第五卷,第433頁。

⑤ 熊鐵基、陳紅星主編:《老子集成》第九卷,第735頁。

⑥ 熊鐵基、陳紅星主編:《老子集成》第十四卷,第38頁。

3. 第15章“夫惟不盈,故能敝不新成”句。鄧錡釋爲:“惟此不盈,是以能故而不新成其容。”[①]“敝不新成”,馬王堆帛書乙本作“敝而不成”,一些學者認爲“敝不新成”文字有誤,如任繼愈先生認爲當做“敝而新成”,意思是“看似保守,却不斷取得成功”[②];陳鼓應先生認爲此句“不”“而”一字之差,意思則完全相反,當做“敝而新成”,意謂“祇因他不自滿,所以能去故更新”[③]。任、陳兩位先生的觀點當然也可通,但鄧錡認爲“敝不新成”是“故而不新成其容”的意思,即儘管體道者有各種不同的狀態,但如果保持不盈滿,最終都將回復到原來的一,即道的狀態,這一解釋似乎更接近老子的原義。由此看來,“敝不新成”之“不”字還是不改爲好。

4. 第25章“域中有四大,而王居其一焉”句。此句鄧錡釋爲“域中有四大,而王居其一焉,道之主也”[④]。“解道”又申述:“域中有四大,而王居其一焉,人之主也。人法地,地法天,天法道,道法自然,人之用也。”[⑤]該章把王視爲“四大”之一,與道、天、地並稱,這是老子對人之價值的弘揚。“王亦大”,後世通行本又多作“人亦大”,不過,郭店楚簡本與馬王堆帛書本均作“王亦大”,王弼本、河上本也均作“王亦大”,看來“人”字是後人所改。但縱使如此,這一改動也是有原因的。試看王弼的解釋:“天地之性人爲貴,而王是人之主也。雖不職大,亦復爲大。與三匹,故曰王亦大也。”[⑥]王弼認爲,“王亦大”的意思,主要在於闡明人爲天地之間最尊貴者。南宋范應元《老子道德經古本集注》中,“王亦大”作“人亦大”,並解釋説:“人字,傅奕同古本,河上公本作王。觀河上公之意,以爲王者人中之尊,固有尊君之義。然按後文人法地,則古本文義相貫,況人爲方物之最靈,與天地並立而爲三才,身任斯道,則人實亦大矣。”[⑦]范應元所見古本作“人亦大”,唐代的傅奕古本也作“人亦大”,又據陳柱的考證:“《説文・大部》‘大下’云:‘天大、地大、人亦大焉。象人形。’是許君所見作‘人亦大’也。”[⑧]由此可見,《老子》原本此句應是“王亦大”,但漢代已經有人將“王”改成了“人”,唐宋時期,“人亦大”的觀點更加多起來了。其中范應元的看法頗有代表性,那就是人爲萬

① 熊鐵基、陳紅星主編:《老子集成》第五卷,第435頁。
② 任繼愈:《老子繹讀》,北京:北京圖書館出版社,2006年,第34頁。
③ 陳鼓應《老子注譯及評介》,北京:中華書局,1984年,第122頁。
④ 熊鐵基、陳紅星主編:《老子集成》第五卷,第440頁。
⑤ 熊鐵基、陳紅星主編:《老子集成》第五卷,第441頁。
⑥ 熊鐵基、陳紅星主編:《老子集成》第一卷,第217頁。
⑦ 熊鐵基、陳紅星主編:《老子集成》第四卷,第413頁。
⑧ 熊鐵基、陳紅星主編:《老子集成》第十四卷,第177頁。

物之中最具靈性者，躬身體道，故足可爲宇宙間與天、地、道並立的“四大”之一。可以説，後人對《道德經》文本的這一改動，使老子重視人的思想更加突出，因此，“人亦大”的改動，非但没有否定老子的原旨，相反離老子思想的本義更接近了。鄧錡的解釋，把“王亦大”理解爲“人之主”，這是吸收了王弼的觀點，同時又認爲是“道之主”，則是新見。道無所不在，但衹有人纔能體道、悟道、用道，所以人是道之主，這是對人的主體性的大力弘揚。

5. 第39章“故致數輿無輿，不欲琭琭如玉，落落如石”句。此句鄧錡解爲：“故致數車之用，則無車矣。是以聖人不欲琭琭落落如玉石之爲定體也，故大德不官，大道不器。”①關於“不欲琭琭如玉，落落如石”的理解，一般的解釋是把玉和石進行對比，即玉代表高貴，石代表低微，有道的人不像玉那樣華美光彩，而像石一樣樸實無華。但鄧錡的解釋與衆不同，他認爲琭琭如玉、落落如石是並列的關係，代表的是外在形貌，不爲聖人所取，因爲聖人重視的是功用。這一解釋倒是和上句“數輿無輿”在文意上取得了一致，即構成車的部件都不稱爲車，但車的作用由這些部件發揮出來，此句反映的也是聖人貴用而不貴體。

6. 第48章“爲學日益，爲道日損”句。此句鄧錡解爲：“爲學日益其損，爲道日損其益。”②關於“爲學日益”與“爲道日損”的解釋，一般是將兩者對立起來，如《老子河上公章句》的注解：“學謂政教禮樂之學也，日益者，情欲文飾日以益多。道謂自然之道，日損者，情欲文飾日以銷損。”③但鄧錡的解釋把爲學與爲道統一起來，他認爲爲學與爲道雖然相差很大，但不是本質的區别，衹是層次上的區分。爲學與爲道是兩個不同的階段，爲道不能脱離爲學，而是以爲學作爲基礎，爲學是爲道必須經過的一個階段，從爲學到爲道，是一個發展過程。鄧錡的這一解釋，值得後人重視和思考。

7. 第60章“非其神不傷人，聖人亦不傷人”句。此句鄧錡釋爲：“非其神不傷人，以其聖人不傷人。”④鄧錡認爲，這兩句經文從文意來看是因果關係而非並列關係，即聖人與鬼神兩不相傷存在層次上的差異，也就是説，聖人與鬼神雖然可以兩不相傷，但起決定性作用的不是鬼神，而是聖人。因爲，聖人用道治理天下，天下太平，鬼神也不會出來惹事了；鬼神作祟，是天下無道的表現。鄧錡的解釋，彰顯了老子對人的價值的弘揚，也顯示出道教人神關係的特色。

---

① 熊鐵基、陳紅星主編：《老子集成》第四卷，第450頁。
② 熊鐵基、陳紅星主編：《老子集成》第四卷，第455頁。
③ 熊鐵基、陳紅星主編：《老子集成》第一卷，第161頁。
④ 熊鐵基、陳紅星主編：《老子集成》第四卷，第465頁。

二、解道:真常爲主

從道的層面看,鄧錡强調以真常立宗,注重闡發《老子》一書的哲學思想。鄧錡在《道德真經三解》序中指出:"老氏一書,真常爲主。解者悉與道德混而爲一,不知賓主上下,以致諸儒妄生異議,無區以别矣。今也先述真常三百字,以擬陰符之數,列於序次,庶使後之談道德者不遠迷其復矣。"①鄧錡認爲,《老子》書的思想主旨就是"真常"二字,但是歷來解《老》者很少有人將這一主題提煉出來,由此造成主次顛倒,主旨不明,以至衆説紛紜,令人不知所從。爲了改變這一現象,讓解《老》者、讀《老》者有所遵循,鄧錡首先撰寫了"真常三百字",以明《老子》之旨趣。其言曰:

> 真常之常,常謂之常;常真之真,真謂之真。真常在道,無所不抱;真常在德,無所不則;真常在命,無所不定;真常在性,無所不應;真常在理,無所不紀。天地未始,其常真止;天地既終,真常真空。萬物負陰而抱陽,聖人以之而有常;大道能敝而不新,聖人以之而有真。使真有形,無方而虚;使常有名,無體而居。道常無爲而無不爲,道真虚隨而無以隨。聖人登極即真,與道合真。上下無常,動静有常。乾始能以美利利天下,不言其所利;水能以美利利萬物,不言其所德。有爲而爲之失真,勿用之反常。日月相推而明生,寒暑相推而歲成,是以真常無形名。天道無言而告功,地道無成而代終,是以真常不虚空。虚空相襲,天地無實;無虚無實,復歸無極;無極無跡,真常乃寂。真常之寂,窈無所寂;無寂之寂,真常乃息。真常之息,窈無所息,無息之息,了不可得,了不可失,是以真常不虚息。②

"真常三百字"可以説是鄧錡解《老》的一個思想總綱,具體推究,主要包括以下幾方面的内容:

其一,真常無所不在。"真常無形名",然而"真常在道,無所不抱;真常在德,無所不則;真常在命,無所不定;真常在性,無所不應;真常在理,無所不紀"。也就是説,真常作爲道的化身,雖然無形無名,不可捉摸,但它又無所不在,具有最大的普遍性。

---

① 熊鐵基、陳紅星主編:《老子集成》第五卷,第425頁。

② 熊鐵基、陳紅星主編:《老子集成》第五卷,第425頁。

其二,真常是宇宙萬物的本體。道爲什麽能够決定一切呢?是因爲它具有真常的特性。德爲什麽能够成爲普遍的法則呢?也是因爲它是真常的具體呈現。生命又怎樣去穩定呢?還是要向真常靠近。至於宇宙的運行,季節的更替,萬物的變化,所謂"日月相推而明生,寒暑相推而歲成",都是真常在起作用。但是,真常並非絶對的虚空,"天道無言而告功,地道無成而代終,是以真常不虚空",真常雖然不可見,但又是無爲而無不爲的。

其三,真常是生命的本質狀態。生命的本性就是真,"真常在性,無所不應",所以得道之士不會爲表象的東西迷惑,能够"去彼之幻,取此之真",而如果"以妄爲常,則以欲竭其精,以耗散其真,是以凶也"①,"心君以真氣平百脈,其邪不神。使邪得神,何病不生?全真廢矣"②。修道者應該固守本原,不失其真。

其四,與道合真是修煉的最高境界。鄧錡指出:"萬物負陰而抱陽,聖人以之而有常;大道能敝而不新,聖人以之而有真。"聖人爲體道者,而道的表現就是"真",所以"聖人登極即真,與道合真"。與道合真即達到了生命的極至,是修道者的終極追求。這一生命理想,鄧錡在《老子》第 11 章"當其無有室之用也"的注文中也表現了出來:"性命兩全,神形俱妙,變變化化,與道合真。"③類似的思想,在《道德真經三解》中還有多次出現,如:

> 堅固精粹,壽千萬劫,然後譴其幻妄,一歸真寂,變變化化,與道合真。④
>
> 大音希聲,龍吟虎嘯也。大象無形,與道合真也。
>
> 躁勝寒,火水未濟也。静勝熱,水火既濟也。清静爲天下正,形神俱妙,與道合真也。⑤

真即是道,修道即是修真,而與道合真,便可實現生命的超越。

由於老子之道玄之又玄,難以言表,所以每一個解《老》者都有各自的理解與詮釋,鄧錡用"真常"釋道,牢牢抓住一個"真"字,從宇宙的存在、萬物的變化到生命的修煉等多個層面展開對道的闡釋,自有其合理之處。同時,鄧錡的真常理論反映出了全真道的立教傳統。鄧錡在《老子》第 42 章的注文中説:"先師有云:捉住虚空一點真,萬古千年終不朽。"如何達到生命的不朽?那就是要在虚無變

① 熊鐵基、陳紅星主編:《老子集成》第五卷,第 436 頁。
② 熊鐵基、陳紅星主編:《老子集成》第五卷,第 466 頁。
③ 熊鐵基、陳紅星主編:《老子集成》第五卷,第 433 頁。
④ 熊鐵基、陳紅星主編:《老子集成》第五卷,第 438 頁。
⑤ 熊鐵基、陳紅星主編:《老子集成》第五卷,第 454 頁。

幻中抓住一個東西——真。鄧錡明確指出這是師傳的法門,也即是全真道之教義與精神。

從老學史的角度看,比鄧錡略早、屬於同一師門的著名全真道士李道純也是真常理論的宣導者。李道純在所著《道德會元》之篇首提到:“至元庚寅孟夏旦日,都梁參學清庵瑩蟾子李道純元素序”,至元庚寅即 1290 年,《道德會元》於這一年已經完成,而鄧錡《道德真經三解》完成於 1298 年,比李道純之作晚出 8 年。詹石窗教授曾用“無名之道真常化”一語概括李道純之老學大旨,並從不可言狀、永恒不變、遠行常規、順應中和、虛静無爲五個方面總結了“真常”的特性①,可謂切中肯綮。顯然,鄧錡解《老》受到了李道純的影響,並對真常理論加以進一步的强調,更加清楚地反映出了全真道老學的致思特點。由於鄧錡、李道純均爲飽學道士,在他們的影響下,全真道内外甚至形成了一股風氣,即全真道的學者解《老》,大都以真常爲宗,明清以後的全真派學者,大抵亦不會例外。

三、解德:金丹正途

從德的層面來看,鄧錡顯然是主張用丹法解《老》的,並且以張伯端内丹思想爲宗,由此上溯鍾、吕及劉海蟾,而從全書基本内容來説,鄧錡還是以全真爲主旨,南北之學由此合而爲一。全真道以“獨全其真”“明心見性”“性命雙修”爲立教宗旨,因此,性命之學自然是全真教義的核心。這一點,鄧錡在《道德真經三解》中有重點闡發,如他所説的“性命兩全,神形俱妙,變變化化,與道合真”,即是全真思想的體現,所以他又説:“是以得道之士,刀鋸不能加,水火不能傷,何害之有哉? 以其神形既安,心情既平,性命既泰也。”②得道之士當爲性命雙修之人,故具有超凡脱俗的能力。又據全真道“三分命功,七分性學”之教義,全真道的性命之學,重點在“心性”,這正是《道德真經三解》所著力闡述的。

由於鄧錡是出於宗教的目的解《老》,所以他的注文重在發揮,確切地説,是借《老子》以宣揚他的宗教思想。如他解釋第 14 章曰:“窮理盡性以至於命,故立戒則積精,積精則窮理。由戒則入定,入定則全氣,全氣則盡性。由定則入慧,入慧則全神,全神則以至於命。……故迎之不見其首,隨之不見其後,成性存存

① 參見詹石窗:《南宋金元的道教》,上海:上海古籍出版社,1989 年,第 131 頁。
② 熊鐵基、陳紅星主編:《老子集成》第五卷,第 447 頁。

也。"[①]此處借助《周易》"窮理盡性以至於命"的命題,却作出了全真道"性命雙修"這種宗教的解釋,而落脚點"成性存存",即在一個"性"字上。又如《老子》第39章有"昔之得一"語,鄧錡解釋此"一"説:"一者,無思無爲,神妙致一者也。故分於道謂之命,形於一謂之性,變於陰陽象形而發謂之生,化窮數盡謂之死。"[②]這裏把"一"解釋爲性,乃爲生命之根基。再如第42章"道生一,一生二、二生三,三生萬物"之注文:

> 道本虚無,無中生有,故曰一。五行不到處,父母未生前,人在何處?道本虚無也。一感一應,中間便有形象,道生一也。先師有云:捉住虚空一點真,萬古千年終不朽。了得一,萬事畢。故一生二。二,氣也。二生三。三,性也。三復合而爲一,然後能生萬物,負陰抱陽,無往而不可矣。[③]

對於老子的這個著名命題,鄧錡將"一"詮釋爲"無中生有","二"理解爲"氣",這都與流行的解釋一致。其不同之處在於對"三"的理解,老學史上一般將其解釋爲"和氣"或者"清、濁、和三氣",或者"天、地、人三才",而鄧錡將"三"解釋爲"性",這是他詮釋的獨特之處。由於"三復合而爲一",所以這一解釋與上面將"一"解釋爲性是一致的。之所以作出這樣的解釋,顯然是爲了突出全真道之教理,即全性保真。

全真道在修煉次序上主張先性後命,因此必然會重視修心。王重陽在《授丹陽二十四訣》中説:"諸賢先求明心,心本是道,道即是心,心外無道,道外無心也。"[④]這種修道即修心的思想同樣被鄧錡援引過來,並在詮釋《老子》時得以運用。

鄧錡對心的闡釋,是從本體與現象兩個層面進行的。先看本體層面:

> 心爲神主,萬法皆生。[⑤]
>
> 心者,氣之主也。氣者,體之帥也。氣隨心曰和,心使氣曰强。[⑥]
>
> 天下以聖人爲主,人身以心君爲主。聖人以大道蒞天下,其鬼不

---

① 熊鐵基、陳紅星主編:《老子集成》第五卷,第434頁。
② 熊鐵基、陳紅星主編:《老子集成》第五卷,第450頁。
③ 熊鐵基、陳紅星主編:《老子集成》第五卷,第452頁。
④ 白如祥輯校:《王重陽集》,濟南:齊魯書社,2005年,第297頁。
⑤ 熊鐵基、陳紅星主編:《老子集成》第五卷,第450頁
⑥ 熊鐵基、陳紅星主編:《老子集成》第五卷,第461頁。

神。……心君以真氣平百脈,其邪不神。[①]

從宇宙的角度來説,萬法皆由心生,心具有決定意義。從人本身來看,心爲一身之君,同樣決定身體的方方面面,其中包括“心爲氣之主”。鄧錡進一步指出,這個“心”或者“心君”就是道。他注《老子》第65章云:“道者,先天大道也。道爲人之心君,真氣之神主也。民者,五臟六腑十二官也。古之善爲攝生養命者,非以十二官爲明,又將以愚之,以心神爲主也。”[②]由於把道與心等同起來,自然就會得出修道即爲修心的結論。於是,鄧錡對《老子》的詮釋便從這方面展開,如第66章之注文:

丹田氣海,谷神真氣之所歸也。以其善下之,故得朝宗於海,能爲百谷王,滋養天地之根也。是以心神欲居五行之上,必以真氣下之;欲超五行之先,必以血氣後之。是以心君名居五行之上,五行欣然戴之而不爲重;神居五行之前,五行欣然隨之而不爲害。是以四肢六脈,萬化百骸,樂推之而不厭,以其心神無爲,而不與五行争先也。苟有所争,則鹹苦不相息,酸辛不相逮,恬淡不相通,虛無不相入,真氣不相從,精神不相守,百病生矣,何以爲道?夫唯心君不争,故五行莫能與之争矣,大哉言哉。[③]

《老子》此章並没有涉及心性思想,主要意思是以江海爲例,説明如何處下不争。但鄧錡從修煉的角度加以發揮,多次運用“心神”“心君”等概念,强調心在修煉得道過程中的主宰作用,即“聖人之在天下,人神之在心也,不安而安,無爲而爲”[④]。

再看鄧錡從現象的角度對“心”的論述。正如理學家常把心二分爲人心、道心,宋代以後的道教學者論及心範疇時,也是從不同層面切入的,如分爲本體之心、世俗之心,等等。鄧錡也是如此,他把世俗之心或者現象層面的心叫做“幾心”,如《老子》第64章注:“民之從事也,則異於是,不務實進,常有幾心,不務實行,常有幾事,雖成而敗之。”[⑤]這個“幾心”,也就是人之塵心,與真心相對,是必須加以去掉的。怎樣去除呢?鄧錡强調“洗心”:

① 熊鐵基、陳紅星主編:《老子集成》第五卷,第465頁。
② 熊鐵基、陳紅星主編:《老子集成》第五卷,第469頁。
③ 熊鐵基、陳紅星主編:《老子集成》第五卷,第470頁。
④ 熊鐵基、陳紅星主編:《老子集成》第五卷,第457頁。
⑤ 熊鐵基、陳紅星主編:《老子集成》第五卷,第468頁。

是以聖人提挈天地之道，把握陰陽之氣，以一元爲一年，以一年爲一日，以一日爲一時，奪造執于須臾，成大功於頃刻，然後洗心防思，退藏於密，故曰是以聖人能成其大也。①

善建乎道者，一陽來復，潛龍勿用，確乎其不可拔。善抱乎德者，洗心齋戒，退藏於密，介乎其不可脱。②

所謂洗心，就是把内心的雜念、欲望去掉，也就是"澄其心"："夫人神好清而心擾之，心好静而欲牽之，常能譴其欲而心自静，澄其心而神自清，自然六欲不生，三毒消滅。"③衹有"洗心""澄心"，纔能做到"心境兩忘"，這樣的境界謂之"無心"：

無所者，非不能也，謂彼此無心於其所用也，故不知其用。何故如此？以其善人無心于死地矣，故得不死。燕入室而人喜，雀高飛而遇害，至如無私蹈水火，至誠貫金石者，皆以此。④

這是《老子》第50章的一段注文，解釋爲什麼有人能够超越生死的問題。鄧錡認爲，修道者之所以能够不死，就是因爲其"無心"，包括"無心於死地"，借用邵雍的詩句來表達就是："天心復處是無心，心到無時無處尋。"⑤

道教學者解《老》，往往帶有術的色彩，這是道教老學的普遍性現象，鄧錡同樣不例外。老子言道德，德者道之用，對此，鄧錡並不從哲理或者政治的角度來詮釋，而是從道教修煉的層面進行解釋，如他在《道德真經三解》的序言裏所説的，論道，則"始終原反，其數與理若合符節"；論德，則"交索乾坤，顛倒水火，東金西木，結汞凝鉛，一動一静，俱合大道"。

《老子》第25章主要描述道的性質與特點，鄧錡解釋云：

太極圈中，有一神物，可重一斤十六兩零三百八十四銖，五千四十年又五千四十日而後結成，形如鵝卵，色似丹砂，明如皦日，味勝甘露，先天地而生，後天地而成，天地得之而生萬物，聖人得之而生萬民，雖寂寥獨立而不改其變，雖周圓啓行而不危其化，可以爲天下民物之母，神乎神乎，故聖人字之

---

① 熊鐵基、陳紅星主編：《老子集成》第五卷，第446頁。
② 熊鐵基、陳紅星主編：《老子集成》第五卷，第460頁。
③ 熊鐵基、陳紅星主編：《老子集成》第五卷，第475頁。
④ 熊鐵基、陳紅星主編：《老子集成》第五卷，第457～458頁。
⑤ 熊鐵基、陳紅星主編：《老子集成》第五卷，第458頁。

曰道，强名曰大。[①]

《老子》此章説"有物混成，先天地生"，這"物"乃指道，以説明道的實在性。鄧錡則將"物"詮釋爲神物，再從丹道的角度加以發揮，以丹解《老》的特色很典型。根據這樣的思路，《老子》書中多處對道的論述，鄧錡都將其轉换爲對"丹"的描寫。如第52章"天下有始"，始即指道，鄧錡解釋説："天下有始，先天一氣也，太極一圈也，元陽一點也，太一一畫也。"[②]又如第62章"道者萬物之奥，善人之寶"的注文："萬物之奥，天下之至賾也。無狀之狀，無物之象，生於太極虚明，先天之氣結成一粒，大如黍米，名曰金晶，又曰真鉛，又曰陽丹，又曰天一，善人之寶也。"[③]這樣的解釋確實體現出了道教老學的特色。再看第15章的詮釋：

> 夫惟不可識，故强爲之容：豫若冬涉川，臨深履薄也。猶若畏四鄰，不敢進寸而退尺也。儼若客，不敢爲主而爲客也。涣若冰將釋，識心見性也。敦兮其若樸，甲庚正完也。曠兮其若谷，戊己門開也。渾兮其若濁，鉛采癸生也。孰能濁以静之徐清，上善若水也。孰能安以久之徐生，十月胎圓也。保此道者，不欲滿盈，盈則精神露矣。[④]

《老子》此章是對體道之士的描述，鄧錡的詮釋則完全從煉丹入手，由識心見性到十月胎圓，體道的過程自然變爲了修丹的過程。又如下面的兩條注文："雖有榮觀，一念不動也。燕處超然，心境兩忘也。輕則失臣，基址不固，有傷至藥也。躁則失君，火候太過，有傷元陽也。"[⑤]"合抱之木，生於毫末，二氣之於陽神也。九層之台，起於累土，品藥之於金液也。千里之行，始於足下，谷神之於玄牝也。步步踐履，不容捷徑。"[⑥]上述對《老子》名言的解釋，和通行的理解確實是大相徑庭的。

一般認爲，老子之道著重於形而上的抽象層面，缺乏可操作性，這樣的看法大致没錯。但鄧錡以丹道解《老》，老子之道也就成爲了一套可供實踐操作的丹術了。如第77章的注文：

---

① 熊鐵基、陳紅星主編：《老子集成》第五卷，第441頁。
② 熊鐵基、陳紅星主編：《老子集成》第五卷，第459頁。
③ 熊鐵基、陳紅星主編：《老子集成》第五卷，第466頁。
④ 熊鐵基、陳紅星主編：《老子集成》第五卷，第435頁。
⑤ 熊鐵基、陳紅星主編：《老子集成》第五卷，第441~442頁。
⑥ 熊鐵基、陳紅星主編：《老子集成》第五卷，第468頁。

> 坎爲弓輪，離爲兵戈，弧矢之象也。離午爲心，坎子爲腎，水火之象也。天之道，其猶張弓乎？子後陽生，下者舉之，午後陰生，高者抑之。心火有餘，腎水息之，有餘者損之也。腎水不足，心火息之，不足者與之也。水火相息，天之道損有餘而補不足也。人之道則不然，腎水不足，又從而以欲竭其精，不足者損之也。心火有餘，又從而以酒爲漿，有餘者奉之也。水火相射，人之道損不足而奉有餘也。誰能損其有餘，以奉周身之不足？唯有道者能之。①

《老子》本章的天之道與人之道，被解釋發揮爲人體内心火與腎水之相息相激，而金丹修煉之門徑亦盡在其中。

作爲全真道士，鄧錡的老學還反映出了張伯端南宗一系的思想特色，所以《道德真經三解》總是反復引用張伯端《悟真篇》之詩句。如第 6 章"玄牝"之解釋："紫陽有云：'要得谷神長不死，須憑玄牝立根基。真精既反黄金屋，一顆明珠永不離。'又云：'玄牝之門世罕知，只將口鼻妄施爲。饒君吐納經千載，争得金烏搦兔兒。'真知玄牝者也。"②而在修煉上主張金丹大藥，反對旁門小術，這也是與張伯端思想一致的，如第 44 章之注："夫婦順則生人，假人也。天地逆則生丹，真人也。假人終死于夫婦，真人長生于天地矣，名與身，孰親也。身中之藥，三百八十四銖，一銖可點，凡汞一斤，或黄或白，銖無所損，黄白愈多。然舍爾靈龜，觀我朵頤，其道凶矣，身與貨，孰多也。以酒爲漿，以妄爲常，以欲竭其精，以耗散其真，或金石草木以補之，或噏納握固以助之，恨其死之不速，得與亡，孰病也。"③鄧錡此注恰可以與張伯端以下詩篇相互參證："不識真鉛正祖宗，萬般作用枉施功。休妻謾譴陰陽隔，絶粒徒教腸胃空。草木金銀皆滓質，雲霞日月屬朦朧。更饒吐納並存想，總與金丹事不同。"④

當然，鄧錡的以丹解《老》也是符合全真教旨的。王重陽《立教十五論》第十一條云："性者神也，命者氣也。性若見命，如禽得風，飄飄輕舉，省力易成。"⑤，可見全真道雖然重視心性修煉，但也是講究修命的，而其修持丹法出於鍾吕，與張伯端南宗同源。鄧錡老學思想所反映出來的，正是南北之學的共同特點。

---

① 熊鐵基、陳紅星主編：《老子集成》第五卷，第 477 頁。
② 熊鐵基、陳紅星主編：《老子集成》第五卷，第 431 頁。
③ 熊鐵基、陳紅星主編：《老子集成》第五卷，第 454 頁。
④ 王沐：《悟真篇淺解》，北京：中華書局，1990 年，第 27 頁。
⑤ 白如祥輯校：《王重陽集》，濟南：齊魯書社，2005 年，第 278 頁。

四、餘論

自鄧錡《道德真經三解》後,全真道老學的代表性著作有陳致虛《道德經轉語》、陸西星《老子道德經玄覽》、程以寧《太上道德寶章翼》、潘静觀《道德經妙門約》、宋常星《道德經講義》、劉一明《道德經會義》與《道德經要義》等。由於全真道士詮釋《老子》時常常發揮己意,有著自己的理論見解,所以他們的注解具有思想史的意義,是研究全真道教義與思想的重要材料。筆者曾指出全真道老學的三個特點①:其一,全真道老學與全真道教義密切相關。由於全真道教義的一個重點是"全老莊之真"②,所以從全真道老學即可看出全真道的教義與思想精神,如對真常之道的解讀,便反映出了全真道的立教宗旨及其教義教理的發展與變化。其二,全真道老學具有圓融性。就全真道各家《老子》解義而言,或言道論,或言治國,或言修身,各有側重,但大都能够做到教理與學理的統一,這是全真道學者解《老》的高明之處。其三,全真道老學具有宗教性。自《河上注》《老子節解》以來,以養生方術注《老》成爲道教的傳統。道教人士解《老》與一般學者的不同之處在於,他們往往從信仰的角度或者實修的層面來理解《老子》,全真道老學亦不例外,如劉一明言:"余方外人也,於天下國家之事不敢妄言,而於修身之道專言之。"③全真道士把老子思想解釋爲修煉方法,將治國等同於治身,又重新回到了《河上注》《老子節解》的詮釋理路上,顯然加强了全真道的宗教性。當然,這一詮釋路向並非簡單的回復,而是以真常立宗,用"修道即修心"解釋身國同治,突出性命雙修的主題,體現出全真道的立教精神。

(本文爲國家社科基金重大項目"中國老學通史"階段性成果,項目批准號:14ZDB004)

(責任編輯:秦國帥)

---

① 參見劉固盛:《全真道老學研究》,香港:青松出版社,2010 年,第 76 ~ 77 頁。

② 參見熊鐵基:《試論王重陽的"全真"思想》,載《世界宗教研究》2008 年第 2 期。

③ 熊鐵基、陳紅星主編:《老子集成》第十卷,第 195 頁。

《七真天仙寶傳》的版本、使用及内容初探

□秦國帥

摘要：明清民國時期，諸多版本的以王重陽度化全真七子及其内丹修道理論爲主題的七真小説和寶卷流傳於世，形成了一部通俗版的全真道教史。以《七真天仙寶傳》爲例，現存可考的版本多達14種。然而，通過仔細考察這些版本的刻印過程却可以發現，通俗本《七真天仙寶傳》大多數出於民間宗教教派之手，且對於全真正傳中的故事情節不乏增補和篡改之處。值得注意的是，民間宗教家的這些舉動儘管遭到了全真道士的回擊和抵制，但却客觀上推動了全真教經典人物故事與核心丹道理論在更大範圍上的傳播。這一情況的出現也表明，明清民國時期的全真教幾近成爲一種公共資源，是全真道士、民間宗教家、小説家以及普通民衆都可以學習、借用甚至改編、重寫的對象。

關鍵詞：全真教　七真天仙寶傳　民間宗教　公共資源

作者簡介：秦國帥，男，1985年生，山東昌樂人，中國人民大學哲學博士，法國高等研究實踐學院社會、宗教與政教關係研究所（EPHE—GSRL）博士後，現爲齊魯工業大學（山東省科學院）馬克思主義學院講師，主要從事近代道教與地方社會關係研究。

明清民國時期，除教内史料所零星勾勒出來的全真正傳之外[①]，以王重陽及全真七子爲主題，以寶卷、小説爲載體，全真教尚存在一個歷史線索更爲明晰但形成動因更爲複雜的民間版本的歷史。這個版本的全真道教史肇端自不

① 目前，國内外學界關於明清民國時期全真道教史的研究，仍然處於起步階段，主要以斷代史、地方史或者個案研究爲主。相對而言，較爲系統的研究可參見尹志華：《清代全真道歷史新探》，香港：香港中文大學出版社，2014年；張廣保：《明代初期全真教南北宗風研究》，香港：青松出版社，2010年。

晚於明萬曆二十四年(1596)的《七真傳》,隨後,清代以及民國時期《七真祖師列仙傳》《七真天仙寶傳》《七真因果傳》《金蓮仙史》《重陽七真演義傳》等五種作品的諸多傳刻或删正版本,共同造就了這樣一種民間化的全真俗傳的廣泛流傳。

據明萬曆時人趙用賢所著《趙定宇書目》,他本人私藏過兩個版本的《七真傳》,即"道家書"類中的"《七真傳》一本"和"内府板書"中的"《七真傳》二本"①,可惜的是,這兩個版本的《七真傳》現已散佚無存。不過,據《七真祖師列仙傳》等後出作品的序言,我們可以知道,《七真傳》所述内容與其他五種作品並無太大出入,即講述王重陽度化七子的故事。② 其後,由於增補者或删定者自身文化自覺和教派歸屬的不同,他們又對《七真傳》或由《七真傳》演繹而來的其他作品有所損益,從而形成了一個與全真正傳風格迥異但又擁有自身明確傳承歷史的通俗仙傳書群。③

在這組通俗全真仙書當中,《七真天仙寶傳》尤爲引人注目。之所以如此説,主要是基於以下三方面考慮:其一,版本衆多。據文獻記載和筆者初步收集,《七真天仙寶傳》計有不下17種版本,板藏地點涉及北京、山東、山西、河北、河南、浙江、湖北、雲南、甘肅等9地;其二,成因複雜。從《七真天仙寶傳》諸版本的序言或題記中,我們發現,先天道、一貫道、皈一道以及善書局和普通信士都參與到了書籍的翻刻當中;其三,内容異化。儘管故事的原型仍舊是王重陽度化全真七子,但度化手段即内丹修道理論部分却移花接木,成爲先天道等民間教派的修煉法門。

一、《七真天仙寶傳》的版本

關於《七真天仙寶仙》的版本,李世瑜在其《寶卷綜録》中載有兩種版本,分

---

① 趙用賢:《趙定宇書目》,載馮惠民、李萬健選編:《明代書目題跋叢刊》,北京:書目文獻出版社,1993年,第1585、1590頁。

② 江蘇省社會科學院明清小説研究中心編:《中國通俗小説總目提要》,北京:中國文獻出版社,1990年,第783頁;朱一玄、甯稼雨、陳桂聲編:《中國古代小説總目提要》,北京:人民文學出版社,2005年,第666頁。

③ 關於這些通俗仙傳之間的增删損益關係,參見Vincent Durand-Dastès,"A Late Qing Blossoming of the Seven Lotus: Hagiographic Novels about the Qizhen", in Xun Liu and Vincent Goossaert, eds., *Quanzhen Daoists in Chinese Society and Culture, 1500–2010*, Berkeley: Institute of East Asian Studies, 2013, pp. 78~112.

别是宣統三年(1911)養真仙苑重刊本四卷和未知刊刻時間的聚賢堂重刊本一卷。[①] 除以上兩種版本外,車錫倫在《中國寶卷總目》中又陳列了其所新搜集到的另外四種版本:(1)清道光元年(1821)北京刊本,二册;(2)清咸豐十年(1860)廣化壇刊本,四册,卷名《七真天仙傳》;(3)清光緒癸卯(二十九年,1903)蘭州肅泰昌重刊本,二册,卷首康熙壬辰(1712)序,卷名《天仙寶傳》;(4)清宣統元年(1909)敘府一洞天黄聚賢堂刊本,一册,卷名《七真天仙傳》。[②]

在這六種版本中,需要特殊説明的是清咸豐十年的廣化壇刊本。據前引車錫倫稱,這個刊本卷名《七真天仙傳》。然而,在濮文起主編的《民間寶卷》中亦收有一個咸豐十年的廣化壇刊本,這個版本封題《七真傳》,爲清末民初同善書局的重印本,扉頁題《天仙寶傳》,並附"歲次庚申重刊""板存長清河西段家灘廣化壇"等語,每卷卷首題"孚佑帝君敘於京都紫雲山房,海源子校證"。[③] 這兩個版本可能是一個版本,不過同善書局在重印時將封題改爲了《七真傳》。除以上所列六種版本外,據筆者搜集,《七真天仙寶傳》尚有至少以下九種版本傳刻:

(1)民國丙寅(十五年,1926)湖北蘄春長安寺重刊本,三十二回,卷數未知。封題《七真天仙寶傳》,第一卷卷首題"東華帝君、孚佑帝君飛鸞降於朝陽古洞"。

(2)民國十年(1921)山西大同渾源縣中和堂重刊本,四卷,回數未知。封題《七真天仙寶傳》,旁刻"吕純陽祖師降乩鸞筆",卷四末附渾源縣捐資重刊信衆姓氏。

(3)民國己未(八年,1919)雲南蒙化縣甸尾里白雲寺重刊本,卷、回數未知。封題《七真天仙傳》,第二頁則題《七真天仙寶傳》,並附"鍾吕二祖顯聖降乩鸞""民國己未年季春月樂善居士重刊"等語。

---

① 李世瑜:《寶卷綜録》,北京:中華書局,1961 年,第 37 頁。關於養真仙苑本,國家圖書館文津分館内藏有三種,檢索號分别是 FGPG 34106、FGPG 34107 和 FGPG 140907。FGPG 34106 和 FGPG 34107 兩者爲同一種,封面題"七真天仙寶傳",並附"田慶璜敬題"字樣,末附助刊姓氏題名;FGPG 140907 封面題"七真天仙寶傳",並附"田慶璜署簽"字樣,且末尾未附任何捐資助刊名録。不過,讓人感到奇怪的是,兩者除以上不同之外,其餘所有内容完全一致。除此之外,《三洞拾遺》第 17 册所影印的《七真天仙寶傳》與現藏於北京師範大學圖書館的《七真天仙寶傳》同樣亦爲養真仙苑本,從封面到助刊名録都完全相同,爲同一個版本,不過,這兩個版本中助刊姓氏題名部分,是在國家圖書館 FGPG 34106 和 FGPG 34107 版本題名之後,另外增加了"京師總商會會長孫學仕號晉卿助洋卅八元,外左一區署長周之潤號雨琴助洋貳元,致美樓經理李廷翰號文林助洋拾元,敬送"等字樣。總而言之,在所有這些養真仙苑本的《七真天仙寶傳》中,除我們上面所説的差異之處外,各版本的刊刻板式、字體以及内容都是相同的。據此,我們或者可以推測認爲,這些《七真天仙寶傳》印刷時所依據的底板都是養真仙苑的藏板,不過在每次印刷及裝訂時,又因捐資人的不同而在封面或題名上面略有差異。

② 車錫倫:《中國寶卷總目》,北京:燕山出版社,2000 年,第 203 ~ 204 頁。

③ 濮文起主編:《民間寶卷》,合肥:黄山書社,2005 年,第 12 册,第 212 頁。

(4)民國丙辰(五年,1916)雲南騰沖縣曲石鄉江苴明善堂重刊本,卷、回數未知。該書封題爲何未知,第二頁題《七真天仙寶傳》,並附“鍾呂二祖顯聖降乩鸞”“民國丙辰年季冬月重刊”等語。值得注意的是,該刊本與前列民國己未年蒙化白雲寺刊本極爲相似,其扉頁均題有《七真寶傳書囑要言》:“書本天仙所降,理宜潔静收藏。要看静心洗手,勸人功德無疆。正己化人救世,功多蓮品馨香。不可任意抛擲,自取罪過災殃。叮嚀囑咐謹記,感佩聖恩勿忘。”此外,兩種刊本的序言均是“道光元年乾月望日之吉樂山子序於朝陽仙洞”。

(5)光緒丁未(三十三年,1907)重刊本,卷、回數未知。該書封題爲何未知,第二頁題《七真天仙寶傳》,並附“鍾呂二祖顯聖降乩鸞”“光緒丁未年季夏月重刊”等語。儘管我們對這一版本並無更多的信息,但據第二頁所題此刊本的名稱《七真天仙寶傳》、“鍾呂二祖顯聖降乩鸞”一語以及筆者所見序言的格式來判斷,此刊本可能是民國丙辰年騰沖明善堂刊本和民國己未年蒙化白雲寺刊本的母本。

(6)光緒壬辰(十八年,1892)仁壽書屋本,三十二回,四卷。封題《七真寶傳》,第二頁亦題《七真寶傳》,並附“光緒壬辰年新鐫”“板存仁壽書屋”等語,第一卷卷首題“東華帝君、孚佑帝君飛鸞降於朝陽古洞”。值得注意的是,此刊本與民國丙寅湖北蘄春長安寺重刊本的序言相同。

(7)民國丙辰(五年,1916)松竹山房本,三十二回,四卷。封題不詳,第二頁題《七真寶傳》,並附“民國丙辰年桂月重刊”、“松竹山房藏板”等語,每卷卷首題“孚佑帝君敘於京都紫雲山房”。另外,此刊本還載有民國丁巳(六年,1917)南陽周化鵬所作增序。據《永樂宫志》①,松竹山房還版藏民國重刊的一部《七真天仙寶傳》,牛福榮輯刊。未知松竹山房所藏板的這兩部《七真天仙寶傳》是否爲同一版本。

(8)民國十年(1921)雲南虹溪善化壇刊本,卷、回數未知。封題《七真傳》,封内頁題“鍾呂二仙同降,民國十年敬繕,板存虹溪善化壇”。除此之外,封内頁還附有《寶傳書要言》,其内容與民國己未雲南蒙化縣甸尾里白雲寺重刊本和民國丙辰雲南騰沖縣曲石鄉江苴明善堂重刊本中的《七真寶傳書囑要言》完全相同。

(9)光緒戊申(三十四年,1908)年南陽經元堂本,三十二回,四卷。封題不詳,封内頁題“光緒戊申年,七真天仙寶傳,南陽經元堂藏版”。

---

① 張亦農、景昆俊編著:《永樂宫志》,太原:山西人民出版社,2006年,第233頁。

除以上出版信息相對明確的版本外,筆者另外搜集到以下版本:(1)磁邑明善堂本,三十二回,四卷。此本封内題“鍾吕祖顯聖壇降乩鸞,七真天仙寶傳,磁邑明善堂存板。”後爲序言,題爲《七真天仙傳序》,作序時間及撰序人題爲“道光元年乾月望日樂山子序於朝陽仙洞”。序言之後的内容分别爲《七真天仙寶傳凡列》、鍾離權、吕洞賓、王重陽和全真七子的法像及寶誥、《新刻七真寶傳目録》《列聖同贊竹節詞》。(2)上海圖書館藏本,三十二回,四卷(元、亨、利、貞)。此本封題《七真天仙傳》,無扉頁,序言題爲《鍾吕祖顯聖注七真天仙傳原序》,下署“蒙學唤醒散人熏沐敬撰”,序末題“清皇道光元年乾月望日不山子序於朝陽仙洞,羊谷虚録。”

綜上所述,包括文獻記載以及筆者收集在内,《七真天仙寶傳》共計有至少17個版本,所涉及的藏板地點有北京、山東、山西、河北、河南、浙江、湖北、雲南、甘肅等9地。其中,最早可考的版本爲清道光元年北京刊本,最晚的版本爲民國十五年湖北蕲春長安寺重刊本。

然而,儘管版本衆多,涉及地域十分廣泛,《七真天仙寶傳》的諸版本序言却並非如此,而是表現出了比較整齊劃一的特點。概而言之,這些不同版本的序言主要分爲三類:

第一類序言題爲“七真天仙傳序,寶傳賦,以題爲韻”,這個序言又分“康熙壬辰桂月上浣日京都北臯雙龍寺禮義堂”和“道光元年乾月望日之吉樂山子序於朝陽仙洞”兩種,這兩種序言的内容完全一致。康熙版序言見於養真仙苑刊本、廣化壇刊本、肅泰昌刊本和中和堂刊本,道光版序言見於白雲寺刊本、明善堂刊本和光緒丁未刊本。

第二類序言題爲“新鐫七真寶傳敘”,未題作序時間和作序者姓氏。這一類的序言見於長安寺本和仁壽書屋本,其内容如下:

從來三教聖人,無不有師;修道之人,莫不有祖。七真之名,由五祖而來。五祖者何?初祖東華帝君,姓王名玄甫,周時元師,宗傳爲少陽派;二祖傳道帝君,姓鍾離名權,漢時將軍,宗傳爲正陽派;三祖警化帝君,姓吕名岩,唐時進士,宗傳爲純陽派;四祖弘道帝君,姓劉名操,宋時宰相,宗傳爲海蟾派;五祖開化帝君,姓王名時喆,宋時武舉,宗傳爲重陽派。由五祖而度七真,邱、劉、譚、馬、郝、王、孫是也。七真人俱生於宋時,得重陽祖師度之成仙。其中修煉苦志,度人苦心,凍餓苦境,磨難苦情,種種磨折,實可傷感。今人不惟未嘗其苦,亦不知其苦爲何苦也。七真不辭苦難而成真人,榮增天上,顯耀人間,實古今所罕見罕聞者。今人苟能宗其傳,體其志,遵其德,行其道,又何難與七真並立且與五祖齊肩也哉!七真之書,原板存京師,難以刷印,今特普化善緣,刊刻流轉,廣播於世,俾人人知修仙之理,個個守固有之良,庶不負老祖度世人之意也!夫是爲敘。

第三類序言爲重刻時在原序基礎之上新增加的序言,這一類的序言見於養真仙苑本、松竹山房本。如前所述,養真仙苑本原載康熙五十一年"七真天仙傳序",宣統三年重刻時,又添加了"序刊文",題爲"大清宣統元年端陽吉日青陽山人易南子沐手拜記"。松竹山房本在民國五年重刻時,載有河南南陽人周化鵬的增序,據此,松竹山房本應在此"增序"之前另有前述第一或第二類序言中的一種。

通過以上對序言的分類,我們可以得出這樣一種基本的認識,即《七真天仙寶傳》在從清道光元年到民國十五年的傳抄歷史過程中,基本内容並無太大的變動,甚至對比筆者手頭所擁有的養真仙苑本和廣化壇本,兩者内容完全一致。

這也就意味著,包括壓縮版的《七真寶卷》在内,諸版本之間最大的差别就在於封題、扉頁和序言部分。那麽,既然内容都基本一致,爲什麽又會出現如此大的差距呢?筆者認爲,這與重刊者自身的宗教品味和社會身份有著密切的關聯,即他們都想借用和消費王重陽與全真七子這一象徵符號所代表的全真教的核心資源,用以展現他們自身對於不同文化傳統的開放態度,進而表明他們自身宗教傳統的優越地位。

二、《七真天仙寶傳》的使用

從現存諸版本的《七真天仙寶傳》來看,儘管題名各不相同,但在視之爲扶乩文本這一點上却是一致的,即是由全真五祖中的東華帝君王玄甫、正陽帝君鍾離權和(或)孚佑帝君吕洞賓降鸞而出。

至於造作乩文的緣起,據現存最早的清康熙五十一年序言稱:

流芳年遠,而丹書之更易未免無訛;遺後年深,而道情之添改更多虚沓。清其首尾而不符,查其前後以難考。古傳抄寫,月卧以花眠;老本謄録,酒醉而肉飽。……故而出家爲僧爲道者而頗多,因而修道成仙成佛者以稀少。嗚呼,勞勞平生落空亡;哀哉,碌碌歲月枉待老。

正是由於這種以訛傳訛進而導至修道者多、成道者少的狀況的存在,"帝君不忍,演正道以垂;乩鸞開化,將帝門而掃。不辭苦辛,何畏煩惱? 孚佑敘於京都北皋雙龍寺,付諸梨棗,取名《天仙寶傳》,德垂千古妙道"。

不過,孚佑帝君所降《七真天仙寶傳》的主題雖然仍舊是王重陽度化全真七子之事,但其用意和受衆却遠非如此,而是以王重陽與全真七子爲榜樣,"引證三教悟道格言",進而幫助儒、釋、道三教的修行者"修性煉命"。那麽,既然三教格言都出現在了其中,《七真天仙寶傳》還是一部全真宣教經典嗎? 在《七真因果傳》的編者黄永亮、《金蓮仙史》的編者潘明廣以及《重陽七真演義傳》的編者養真子看來,《七真天仙寶傳》仍舊是一部全真經典,不過可惜的是,裏面攙雜了不符合全真教義的内容,所以他們對之不斷的進行删正、增補,而他們的删正、增補舉動也意味著,《七真天仙寶傳》已經不再是一部純粹的全真宣教經典。

對此,諸版本的不同編者給我們提供了更多的信息。

(一)肅泰昌本與先天道

關於肅泰昌本《七真天仙寶卷》,除前引《中國寶卷總目》中的信息外,車錫倫又在其《明清民間宗教與甘肅的念卷和寶卷》一文中提供了更多的信息:"《天仙寶卷》,又名《七真天仙寶卷》,蘭州肅壽昌刊本。"不過,據郇芳《河西寶卷音樂歷史形態與現狀》[①]一文所附書影,《中國寶卷總目》中所提供信息應當更爲準確。儘管如此,車錫倫在上述文章中却提出了一個頗具有創見性的觀點,即包括《七真天仙寶卷》在内,"甘肅當地刻印的幾種祖師傳記和因果報應故事寶卷……實爲某個民間教團(先天道或其支派)所爲"[②]。我們認同這一觀點,即《七真天仙寶卷》是先天道徒組織重刊的,並在本文的第三部分給出更爲詳盡的解釋。

(二)養真仙苑本與一貫道

關於養真仙苑本《七真天仙寶傳》的重刊緣起,青陽山人易南子於清宣統元年(1909)撰《序刊文》稱:"幸有大善德君子竹軒氏封君永修、子亮氏姜君昱、茂林氏李君正旺,幸遇此寶傳,閱歷有味,秉發大道,與人同修虔誠之心願,樂自捐募捐貲款,急付剞劂,刷印流佈,度原人道岸齊登,以效扶湊普度之微念。"正是由於他們三個人的捐助,養真仙苑本《七真天仙寶傳》纔得以刊刻問世,並在每卷卷

① 郇芳:《河西寶卷音樂歷史與現狀》,碩士學位論文,蘭州:西北師範大學,2009年,第43頁。
② 車錫倫:《明清民間宗教與甘肅的念卷和寶卷》,載《敦煌研究》,1999年第4期。

首都刻有他們的名字,以示紀念:

> 孚佑帝君敘於京都紫雲山房,青陽山人易南子拜閱,中一老人鑒定,李正旺茂林氏、封永修竹軒氏、姜昱子亮氏仝捐鐫。

正是這些題名的存在,讓我們窺知了養真仙苑本《七真天仙寶傳》之所以重刻背後的社會動力。

其實,中一老人鑒定、青陽山人易南子拜閱的並非衹有養真仙苑本《七真天仙寶傳》。清宣統元年重刻的《皇極金丹九蓮正信歸真還鄉寶卷》題“元始天尊化身黄九祖師著,中一老人鑒定,青陽山人易南子校正”①;一貫道十二祖袁志謙所撰《無欺老祖全書》中,《仁性集成》《義路是由》《禮秩照然》《智果編録》以及《信德洽孚》各卷俱題“退安十二老祖著,中一老人鑒定,門人禎祥山人郅昌誠、青陽山人易南子、茂林山人李明旺敬閱校證仝募捐重鐫”,末附易南子所述《述文》②;清宣統三年李正旺捐資重刊的《麻姑菩薩寶卷》卷首題“中一老人鑒定,青陽山人易南子拜閱,茂林山人李正旺捐資重鐫”,序言亦由易南子所作。③ 除以上中一老人和青陽山人易南子共同出現的寶卷外,據車錫倫《中國寶卷總目》,青陽山人易南子作序的寶卷還有清宣統三年北京同善書局刊本和清宣統三年京東玉邑蔣正貴刊本的《何仙姑寶卷》兩種、清光緒二十四年燕南胡思真重刊本的《目蓮救母幽冥寶傳》一種④,據澤田瑞穗,青陽山人易南子作序的寶卷還有清宣統二年京都養真仙苑刊本的《忠孝勇烈木蘭傳》⑤,此外,據《清史稿藝文志拾遺》,還有《黄梅五祖寶卷》等。⑥

那麽,在上述所列寶卷中反復出現的中一老人、易南子是誰呢? 據李世瑜調查,中一老人即路中一,屬於一貫道第十七祖,“彌勒古佛化身,兼爲白陽初祖。民國十四年乙丑歸空。此後道務由陳師姑暫理,後始傳弓長祖(即十八祖張光璧——引者注)”⑦。另據上述《無欺老祖全書》中所述題記,則青陽山人易南子

---

① 〔日〕澤田瑞穗:《增補寶卷の研究》,東京:國書刊行會,1975 年,第 110 頁。

② 袁志謙:《無欺老祖全書》,載《藏外道書》第 24 册,成都:巴蜀書社,1992 年,第 209、237、268、300、326、346 ~ 347 頁。

③ 車錫倫:《中國寶卷總目》,第 183 頁。

④ 車錫倫:《中國寶卷總目》,第 80、166 頁。

⑤ 〔日〕澤田瑞穗:《小説娯目鈔》,成可譯,載《明清小説研究》,北京:中國文聯出版社,1987 年,第 5 輯,第 414 頁。

⑥ 王紹曾主編:《清史稿藝文志拾遺》,第 2348 頁。

⑦ 李世瑜:《現代華北秘密宗教》,上海:上海藝文出版社,1990 年,第 55 頁。亦可參見馬西沙、韓秉方:《中國民間宗教史》,北京:中國社會科學出版社,2004 年,第 817 頁;窪德忠:《一貫道について》,載《東洋文化研究所紀要》,1953 年,第 4 册,第 182 頁。

是路中一的弟子,換言之,易南子也是一名一貫道信徒。從路中一鑒定、易南子拜閱的《七真天仙寶傳》《皇極金丹九蓮正信歸真還鄉寶卷》《無欺老祖全書》以及易南子作序的《麻姑菩薩寶卷》《何仙姑寶卷》《目蓮救母幽冥寶傳》《忠孝勇烈木蘭傳》以及《黄梅五祖寶卷》來看,一貫道的信仰對象非常複雜,佛教、道教、民間信仰以及本派祖師都是他們崇拜的對象。

不過,值得注意的是,《七真天仙寶傳》的題名當中另外出現了一個人物,即竹軒氏封永修。封竹軒,名永修,河北省深縣康王城村人,生於清咸豐四年(1854)三月二十六日,歿於民國三十二年(1943),永增軍裝局的創始人,清末民國時期著名的實業家。① 1922年10月,世界紅十字會中華總會在北京成立,封永修任副會長。② 至1934年時,封竹軒已成爲世界紅十字會會長,據《程硯秋史事長編》,當年3月26日,"永增軍衣莊鋪東、紅十字會會長封竹軒先生81歲大壽,特於西單報子街聚賢堂舉辦大堂會,邀硯秋與程繼仙合演《碧玉簪》一居,在平名伶均參加演出"③。可能是由於其較高的社會地位,1935年,北平第五飛機學校舉行命名典禮時,封竹軒還參與剪綵儀式。④ 不過,他參與捐資重刊《七真天仙寶傳》時並未擔任世界紅十字會會長,而正處於永增軍裝局發展的輝煌時期,因而,他之所以參與此事,或許是出於地方士紳好善樂施的一貫作風,當然,更可能的原因是,他是一貫道的信徒。

(三)廣化壇本與同善書局

清咸豐十年,廣化壇重刊了《七真天仙寶傳》,題名《天仙寶傳》,並附"板存長清河西段家灘廣化壇"語。附語中的"長清河西段家灘",極有可能是指位於今山東濟南的長清段家灘,因爲同善書局隨後又重印了這本《天仙寶傳》,並重新命名爲《七真傳》,而據民國時期羅騰霄所作《濟南大觀》,早在民國二十三年之前,濟南就有一處同善書局,位於市區緯三路。⑤

其實,民國時期,濟南同善書局所刊印的寶卷並不僅僅局限於《七真天仙寶傳》:據《山東省圖書館藏山東地方史志文獻選目》,民國十三年(1924),濟南同善書

① 參見劉庚白:《封竹軒與京津地區的軍裝業》,載中國人民政治協商會議天津市委員會文史資料委員會編:《天津文史資料選輯》,天津:天津人民出版社,2002年,第2期,第137、154頁。

② 蔡鴻源、徐友春編:《民國會社黨派大辭典》,合肥:黄山書社,2012年,第194頁。

③ 程永江:《程硯秋史事長編》,北京:北京出版社,2000年,第360頁。

④ 馬芷庠:《老北平旅行指南》,北京:燕山出版社,1997年,第218~219頁。

⑤ 羅騰霄:《1934:濟南大觀》,濟南:齊魯書社,2011年,第363頁。

局重刻了《柳華陽慧命經》二十卷二册;[①]據《增注新修道藏目録》,民國十四年(1925),濟南同善書局重印了皈一道經典的《吕祖救劫文》。[②] 另據筆者搜集,清光緒三十年(1904),濟南同善書局刻印了皈一道經典《昇仙寶録》二十七回四册,並附"光緒三十年新刊""德州城東王官莊存板"等語;民國十年(1921),濟南同善書局還刻印了《孝女寶卷》(即《何仙姑寶卷》)一卷,並附"山東濟南府西段店後劉家莊明聖壇存板""辛酉年桃月重刊"等語;民國十四年(1925),濟南同善書局又重刻了《化世歸善》《宣講拾遺》,其中,《化世歸善》另附"民國十一年孟春月重刊"語。[③]

從以上所列濟南同善書局刻印善書或寶卷來看,有些屬於皈一道經典[④],如《吕祖救劫文》《昇仙寶録》《化世歸善》和《宣講拾遺》等,有些極有可能是一貫道或其支派的經典,如廣化壇的《七真天仙寶傳》和明聖壇的《孝女寶卷》等,而有些則是屬於其他教派的修煉經典或一般善社的善書,如《柳華陽慧命經》等。

由於史料的缺乏,我們無法對同善書局産生於何時、屬於哪個教派的印書處等進行明確的界定,並且,由於其所刊印的寶卷或善書成分極爲複雜,保險起見,我們暫時可以把同善書局看作是一個刻印善書、寶卷的善書局。

綜上所述,在《七真天仙寶傳》的各個版本當中,我們總能够發現其與民間教派如先天道、一貫道、皈一道以及同善社等之間存在著千絲萬縷的關聯。那麼,這些教派爲什麼要刊刻這些以全真教原型故事爲核心的經典呢? 進而,在刊刻的過程中,他們是忠實地遵循著全真正傳中的歷史記載,還是有意地加以改寫或重新編排呢? 再進一步,如此刊刻的背後,又隱藏著什麼樣的動機呢?

三、《七真天仙寶傳》的内容

事實上,在目前我們所發現的參與《七真天仙寶傳》刻印的民間教派當中,正

---

① 山東省地方史志編纂委員會辦公室編:《山東省圖書館藏山東地方史志文獻選目》,濟南:山東省圖書館,1983 年,第 250 頁。

② 丁培仁:《增注新修道藏目録》,成都:巴蜀書社,2008 年,第 226 頁。

③ 關於濟南同善書局刻印的《化世歸善》及《宣講拾遺》,此一信息是由復旦大學朱明川提供,特表謝意! 據路遥調查,《化世歸善》和《宣講拾遺》都是皈一道要義書之外的附加勸善書,並且,對於《宣講拾遺》借聖諭之名而宣自己之義的宣講儀式,路遥也有所披露。參見路遥:《山東民間秘密教門》,北京:當代中國出版社,2000 年,第 353、367 ~ 368 頁。

④ 關於皈一道的研究,參見李世瑜:《現代華北秘密宗教》,第 131 ~ 165 頁;李世瑜:《皈一道調查報告》,載氏著:《社會歷史學文集》,天津:天津古籍出版社,2007 年,第 205 ~ 231 頁;孫象九:《原德縣王官莊"皈一道"的始末》,載中國人民政治協商會議山東省委員會文史資料委員編:《山東文史資料選輯》,濟南:山東人民出版社,1992 年,第 32 輯,第 304 ~ 311 頁。

如前輩學者所論證的那樣,一貫道、皈一道以及同善社都是先天道的演化或變種形態之一。① 先天道發源於青蓮教,而青蓮教又與明末正德、嘉靖時山東人羅夢鴻所創的無爲教及其支派大乘教有著密切的聯繫。② 正是由於這種源流關係的存在,與青蓮教等一樣,先天道的信仰體系十分的龐雜,"除道内各先祖外,儒、釋、道諸先賢,各地域的神靈,均可能置於先天道徒供奉瞻拜的神靈譜中"③。並且,在基本教義思想上,亦借全真教的内丹修煉而主張一種名不副實的"三教合一"理論。

《七真天仙寶傳》的主題雖然是王重陽度化全真七子的故事,然而,由先天道所刻印的版本却在其中增添和改編了許多故事情節,恰恰是這些增添和改編的情節,更加明確地彰顯了先天道所崇拜的最高神明及其與全真教迥異的修道理論。

首先,與《七真祖師列仙傳》不同,《七真天仙寶傳》開篇增加了一個末劫救世的片段。在這個片段中,我們十分清晰地看到,天界的最高神明是"無極老母""無極母"或"老母",而並非我們傳統上所認爲的玉皇大帝。

故事的開頭講道,由於世遠年湮,人往風微,大道幾廢:

> 爾時,無極老母慧眼遥觀,斯世衆生,不敬三寶,不明性命,十惡不善,越迷越墮,心實不忍,設下彌綸大會,邀集名山洞府、福地洞天、蓬萊海島諸仙千真,朝謁三教,共赴大會。

正是在這樣一種末劫的氛圍當中,無極老母掌握著邀集諸仙、共議救世的主導權,"玉帝、三教、五老出班,擎拳長跪上白曰:斯時際運奇嶔,世界迍邅。大道難於一線之傳者,皆由世無度世之人出耳"。從玉帝的"擎拳""長跪"以及"上白"等動作中,顯然,玉皇大帝不過是無極老母的下屬,如文中所唱"無極老母作主權,濟世婆心存一片。不忍佛子墮塵凡,敕命上帝把劫挽"。

正是基於"無度世之人"的考慮,玉帝等人提議,派八景宫巢父和玉虚門下七

---

① 李世瑜:《現代華北秘密宗教》,第 132 頁;李世瑜:《皈一道調查報告》,第 206 頁;馬西沙、韓秉方:《中國民間宗教史》,第 868 頁,注釋 1;鄭永華、趙志:《近代以來的會道門》,第 81 頁;路遥:《山東民間秘密教門》,第 8、9 章。

② 王見川:《先天道前期史初探:兼論其與一貫道的關係》,見氏著:《臺灣的齋教與鸞堂》,臺北:南天書局,1996 年,第 75 ~ 114 頁;秦寶琦:《清代青蓮教源流考》,載《清史研究》1999 年第 4 期;孔祥濤:《青蓮教"道統"考——兼論羅教、大乘教研究中的相關問題》,載"社會關題研究叢書"編委會編:《再論邪教:邪教、教派與極端行爲論文集》,南寧:廣西人民出版社,2002 年,第 381 ~ 406 頁。

③ 鄭永華、趙志:《近代以來的會道門》,第 108 頁。

賢雄陶、方回、續牙、伯陽、東不訾、秦不虛、皇甫下世，警醒世人：

> 玉帝奉了老母之命，敕令巢父下世脱化王重陽，又命太白金星送七賢下世，脱化七朵金蓮，接續道根。恐其貪戀紅塵，迷昧本性，覆命鍾離、呂、韓三仙下界，指示大道。

通過這樣一種安排，王重陽與全真七子已經不再是全真教正統傳記中後天修煉成仙的凡人，而是原本就是奉無極老母之命下世救度凡人的神仙。總而言之，在《七真天仙寶傳》中，無論是玉皇大帝，還是王重陽與全真七子，都是無極老母的下屬，並奉無極老母之命在末劫之中拯救世人。

其次，在這樣一種鋪墊的基礎上，《七真天仙寶傳》假借王重陽之口，利用向馬鈺、孫不二傳道的機會，明確地表明自己所修之道爲何，即先天道：

> 重陽祖，教二徒，洗耳静聽；你聽我，説一本，無字真經。
> 我這道，名先天，三教首領；豈是那，三十六，外道邪行。
> 先天道，包三才，萬殊一本；天之道，以無極，北辰居中。
> 地之道，以太極，須彌山頂；人之道，以皇極，中央道庭。

隨後，在馬鈺、孫不二修道的過程中，王重陽再次向他們表明，"先天道，最貴重，立誓方准；依得我，條規法，才許修身"。對此，王重陽死後，馬鈺的一段唱詞再次表明其所修爲先天道無疑："馬丹陽，哭恩師，心寬體胖；傳弟子，先天道，恩重如山。"

既然如此，那麽先天道的修行程式是怎麽樣的呢？在王重陽看來，先天道的修煉具體可以分爲十品或三道。所謂的十品，在傳道馬鈺和孫不二時，王重陽稱：

> 第一品，名率性，日月合併；玄牝門，若打開，逃脱紅塵。
> 第二品，名煉己，萬緣掃盡；無人相，無我相，混沌洪濛。
> 第三品，名築基，龍虎降定；精氣神，不洩漏，身體康寧。
> 第四品，名采漿，天氣下運；挾泰山，超北海，水内點燈。
> 第五品，名得漿，一陽返本；海中間，現出了，紅日上昇。
> 第六品，名三車，牛羊鹿迎；仰彌高，鑽彌堅，日月轉行。
> 第七品，名武火，鍛煉三品；八卦爐，燒金丹，鬼哭神驚。

第八品，名文火，温養寶鼎；不可忘，不可助，息息和中。

第九品，名沐浴，清清静静；無天地，無人我，杳杳冥冥。

第十品，名退符，歸根覆命；這十段，名周天，地平天成。

然而，在向丘處機傳道時，王重陽却又另外提出了先天道分爲神仙道、金仙道以及天仙道的修煉法門，分别對著煉己築基、采藥得漿以及文武鍛煉這三個階段：

所謂神仙道，具體而言，即"師傳一，無極圈，萬物包盡；二傳你，日月光，照耀乾坤；三傳你，搭天橋，赤龍接應；四傳你，拴意馬，銷定猴孫；五傳你，掃三心，混混沌沌；六傳你，收四相，不雜一塵；七傳你，太極圓，懷中抱緊；八傳你，四天王，守定四門；九傳你，坐中宫，圓明一性；十傳你，甘露水，下潤靈根。"

所謂的金仙道，即金仙之功、採藥之法："一傳你，請護法，諸邪壓鎮；二傳你，收六神，煉己功勤；三傳你，定乾坤，安爐立鼎；四傳你，奪天地，日月兩輪；五傳你，取祖氣，苦露常飲；六傳你，築基法，扶陽剥陰；七傳你，汞投鉛，離火下運；八傳你，分清濁，去礦留金；九傳你，得漿法，辨别老嫩；十傳你，駕河車，三轉法輪。"

所謂的天仙道，與神仙道和金仙道一樣，亦分爲十個具體的方面："再傳你，收四門，百神聽令；再傳你，掃三心，萬脈歸根；再傳你，用武火，鍛煉三品；再傳你，用文火，温養胎真；再傳你，沐浴功，無爲清静；再傳你，退陰符，灌滿乾坤；再傳你，養胎法，移爐安鼎；再傳你，面壁功，形跡忘心；再傳你，脱穀功，前知後應；再傳你，過九霄，對答憑文。"

從以上十品與三道的具體内容，我們可以看出，兩者之前存在一種大略的對應關係，即神仙道對應著十品中的第一、二、三品，主要講煉己築基之事，金仙道對應著十品中的第四、五、六品，主要講採藥得漿之法，天仙道對應著十品中的第七、八、九、十品，主要講文武鍛煉之功。

既然先天道也講修煉，且與全真教的修煉理論頗相契合，那麽，是否這就意味著先天道在内丹修煉方面是全真教的分支或衍生支派呢？恐不盡然。如前所述，王重陽在宣稱自己所修爲先天道時，明確聲稱"我這道，名先天，三教首領"、"先天道，包三才，萬殊一本"，即先天道是要高於儒、釋、道三教的。

准此，先天道又是如何具體分判與三教的關係呢？在《七真天仙寶傳》中，鍾離權、吕洞賓、韓湘子在傳道王重陽時，明確説到："儒家三綱爲領要，釋家三皈是根苗，道祖三清爲至寶，三教一家不差毫。孔聖五常不可少，仁義禮智信爲高；如來五戒是總要，殺盜淫欲妄概抛；太上五行誰能少，金木水火土爲高。"也就是説，儒家的三綱五常、佛教的三皈五戒以及道教的三清五行，都是先天道所要借取的

内容。至於先天道自身所修之道,是超越於三教但又落實於三教的,是《中庸》中至高無上、至尊無比的先天之道:

> 知率性,即修道,存心養性;那修字,是九筆,九轉功深。
> 明修道,之謂教,教爲教訓;儒得之,爲儒教,儒門聖人。
> 釋得之,爲釋教,佛門果證;道得之,爲道教,高興道門。

不僅如此,除《中庸》外,《七真天仙寶傳》還用拆字的方式,對《大學》本身即爲先天修道之書進行了重新解讀。① 不過,對於同樣是"四書"經典的《論語》與《孟子》,《七真天仙寶傳》中却並未有更多的解讀。個中原因,可能是因爲《中庸》與《大學》中思辨性、理論性的内容較多,且作者身份相對較爲模糊,先天道纔對之重行進行釋讀,曲解護教。

通過以上論述,我們知道,先天道等民間教派在刊刻王重陽度化全真七子的故事時,並未遵循全真正傳中歷史記載,而是有意地增加和改編了新多情節。之所以如此,他們是想借助全真教當中最具有象徵意義的核心資源,一方面充實自身的修道理論,建立自身的丹道體系,另一方面分判自身與全真教和儒家、佛教的關係,表明自身優於三教的高超地位。當然,這種移花接木的手法並非先天道所獨有,清末民國時期先天道的其他衍生支派也忠實地將之保留了下來。

四、結論

明清民國時期,除全真教内所流傳的正統歷史外,教外還盛行著一種與此迥異的通俗版本的歷史。對於這種俗傳的起源,我們尚不清楚其肇端於何時、何地及何種情境,但從明末開始,尤其是清朝中後以及民國時期,如我們的資料所顯示的,却廣泛地流傳於小説家、民間宗教家以及普通民衆當中。

值得注意的是,這樣一種俗傳版本的歷史,正是由於其内容雜亂、情節荒誕纔得到了廣大受衆的關注,因而也在明清民國時期引起了全真教徒的不滿。光緒癸巳(十九年,1893),龍門後學黄永亮重新刊刻《七真因果傳》,並在序言中稱:"七真一書,舊時有之,惜其文不足以達其辭,趣不足以輔其理,使觀者恐卧,而聽

① 温睿瀅:《全真七子傳記及其小説化研究》,臺北:國立政治大學碩士學位論文,2002年,第62~63頁。

者返走。約年置之案頭,不獲一覽。"[1]同様,光緒甲辰(三十年,1904),自署爲臺南青陽道人的潘明廣重編《金蓮仙史》,稱"餘見舊本《七真傳》,非獨道義全無,言辭紊亂,兼且諸真始未出典,仙跡一無所考"[2]。同様,民國八年(1919),山東濟南人江鍾秀主持刊刻了《新出七真傳》,内載與杭州福星觀住持道人李理山[3]關係頗爲親密的養真子於光緒二十五年(1899)所作"删正重陽七真演義傳序"。值得注意的是,養真子在删正舊本七真傳時,特意撰寫十則《條例辯下》,將其中荒誕不實之處一一指正。

從此,我們可以看出,全真道士以及服膺全真教義的信士之所以産生不滿,主要是因爲舊本七真傳内容的失真與謬誤,"誣仙惑世,默禍人心",一如養真子《條例辯正》所示。當然,即使經過删正,最終的結果是,這些出自全真道士之手的删正版本仍舊錯誤連篇。[4] 衹不過,較之《七真天仙寶傳》,開篇極有可能出自先天道徒之手的末劫救世片段,再也没有在由全真道士或全真修道之士删正的版本中出現過。

總體説來,通過諸民間教派對於《七真天仙寶傳》的增補和篡改,我們可以説,全真教及其最具象徵意義的核心資源,如王重陽度化全真七子以及全真教的内丹修煉理論等,在明清民國時期隱然成爲一種公共資源:民間宗教家、小説家以及善書局、普通信衆等似乎都可以隨意地消費全真教,借助全真教的經典故事和經典理論,以爲自身服務。當然,他們的舉動不出意料地引起了全真道士的不滿和回擊,但不可否認的是,他們在消費全真教的同時,也客觀上將全真教的經典人物故事和核心丹道理論推廣、介紹給了更爲廣泛的人群,並且,在這一點上,他們似乎作用更大,效果也更明顯。

(責任編輯:張琰)

---

① 黄永亮:《七真因果傳》,載《道外道書》第35册,成都:巴蜀書社,1994年,第433頁。

② 潘旭:《金蓮仙史》,載《古本小説集成》第90册,上海:上海古籍出版社,第3頁。

③ 關於李理山,可參見孔令宏、韓松濤:《民國杭州道教》,杭州:杭州出版社,2013年,第179~184頁。

④ 關於諸種小説、寶卷與全真正史的歧異之處,參見 Vincent Durand-Dastès:"A Late Qing Blossoming of the Seven Lotus: Hagiographic Novels about the Qizhen", pp. 80~88.

傳世明《道藏》印本的收藏與現狀

□尹翠琪

摘要:本文據筆者親身考察並結合文獻資料,探討十部傳世明《道藏》印本的收藏歷史和實物狀況。這些印本分别藏於北京白雲觀、陝西師範大學圖書館、泰安市博物館、青島市博物館、京都大學附屬圖書館、日本宫内廳書陵部、南陽市圖書館、中國國家圖書館、上海圖書館、北京故宫博物院。由於明《道藏》一直沿用明代兩次鐫刻的經板刷印,所以各印本的文字内容和版面形式基本相同,反而扉畫、護敕、牌記、護法神等,却每每跟隨刷印的緣由和裝幀使用的物料而改變,呈現出多種面貌。本文旨在補充迄今對各印本的認識,並展示明《道藏》這部官方大製作,如何藉不同的機遇走入民間;與此同時,印本之間又如何形成各自的特點,衍生出明、清版本的扉畫和護法神等圖像。

關鍵詞:《道藏》　版本　扉畫　裝幀

作者簡介:尹翠琪,香港中文大學藝術系副教授。於英國牛津大學取得哲學博士學位,主修中國藝術史。研究範圍包括中國陶瓷史、道教藝術、明清物質與宗教文化。曾主持的研究計劃包括香港特别行政區研究局資助的"元明道教神仙經傳畫研究"、"明《道藏》扉畫研究:構成、版本與歷史",以及正在進行的"清代廣東琺瑯研究"和"晚明物質文化研究"。曾在中外學術期刊發表多篇論文,並於2012年獲香港中文大學頒青年學者研究成就獎。

自二十世紀初至今,成書於明代正統十二年(1447)的《道藏》和萬曆三十五年(1607)的《續道藏》(以下合併本簡稱《道藏》),已從一部傳世量少,深藏道觀而不爲人認識的御製道教藏經,因著多次重印出版,成爲一部廣泛流傳且被學界高度重視的道教文獻。現時,有關《道藏》的研究,乃主要依據1988年文物出版社、上海書店、天津古籍出版社聯合出版的"三家本",或同期由臺灣新文豐出版社出版的《正統道藏》。① 兩者所據的底本,皆二十世紀初涵芬樓影印北京白雲觀藏(後藏中國國家圖書館)的明刻清印本。近年,有學者陸續關注到此本以外藏於國內外的其他明《道藏》印本的情況。② 但礙於過往對傳世印本的認識多建基於書目文獻,或祇針對某一印本作調查,因此,目前對各地所藏《道藏》印本的差異,尚缺乏深入研究。

本文主要就歷史淵源和實物狀況,討論明《道藏》的十個傳世印本,包括藏於北京白雲觀、陝西師範大學圖書館、泰安市博物館、青島市博物館、京都大學附屬圖書館和日本宮內廳書陵部的明刻明印本,以及南陽市圖書館、中國國家圖書館、上海圖書館、北京故宮博物院的明刻清印本。除北京白雲觀和日本宮內廳外,筆者親身查閱了其餘八處所藏的《道藏》印本,對它們的裝幀、大小等現存狀況進行了詳細記録,據此再結合文獻整理,本文期望能補充迄今對各印本的來歷和實物狀況的認識。

明《道藏》主要由兩部份組成:一是明永樂十七年(1419)成祖敕令編修、正統十二年(1447)完成刊板的5305卷共480函的正統刊《道藏》③;二是萬曆三十五年(1607)奉旨校梓完成的180卷共32函的《續道藏》。自萬曆《續道藏》完成後,明《道藏》便以合併正統刊《道藏》和萬曆《續道藏》共512函的合併本形式刊行,一直延續至今。本文討論的十部印本,六部明刻明印本屬正統刊印本或正統刊萬曆二十六年(1598)重印本,而四部明刻清印本則全是《道藏》合併本。

本文對不同《道藏》印本的考察,源於筆者對明《道藏》扉畫的版本研究,故有别於過往研究對《道藏》文字部份的關注,本文更著重各地藏印本扉畫及每函首尾非經文的部分。由於《道藏》經文的文字一直沿用明代兩次鐫刻的經板刷印,所以除各印本後補的卷册,文字内容和版面形式基本相同,反而扉畫、護敕、牌記、護法神等,却每每跟隨各印本刷印的緣由和裝幀使用的物料而改變,呈現

---

① 白雲觀長春真人編纂:《正統道藏》,臺北:新文豐出版社,1985~1988年;《道藏》,北京:文物出版社、上海:上海書店、天津:天津古籍出版社,1988年。

② 范恩君:《泰山岱廟藏明萬曆聖旨及〈道藏〉考》,《中國道教》2003年第1期,第41~42頁;王宜峨:《北京白雲觀與明〈正統道藏〉》,《中國宗教》2007年第3期,第77頁;王紅玲、張藜:《青島市博物館館藏明代萬曆〈道藏〉再探》,《宗教學研究》2010年第1期,第11~16頁;劉迅:《南陽玄妙觀〈道藏〉源流及軏圖閱藏記略》,《道教文化研究中心》2013年第29期,第1~5頁;横手裕編:《宮内庁書陵部所藏道藏を中心とする明版道藏の研究》文部科学省科学研究費補助金基盤研究(B)研究成果報告書,東京:東京大学大学院人文社会系研究所,2014年,第13~67頁;金志玹:《京都大學附屬圖書館所藏道藏》,載横手裕編:《宮内庁書陵部所藏道藏を中心とする明版道藏の研究》,第135~170頁;于文濤:《國内外現存明版〈道藏〉狀況調查》,《中國道教》2017年第1期,第22~27頁。

③ 虞萬里:《正統道藏編纂刊刻年代新考》,《文史》2006年第4輯,第10頁。

多樣的面貌。[①] 下文按刊印和頒賜年份,討論十部傳世《道藏》印本,展示《道藏》這部官方大製作,如何藉不同的機遇走入民間;與此同時,印本之間又如何形成各自的特點,衍生出明、清版本的扉畫和護法神等圖像。

(一)北京白雲觀藏正統刊本

北京白雲觀曾收藏兩部《道藏》,一部是正統十二年英宗御賜的正統刊印《道藏》;另一部是道光年間(1821—1850)曾歷重修的《道藏》合併本,後轉予國家圖書館(見下文6)。據學者王宜峨介紹,現存於觀内的正統刊印《道藏》僅剩半部,但確實數目未明。[②] 從出版物所見,其中有經卷覆藍絹書衣,上貼深黄綾題簽。[③] 北京白雲觀是少數藏有正統刊印《道藏》殘帙的道觀。刻於正統十三年(1448)的許彬《賜經之碑》,載正統十二年(1447)八月初十日,"皇帝聖旨:朕體天地保民之心,恭成皇曾祖考之志,刊印道藏經典,頒賜天下用廣流傳。乃以一藏安奉白雲觀,永充供奉,聽所在道官道士,看誦讃揚,上爲國家祝釐,下與生民祈福,務須祗奉守護,不許縱容閒雜之人,私借觀玩,輕慢褻瀆,致有損壞遺失,違者必究治之。諭。正統十二年八月初十日"[④]。碑上既説明英宗刊印《道藏》旨在保國安民,繼成祖之志,亦説明了白雲觀獲賜《道藏》的事實。

筆者未嘗有機會查閲此藏。從出版物所見,該藏的《道德真經集義》卷十二和卷十五,藍書衣上貼黄題簽,與萬曆重印本的典型黄書衣不同;而每函首卷的扉畫和龍牌,則爲所有《道藏》明印本所沿襲;每函最後一卷末有護法神馬元帥,無牌記。

(二)陜西師範大學圖書館藏"嘉靖三年八月初十日"龍牌之萬曆印本

陜西師範大學圖書館藏有"稱""芥""交""弁"4 函共 31 卷《道藏》零本。[⑤] 然而,其中"稱"卷一及"弁"卷一的龍牌,將原本"正統十年十一月十一日"的刊

---

① 有關《道藏》扉畫傳世的兩個主要版本,見拙文:《〈道藏〉扉畫的版本、構成與圖像研究》,《美術史研究集刊》第 43 期,2017 年 9 月,第 1 ~ 140、353 頁。

② 王宜峨:《北京白雲觀與明〈正統道藏〉》,第 77 頁。

③ 游子安、游學華編:《書齋與道場:道教文物》,香港:香港中文大學道教文化研究中心、文物館、香港道教聯合會,2008 年,第 205 頁。筆者曾於 2016 年 9 月訪問學者王宜峨,她稱曾親見北京白雲觀所藏《道藏》,當中各卷的裝幀用料和書衣顔色不儘相同。她認爲,藍絹爲書衣的經卷應是《道藏》正統刊印本,餘者則是道觀歷年爲失佚經卷而製的後補本。惜筆者一直無法得見白雲觀所藏《道藏》,故不能確定具體情況。

④ 李養正:《新編北京白雲觀志》,北京:宗教文化出版社,2003 年,第 698 頁。此聖旨内容與當時賜予多所道觀的賜經旨相同,詳見陳國符《道藏源流考》,台北:古亭書屋,1975 年,第 177 ~ 178 頁。

⑤ 即"稱"字號卷一至九、"芥"卷一至十、"交"卷四至九,以及"弁"卷一至六。陜西師範大學圖書館索書號:綫善甲 230/444。"芥"卷一印有"正統十年十一月十一日"龍牌。

板日期，挖改成“嘉靖三年八月初十日”（即公元1524年9月7日），是明嘉靖初年嘗試整理《道藏》重印的證明。

該《道藏》殘帙先是由古籍專家黄永年購得，後收入其任職的陜西師範大學，並在1979年他編纂的《陜西師範大學圖書館善本書目》提到殘本上的嘉靖牌記。[①] 據筆者考察，“稱”卷一每面高34厘米、廣12.7厘米，而扉畫一連七面，與其左的龍牌上下欄相連，扉畫連龍牌框高27.5厘米、廣101.9厘米（扉畫廣89.1厘米）。與扉畫同印於一紙之上。龍牌形制跟北京白雲觀藏本相同，屬典型明刻本。龍牌上的龍鱗細密，“御製”二字字體較粗，扉畫刷印亦粗糙，畫中跪者形象模糊，個别細節亦因刷墨過多而僅現黑色。

同函“稱”卷九、“芥”卷十、“交”卷九的牌記和護法神相同。[②] 牌記印有“大明萬曆戊戌年七月吉日奉旨印造施行”，整體刻線欠流暢，尤其雲紋刀鋒轉折明顯，龍紋刻劃粗糙，龍身每行衹鱗片兩片，近於萬曆朝粗獷簡率的版畫風格。此外，護法神雖與其他明版相似，但鼻口用一線相連，線條轉折成角，亦較他本粗糙，所以此三卷的牌記和護法神應刻於萬曆年間。

關於“嘉靖三年八月初十日”龍牌，柳存仁教授早於1981年已撰文詳述。當時，他考察了日本東京大學東洋文化研究所藏萬曆重印《道藏》殘帙，發現“嘉靖三年八月初十日”龍牌者十種，他描述的龍牌，與陜西師範大學圖書館所藏的非常接近。[③] 柳氏認爲，“嘉靖三年”牌記“實即改正統十年十一月十一日之原刻而爲之者，所以紀念嘉靖初亦嘗重印此《正道藏》一次之事而已。挖改並非重刻”[④]。筆者基本同意柳氏看法，且對於嘉請三年是否有落實重刊，抱有懷疑。因爲重印《道藏》此等宫廷大型製作，在嘉靖初年世宗與大臣就“大禮議”激辯之際，不可能不引起議論。但此事史書失載，且據筆者目力所及，存嘉靖龍牌的《道藏》經卷寥寥可數，且都刊於萬曆年間，所以未能證實嘉靖朝曾重印《道藏》。也許，嘉靖朝衹進行了挖改龍牌和整理部分刊板，尚未重印；至萬曆重印《道藏》時，雖補刻了重印牌記，但未及覆查所有經板，除去嘉靖朝的改動，纔導致出現一藏兩種龍牌的情況。

---

① 黄永年編：《陜西師範大學圖書館善本書目》，1979年，第18頁，轉載自曹旅寧：《明刻道藏中的嘉靖三年八月初十日牌記》，《讀書》2011年第4期，第113～114頁。另見黄永年述，曹旅寧記：《黄永年文史五講》，北京：中華書局，2011年，第58頁注1。

② “弁”字函衹存卷一至六，故未知該函末卷有没有萬曆牌記。

③ 惜筆者於2015年向東京大學查詢《道藏》殘帙時，研究所稱並無收藏，故筆者無從覆查。

④ 柳存仁：《道藏刻本之四個日期》，收入《和風堂文集·中》，上海：上海古籍出版社，1991年，第971頁。

（三）泰安市博物館藏萬曆印本

泰安市博物館所藏《道藏》，是明神宗於萬曆二十七年（1599）賜予岱廟的萬曆印本。該《道藏》現存 1360 卷，入選國家第一批珍貴古籍名録，編號 01989。[①]該藏包括小量藍絹書衣《道藏》經册，餘者皆黄絹書衣。這套《道藏》雖然佚失甚多，但流傳有序，隨經頒賜的聖旨尚存。萬曆聖旨云："敕諭東嶽泰山天子廟住持及道衆人等：朕發誠心，印造道大藏經，頒施在京及天下名山宫觀供奉，經首護敕，已諭其由。爾住持及道衆人等，務要虔潔供安，朝夕禮誦，保安眇躬康泰，宫壺肅清，懺已往愆，尤祈無疆壽福，民安國泰，天下太平，俾四海八方，同歸清静善教，朕成恭己，無爲之治道焉。今特差道經廠掌壇尚膳監太監李昇，齎請前去彼處，供安各宜，仰體知悉。欽哉故諭。大明萬曆二十七年閏四月二十四日。"[②]聖旨上蓋"廣運之寶"朱文方印，明確説明岱廟獲御賜的是萬曆印本，原由道經廠管理，在重印後十個月頒予岱廟。

此本的"天"字函卷一已佚，所以聖旨提及的護敕已不存。然而，泰安市博物館保存兩種裝幀不同的經卷却值得注意。據筆者考察，千字文"河"函卷一，黄絹書衣，每面高 35.5 厘米，廣 12.6 厘米，封面上方正中貼藍絹黑框題簽。扉畫框高 27.6 厘米、廣 88.7 厘米，龍牌緊隨其後。"河"卷十卷末有萬曆戊戌牌記和護法神。其"黄綾書衣，藍色題簽"，跟法國國家圖書館所藏《道藏》相一致，是萬曆二十六年重印《道藏》的標準裝幀。此外，該部《道藏》另有 10 卷（一説 60 卷）覆藍絹書衣。以"黄"卷一爲例，每面高 38 厘米、廣 12.7 厘米，而扉畫則高 28.2 厘米、廣 89.4 厘米，與龍牌同刊於一紙。

比較藍書衣和黄書衣的《道藏》的經面，發現前者較後者高 2.5 厘米，且前者的卷末有護法神而無牌記，跟黄書衣的萬曆印本不是一套。學者范恩君估計，藍書衣的經卷是明嘉靖三年世宗修訂《道藏》時新增的部分。[③] 然而，藍書衣《道藏》的龍牌均没有被挖改成"嘉靖三年八月初十日"，因此跟嘉靖三年重整《道藏》應無關係。反而它們每面高達 38 厘米、卷末有護法神而無牌記的特徵，與京都大學附屬圖書館所藏的部份《道藏》零種相近。這些藍書衣的經卷是否正統刊

---

① 泰安市博物館所藏的《道藏》數量有多種説法：1360 卷，中國國家圖書館、中國國家古籍保護中心編：《第一批國家珍貴古籍名録圖録》第 7 册，北京：國家圖書館出版社，2008 年，第 155 頁；1370 卷，見於山東省情網山東省省情資料庫：http://www.sdsqw.cn/bin/mse.exe?seachword=&K=a&A=72&rec=688&run=13（檢索日期 2017 年 6 月 7 日）；1576 卷共 227 函，見於范恩君：《泰山岱廟藏明萬曆聖旨及〈道藏〉考》，第 42 頁。

② 此聖旨的圖像檔案由泰安市博物館提供，特此鳴謝。

③ 范恩君：《泰山岱廟藏明萬曆聖旨及〈道藏〉考》，《中國道教》2003 年 1 月，第 42 頁。

《道藏》零本？抑或是民間借《道藏》經板自行印製的經册？這些問題仍尚待探討。

（四）青島市博物館所藏萬曆印本

青島市博物館所藏《道藏》，是神宗於萬曆二十八年（1600）賜予嶗山太清宫。神宗賜藏，緣於萬曆初年僧人憨山入嶗山買太清宫舊基改建佛寺，後佛寺建成，耿義蘭等嶗山道士欲争回太清宫，故於萬曆十七年（1589）、十八年（1590）提出對太清宫廟産的訴訟，並最終遠赴京師告御狀，於二十三年（1595）的提審中獲勝訴。萬曆二十八年，神宗手諭降旨“毁寺復宫”，並賜《道藏》四百八十函予太清宫。[①] 直至 1966 年，該藏纔從太清宫移至青島市博物館。

青島市博物館所藏《道藏》是現存明版刊本中最爲完整的一套，存 4946 卷共 480 函，入選國家第一批珍貴古籍名録，編號 01990。[②] 全藏皆黄綾書衣，“天”字函卷一，每面高 35 厘米，廣 12.7 厘米，封面上貼藍絹黑框題簽。扉畫框高 27.5 厘米、廣 89.2 厘米，後爲龍牌。扉畫和龍牌後是一連七面的護敕。護敕全文如下：

> 皇帝敕諭勞山太清宫主持及道衆人等：朕惟道藏一書，乃黄帝老子以來，諸高士名流玄言法旨，大較以清静慈儉爲宗。朕自冲昧，承嗣洪基，迄今廿有七禩。天下和平，臣民樂業，實皆天眷祖德所致，足徵靈通妙應之機。昔漢文帝嘗用其言，庶幾富庶之風。所謂道之精以治身，其緒餘以爲天下，非其驗歟？厥後源流漸廣，文字遂繁：金簡丹書，紛然並出。符籙科教，沓爾嗣興。其説在拔濟幽途，祈求福利。雖曰多端，要以作善降祥，不善降殃感應之理，焉可誣也。我祖宗設立道録一司，專領是教。聖母慈聖宣文明肅皇太后嘗命摹印全經，頒布天下。朕既序之簡端，跋之篇末矣。兹者國靈遐鬯，蕩除海氛。朕祗承天地祖宗之佑，思與四方休息，歸于無爲。念爾蠢蠢衆生，智識各别，明罹罪罟，幽負譴責。一夫不獲，是予之辜。所以首過雪愆，祈恩請福，朕實惓惓也。爰命所司，印造全藏四百八十函，施捨在京及天下名山諸道觀，用廣其傳。凡爾羽流，其焚香諷誦，信受奉行。爲國祝釐，爲

① 秦國帥：《明萬曆間嶗山太清宫廟産之争及道教形象初探》，《故宫學刊》總 13 輯，2015 年，第 106～115 頁；任穎卮：《嶗山道教史》，北京：中央編譯出版社，2009 年，第 42～44 頁；王紅玲、張藜：《青島市博物館館藏明代萬曆〈道藏〉再探》，《宗教學研究》2010 年第 1 期，第 14 頁。

② 中國國家圖書館、中國國家古籍保護中心編：《第一批國家珍貴古籍名録圖録》第 7 册，北京：國家圖書館出版社，2008 年，第 156 頁。

民解罪。潔嚴頂禮,永遠尊藏。不許褻玩損失。特賜護敕通知。欽哉故諭。

大明萬曆二十七年□月□日(篇末有"廣運之寶"朱文方印)。

護敕説明,重印《道藏》,是萬曆皇帝生母李氏慈聖宣文明肅皇太后(卒於1614)的意思,旨在"施捨在京及天下名山諸道觀,用廣其傳",令天下道流"焚香諷誦,信受奉行。爲國祝釐,爲民解罪。潔嚴頂禮,永遠尊藏"。内容與蒲州通元觀所獲賜的《道藏》護敕内容相似①,惟首句題"皇帝敕諭勞山太清宫主持及道衆人等",末句紀年"大明萬曆二十七年□月□日"。護敕年份較頒賜年份早,可見護敕的内容早在神宗賜《藏》予太清宫前已訂定,是通用於神宗賞賜的所有《道藏》,僅首句略作修改。

護敕後另有一連六面由神宗撰寫的《御製聖母印施道藏經序》,及大學士申時行等敕撰的《聖母印施道藏經讚有序》一連十面,兩者皆爲其他傳世《道藏》印本所無,所以别具價值。神宗在"御製聖母印施道藏經序"中,先以論道開始:"朕惟古之言道者,曰道生一,一生二,二生三,三生萬物,則道者天地萬物之本,雖造化不能違也。而宗其教者,世猥以方外,絀之遡。觀黄帝而下,若老聃尹喜之徒,著書託喻,傳之其人,自是以來,言詮流衍,篇帙彌繁,至有黄庭大洞之法,丹臺紫府之經,秘檢靈文,往往而出,論者謂其雜而多端信矣。然綜其大指,以清静爲本,慈儉爲用,要歸于冲虚恬澹,合體自然,斯其説亦不可廢焉。"再而重申,《道藏》的重印實是其生母李皇太后之意:"我聖母孝慈宣文明肅皇太后,佑啓沖人,遵守成業,亦既嘉與海内休息,乎無爲間者。又復摹印道藏全經,頒布於各祠觀,欲使人博誦廣傳,回心而嚮道,書稱歛時,五福用敷,錫厥庶民,意正如此矣,猗與休哉!"其用意在於將《道藏》頒布天下,使庶民得以傳誦致福。再後一段略論凡人的精神智力,如何隨日消磨,但由於該兩面已殘,故具體内容不詳。

《聖母印施道藏經讚有序》,下款題"少師兼太子太師吏部尚書中極殿大學士臣申時行等奉敕撰",是申時行領導撰寫的序、讚文。序文首記"萬曆乙酉(1585)夏五月我……聖母慈聖宣文明……若干卷頒……尊奉誦習,爲……國祝釐歸福"。似乎是將重印《道藏》的緣起,上推至萬曆十三年,惜礙於經文殘損,無法得知具體内容。之後幾段,一方面推崇道教之功,另一方面則頌讚李皇太后"道合玄元,德侔坤厚",以道弦濟群生,使民"各循分而樂生,遷善而遠罪",並"普施(道藏),幸及中外臣民,函蒙福祉"。其後的讚文,更將李皇太后描繪成"妙契真

---

① 陳國符:《道藏源流考》,第193~194頁。

詮”“群仙率從”之仙人,對她作爲國母,能保天子長壽、國土永久,讚譽有嘉。[①]上述兩篇《聖母印施道藏經序》,皆旨在藉不同人之口,歌頌李皇太后,亦將《道藏》重印頒施,解釋爲愛國護民之舉。

值得注意的是,《聖母印施道藏經序》上的龍紋,具典型晚明版畫特徵,造型簡率粗糙,線條交代不清,刻劃曲折明顯,與陝西師範大學圖書館所藏零本的卷末牌記和護法神相似。這種晚明的版畫風格,明顯有别於傳世萬曆二十六年印本的扉畫、龍牌和護法神。據此推測,上述各《道藏》印本在印刷時仍沿用正統刊經板,特别是萬曆牌記的龍紋牌飾,不論形制大小、紋様和風格,皆與正統龍牌一致,很可能是萬曆朝將幾個正統刊的《道藏》龍牌經板,挖掉其方框内的御製贊文,改成“大明萬曆戊戌年七月吉日奉旨印造施行”。故此,除少數例子使用了萬曆重刻的龍牌,大部份傳世的萬曆印本仍是使用正統刊的舊經板刷印而成。

此外,青博的《道藏》雖全覆黄書衣,但部分使用的布料不一,顯示其中有重裝和後來補造的經卷。例如,“天”字函卷一、二、三的封皮題簽的處理不同。第一卷淡黄絹上織連續的菱形暗花紋,藍題簽上墨書經目,而第二卷和第三卷則同覆素黄絹,不過卷二的經目爲墨書,卷三則是刷印。相較其他傳世《道藏》的裝幀,卷三屬典型萬曆印本,卷二的題簽當是後來補造,而卷一則是整卷重裝。卷一使用的淡黄菱暗花絹,亦見用於其他函的部份經卷,如“英”字和“女”字函。“女”卷一的經文,是仿照《道藏》的形式抄於紙上,明顯是因部份經卷失佚,故用抄本補足。由於筆者未嘗檢閲全藏,所以不知後補經卷的數量。

(五)南陽市圖書館藏康熙四十七年(1708)重修本

南陽市圖書館所藏《道藏》,包括現存 5001 卷的正統刊《道藏》和存 212 卷的萬曆《續道藏》,入選第一批國家珍貴古籍名録,編號 04997 和 04998。[②] 此藏獨特之處,在於首函首卷龍牌後另有一面,上印“大清康熙四十七年三月十八日重修”,是迄今所見最早的明刻清印本。此外,在“天”字函卷一末,有墨書“信官三寶佛弟子揆叙誠造”並“揆叙圖書”朱文方印;全藏最後“纓”字函卷五末面,亦有墨書:“信官三寶佛弟子揆叙獻”並“揆叙圖書”朱文方印。這些墨跡,都顯示該

---

① 贊文如下:“粤稽鴻濛,苞涵元化。五千微言,闡自柱下。代有作者,寶笈珠經。七聖紫文,三關黄庭。大道渺茫,真人不作。浩劫況真,疇其光覺。於皇聖母,妙契真詮,體柔居静,象帝之先。載啓清微,手披丹籙。玉妃拂筵,金母授牘。乃頒緗帙,于彼琳宫。百靈常護,群真率從。牖世開人,登閎上理。道濟軒轅,俗返畏壘。玄穹佑命,天子凝之,九垓薦祉,聖母成之,老氏有言,爲天下母,有國之母,可以長久,保兹天子,茀禄斯長,載其清静,萬壽無疆。”

② 中國國家圖書館、中國國家古籍保護中心編:《第二批國家珍貴古籍名録圖録》第 7 册,北京:國家圖書館出版社,2010 年,書號 04997、04998,第 147、149 頁。

藏雖然來自宮廷,但原來並非宮廷所有,而是另有淵源。

據學者劉迅的研究,此藏原屬南陽玄妙觀,是同治六年(1867)清廷應南陽地方官員和士紳之請,頒賜予玄妙觀道士張宗璿,以嘉獎他在太平軍圍攻南陽之時,捐資築砦,領道衆護城保國。① 當時,禮部建議"相應請旨飭下内務府,由武英殿發給大藏經全部交該道士祇領以昭尊奉",所以頒予玄妙觀的《道藏》是從武英殿調出,而非内務府即時重印。這部《道藏》的原主人揆叙(1675—1717),納喇氏,字凱功,號惟實居士,滿州正黄旗人,爲康熙朝大臣。康熙四十七年《道藏》重修之時,他剛升任經筵講官教習庶吉士,並遷工部右侍郎,後累官至左都御史,續掌翰林院事。劉迅推測,揆叙"或許在當年宫内道藏重修完成後,特别請印了一部,留在家中供奉,爲自己加持功德",而這部《道藏》最後進入宫中,"大概是因爲揆叙本人因爲擁立八阿哥允禩而獲罪於雍正,所以在死後遭受削官奪謚的制裁時,家産也受到影響",《道藏》便隨他的藏書充公入庫。至同治六年,這套《道藏》纔從武英殿調出,賜予南陽玄妙觀。②

這部《道藏》的扉畫是迄今所見年代最早的清版圖像,其龍牌和護法神亦跟正統刊《道藏》不同,卷末無萬曆重印牌記,可見在康熙朝重印《道藏》前,每函經前後的圖像經已重刻。此外,這部《道藏》的大部份經卷,皆在藍花綾書衣上貼黄綾題簽。以"稱"字函卷一爲例,每面高 36.2 厘米、廣 12.8 厘米,扉畫高 27.2 厘米、廣 89 厘米,但扉畫在道德天尊的右側有接駁位,所以扉畫應是由兩塊雕版分别刷印,再合併而成。此外,筆者在考察過程中,圖書館善本部的工作人員從"難"字和"緣"字函中,提出數卷黄綾書衣上貼黄紙題簽的經册。黄書衣者以"緣"字函卷二爲例,每面高 36.6 厘米、廣 12.7 厘米,經卷大小跟藍書衣者接近。圖書館員稱,此類黄綾書衣經卷數目不多。觀其扉畫、龍牌和護法神亦屬清版。這些黄衣經卷應是後補本。

(六)中國國家圖書館藏《道藏》清印本

北京白雲觀除現藏的正統刊《道藏》殘帙之外,還曾收藏一套《道藏》合併本,後者於 1950 年移庋國家圖書館。據國家圖書館的電子書目,現存 4736 卷。③

---

① 劉迅:《南陽玄妙觀〈道藏〉源流及宛圖閲藏記略》,《道教文化研究中心》第 29 期,2013 年 3 月,第 1 ~ 5 頁;另見於傅壽彤:《南陽元妙觀藏經閣記》和《禮部碑》,現存於南陽市博物館。

② 劉迅:《南陽玄妙觀〈道藏〉源流及宛圖閲藏記略》,第 4 頁。

③ 中國國家圖書館將之分列爲《正統道藏》共 4552 册(http://find.nlc.cn/search/showDocDetails?docId=3011558407013139776&dataSource=ucs01&query=道藏)及《續道藏》共 184 册(http://find.nlc.cn/search/showDocDetails?docId=7005993667905743909&dataSource=ucs01&query=續道藏;檢索日期:2018 年 1 月 1 日)。

該套《道藏》的扉畫屬清版，何時入藏白雲觀並無明確記載。據道光二十五年(1845)鄭永祥和孟至才撰《白雲觀重修道藏記》，該藏在觀中已久，但由於"閲藏者不一其人，主事者弗介乎意，遂至三洞真經，頗多殘缺"，直至道光二十五年大檀越（施主）王廷弼助資修補，纔"借諸山之經，繕本補入，數月之間，竟成完璧"①。由此可知，該套《道藏》合併本早存白雲觀，道光二十五年衹是對該印本進行重修，並未涉及修補舊經版等工作。②

國圖藏本以"天"字函卷一爲例，覆黄絹書衣，書目印於紙質題簽上。每面高37.2厘米、廣12.8厘米，扉畫高27.5厘米、廣89.4厘米，扉畫分兩版片刷印，於第五面（即道德天尊左側）接駁。每卷末頁均有"白雲觀印"朱文印。卷十末頁有護法神而無牌記。

1923年，趙爾巽、康有爲等十三位有識之士，共同發起重印《道藏》。他們從北京白雲觀借得此套《道藏》合併本爲底本，由商務印書館於上海涵芬楼影印，前後用了三年時間，於1926年完成每部1120册的《道藏》，即所謂涵芬樓本。③《道藏》此後幾次重印，都是以涵芬樓本爲底本，並在此基礎上作校勘縮印，所以此套重修於道光二十五年的印本，可謂現代人認識《道藏》的基礎材料，尤其全藏首頁所載的清版扉畫，亦隨著涵芬樓本被多次複印而廣泛流傳，成爲現代人主要接觸到的《道藏》扉畫圖像。

陳國符先生曾將此部《道藏》的目録，與明天啓朝南京道士白雲霽所撰《道藏目録詳注》作比較，列出晚明之際《道藏》合併本所收道書，不論在卷數和存缺方面，都跟此部《道藏》稍有不同，因而認爲晚明《道藏》的版本與清末有異，清代或曾修訂《道藏》使用的經卷版本。④ 就此，筆者在考察青島市博物館所藏明版《道藏》時，就特别針對陳氏列舉明清版本缺卷和分卷不同之部份，抽樣提出了"宿""收""薑""女""節""母""傅""叔"字號共八函，將它們與涵芬樓影印本作比較。筆者發現，兩者的分卷和缺卷數目相符，並未有跟《道藏目録詳注》相同的例子。

同樣，筆者又曾將陳氏懷疑明、清《道藏》刊本的可能差異，與劉迅所録的"康

---

① 守一子編：《道藏精華録上》，杭州：浙江古籍出版社，1989年；陳國符《道藏源流考》，第181頁。

② 本文觀點不認爲該藏印於道光二十五年，與王宜峨主張該藏是"清代道光年間用明代《道藏》經版印刷而成的《道藏》"的觀點不同。王宜峨：《北京白雲觀與明〈正統道藏〉》，第77頁。

③ 趙爾巽等：《重印正統道藏緣起》，收入北京圖書館善本組編：《一九一一——一九八四影印善本書序跋集録》，北京：中華書局，1995年，第301～302頁；陳國符：《道藏源流考》，第181～182頁。

④ 陳國符《道藏源流考》，第183～187頁；劉迅：《南陽玄妙觀〈道藏〉源流及宛圖閲藏記略》，第3～4頁。

熙四十七年”印本作對比,發現在存缺和卷數上,康熙四十七年印本的“外”字函《太平經鈔》、“叔”字函《無上秘要》、“杜”字函《太上中道妙法蓮華經》、“卿”字函《贊靈集》、“纓”字函《莊子翼》等書目,皆與涵芬樓影印本完全相同,而有別於《道藏目録詳注》所載。由此推測,清代對明《道藏》的所謂“重修”,應該衹涉及變更扉畫及全藏首尾的圖像,並或涉及對個别文字進行修補,而此重修早在康熙四十七年便已完成,當中應没有涉及補充缺經或更换道經版本。至於道光二十五年白雲觀對所藏《道藏》合併本的重修,亦無涉及道經版本更訂。故此,當今流通最廣的《道藏》合併本,仍是用明正統朝和萬曆朝刻造、並於清康熙朝曾稍作修整的經板印造,而此套經板亦爲清代印製的所有《道藏》所共用。

(七)上海圖書館藏《道藏》印本

上海圖書館藏《道藏》,原庋藏上海白雲觀。該藏每卷覆黄綾書衣,上貼黄題簽,每面高 35 厘米、廣 12.7 厘米。每函首卷前有清版扉畫、龍牌,扉畫高 26.8 厘米、廣 89.7 厘米,同樣由左右兩塊雕版印成,並於第五面接駁。最後一卷末刊護法神。據陳國符的記載,原每函有標籤曰“同治五年(1866)重修”。[①] 但筆者考察時,“天”字函套上無標籤,可能已被更换。陳國符曾引五十年代道士劉永祥稱,“上海白雲觀於清同治中由道士徐立成創立,其《道藏》於光緒十六年(1890)由嘉定徐郙頌閣狀元(同治壬戌科)向北京請來。徐郙乃徐立成之同族也”[②]。可見光緒年間徐郙請得的這部《道藏》曾於同治五年重修。

陳國符曾比較上海白雲觀藏本和燕京大學所刊涵芬樓影印《道藏》詳目,發現兩本所藏《太平經》《無上秘要》《道教義樞》的存缺卷全符合,因而推測“疑北平白雲觀《道藏》於道光二十五年重修後,大光明殿道藏經板亦依此藏重行補板,於同治五年補板及重編完畢。光緒十六年上海所請正、續《道藏》,即用此板印造,故二藏完全符合也。或此乃北方道觀舊藏,道光二十五年北平白雲觀道藏重修後,此藏即據以寫補,故二藏相同,亦未可知”[③]。然陳國符書寫之時,未知有康熙四十七年重修本。如上節所述,《道藏》重刻扉畫和修整經板,早在康熙朝已完成,所以上海白雲觀和原北京白雲觀所藏的清代重印《道藏》,經目和卷數相符,實是理所當然。由此亦可知,所謂同治五年的《道藏》重修,應不涉及版本更訂,而僅僅是對該印本進行修整。

---

① 陳國符:《道藏源流考》,第 188 頁。

② 陳國符:《道藏源流考》,第 188 頁。

③ 陳國符:《道藏源流考》,第 188 頁。

(八)京都大學附屬圖書館藏本

京都大學附屬圖書館藏《道藏》45 卷共 16 種道經,其中"珍"字函卷一、"節"卷一和"持"卷一載有明版扉畫,而"日"字函卷八、"罔"卷十、"珍"卷十一、"唱"卷十有護法神。① 這幾册《道藏》,是京都大學於二十世紀初從日本書商分别購入,由於各卷裝幀和刊版特徵不盡相同,應是來自多套《道藏》。

據筆者考察,"節""持"和"珍"三函首卷的扉畫大小相近,約高 27 厘米、廣 89 厘米。前二者皆覆藍絹書衣,黄題簽,扉畫和龍牌是用一紙從同一塊雕版刷印而成,爲典型明刊扉畫的印刷方式。"珍"字函卷一的書衣則是紅色封皮上覆米白色絹,黄絹上畫雙框墨書經目和千字文序號,扉畫刻劃稍粗,如跪者衣背的鬱羅蕭臺繪畫不清,全張扉畫雖用一塊雕版刷印,但由兩紙接駁而成(接合於道德天尊右側)。同函卷十一末有後加的牌記和護法神,兩者不屬官方樣式,牌記既無龍紋亦無萬曆題記,且板框的高度亦較經文小得多,顯然是民間刊製。此外,除"日"字函卷八爲黄絹書衣外,"罔"卷十和"唱"卷十皆是藍絹書衣。三卷末皆衹有護法神而無牌記。

上述幾卷《道藏》零本,其扉畫、護法神的圖像,和没有經末牌記的特點,都與正統刊《道藏》一致,但它們的書衣質料、顔色以至後加的牌記和護法神的雕刻水平,都具民間製作的特色。這或許是民間向宫廷借出部分《道藏》經板自行印製的例子。由於缺乏可靠的題記和來源記載,其製作年代難考。

(九)日本宫内廳書陵部藏本

日本宫内廳書陵部所藏《道藏》,據《圖書寮漢籍善本書目》(1930 年)和《和漢図書分類目録》(1951 年),全套合計 460 函共 4115 卷。② 該藏的函套和書衣皆深藍,每面高 32.9 至 33 厘米、廣 12.7 厘米,較大部份萬曆重印本短 2 厘米,是一部經過裁切、修整(主要是補缺字及託底)和更换函套的刊本。③

筆者從宫内廳取得該部《道藏》洞真部中 14 卷具卷首扉畫和龍牌的圖像複製本,及 12 卷卷末的龍牌複製本,發現該藏洞真部的扉畫都由同一雕板印出,跟其他《道藏》使用多塊雕板刷印、每函首卷扉畫稍異的情況不同。此外,卷首扉畫

---

① 該館藏的經册包括"日"字函卷四至八、"罔"卷二至八、十、"珍"卷一至六、九至十一、"芥"卷四、七、八、"四"卷四、"唱"卷十、"諸"卷五、"節"卷一、四、七、十、"意"卷二、五至八、"持"卷一至三、五、八、"笙"卷七、九、"階"卷四。金志玹:《京都大學附屬圖書館所藏道藏》,第 136 ~ 141 頁。

② 宫内庁書陵部編:《圖書寮漢籍善本書目・中》卷三(東京:宫内庁書陵部,1930),第 81 頁前 ~ 82 頁後;横手裕:《宫内庁書陵部所蔵道蔵を中心とする明版道蔵の研究》研究成果報告書,第 5 頁。

③ 横手裕:《宫内庁書陵部所蔵道蔵を中心とする明版道蔵の研究》研究成果報告書,第 43 頁。

和龍牌明顯由兩紙接駁，跟一般明印本用一紙印製不同，其黏合之處可見龍牌右邊亦印有扉畫最左邊的人物。由此可知，扉畫和龍牌是刻於同一雕板，衹是由於紙張長度不足，龍牌需另裁紙一折印製。另外值得注意的是，洞真部經卷的卷末龍牌，並非典型"萬曆戊戌年"的龍牌。這些龍牌皆中空無字，且底座被截去，比一般短小；另有少數手書雙框"大明萬曆戊戌年七月吉日奉旨印造施行"牌記，出現在墨書補寫的經卷末頁。這些處理方法，都異於官方對《道藏》圖像的處理，具鮮明的民間特點。

宮内廳所藏《道藏》的流傳和收藏情況，學者横手裕曾作詳細考證。[①] 該部《道藏》最初由毛利高標持有，毛利高標乃 1760 至 1801 年間佐伯藩第八代藩主，也是當時的大學者。現存《道藏》多卷的頁面，仍可見方形"佐伯侯毛利高標字培松藏書画之印"，是他曾珍藏該部《道藏》的明證。當時，毛利高標爲搜羅稀有書籍，每逢中國商船停泊長崎港，他都會遣使搜購大量書籍，並於 1781 年設立佐伯文庫收藏管理。1827 年，佐伯藩第十代藩主毛利高翰將包含《道藏》在内的兩萬多册文庫藏書獻給江户幕府。幕府於 1828 年將其藏書收編入紅葉山文庫，即江户城内的官立圖書館。[②] 明治維新後，隨著政府架構變動，紅葉山文庫於不同部門間多次轉移，該套《道藏》最終入藏宮内廳書陵部。

此《道藏》傳入日本的時間，現藏於長崎縣平户市松浦史料博物館的中國船隻出入口文件抄本《寅拾番船持渡書改目録寫》中有提及。抄本首頁有"平户藩藏書"朱印，爲平户侯松浦清持有。抄本封面書名旁記字兩行分别是"子十月廿八日寫於崎陽羈館燈下"及"天明六年春正月毛利和泉守ヨリ借寫小白"（天明六年自毛利和泉守（即毛利高標）借寫）。[③] 由於書名並無完整干支紀年，學者衹能以抄寫時期爲基礎考據文件的年代。横手裕提出，抄本既然寫於天明六年（1786），往前推算最近的子年爲 1780 年，在此之前最近的寅年爲 1770 年，是該文件的記録年份。他認爲，《道藏》是搭載 1770 年十號船傳入日本。[④]

---

① 下文將依據横手裕的研究略作介紹。横手裕：《宮内庁書陵部所蔵道蔵を中心とする明版道蔵の研究》研究成果報告書，第 13～56 頁。特别鳴謝趙惠盈對日文研究材料的翻譯和整理。

② 從現存文獻《重訂御書籍來歷志》中，亦有關於《道藏》獻本的記載，提到是"毛利出雲守獻本之一也"。横手裕：《宮内庁書陵部所蔵道蔵を中心とする明版道蔵の研究》，第 35～37 頁。

③ 平户侯松浦清，字"小白"。横手裕：《宮内庁書陵部所蔵道蔵を中心とする明版道蔵の研究》，第 25～28 頁。

④ 横手裕認爲，原持渡書文件是記録 1770 年（庚寅）十號船的貨物，第一手抄本由毛利高標或其使者 1780 年在"崎陽羈館"寫成，至 1786 年（天明六年）小白松浦清又從毛利高標借得再抄成第二手抄本，即現今所見之《寅拾番船持渡書改目録寫》。横手裕：《宮内庁書陵部所蔵道蔵を中心とする明版道蔵の研究》，第 25～28 頁。

日本宫内廳書陵部的藏本,雖然印製時地不明,却在在證明明清民間有印製《道藏》。這不但見於卷首扉畫的一致性和卷末中空的龍牌,横手裕更觀察到,宫内廳藏本並没有如其他刊本使用每張可印25行、摺疊成5折的高級印刷專用紙,而是使用民間流通的廉價竹紙,並在每紙20行左右的地方接合另一張紙,使成爲25行用紙,然後再用來印刷。[①] 如此靠拼貼來提供有足夠長度的紙張,顯然是民間所爲,證明了當時民間的確有向朝廷借出經板,自行出資印製《道藏》,而官方頒賜也就不是《道藏》流入民間的唯一方式。

(十)故宫博物院藏清印本

北京故宫博物院所藏爲《道藏》合併本,據《第二批國家珍貴古籍名録圖録》,正統刊《道藏》存5132卷,編號04996。[②] 筆者曾提"天"字函卷一、"盈"卷九、"杜"卷一、五、九、"鐘"卷一共六卷考察,當中"天"字函卷一、"杜"卷一、"鐘"卷一所載扉畫,跟康熙重修本的扉畫相同,且每面高達38.5厘米、廣12.9厘米,黄綾書衣,不論大小和裝幀,皆屬典型清版,可見故宫所藏爲清代印本。

除上述十處以外,《道藏》刊本亦散見於法國國家圖書館、四川省圖書館、四川大學圖書館、山西省圖書館、山西博物院等多處。不過,這些藏本筆者尚未有機會考察,祇能留待日後補充。

〔本論文是香港特别行政區政府研究資助局資助之研究計劃"明《道藏》扉畫研究:構成、版本與歷史"(編號:CUHK451513)及香港中文大學文學院直接資助計劃之"明代佛經扉畫研究"計劃(編號:4051072)的研究成果之一。本研究承蒙香港中文大學文物館、青島市博物館、泰安市博物館、陝西師範大學圖書館、南陽市圖書館、上海圖書館、中國國家圖書館、日本宫内廳書陵部、京都大學附屬圖書館、大英圖書館等多所機構的專家、館員提供協助,得以順利完成,在此表達衷心感謝。特别鳴謝許曉東教授、劉迅教授、金志玹教授、王宜峨女士、尹志華教授、趙好女士、陳敬陽先生在過程中提供的協助;研究助理趙惠盈和何希文幫忙資料搜集和整理文稿。〕

(責任編輯:張琰)

① 横手裕:《宫内庁書陵部所蔵道蔵を中心とする明版道蔵の研究》,第43~44頁。

② 中國國家圖書館、中國國家古籍保護中心編:《第二批國家珍貴古籍名録圖録》第7册,北京:國家圖書館出版社,2010年,書號04996,第147頁。

元代道士李明良畫像碑考論

□楊立志

摘要:武當山五龍宫是元代全真派南傳的重要基地,但由於《武當福地總真集》記事止於元初(1291),明代《大嶽太和山志》僅選録了部分元代碑刻,故學術界對元代後期武當山全真派的傳承情況瞭解不多,語焉不詳。實際上,元代後期五龍宫提點李明良是武當道士中的佼佼者,道德事功文章俱佳,在社會上也有一定影響。本文以李明良《浩然子自贊及畫像碑》爲中心,對其生平事跡、道教思想以及全真派與清微派的傳承情況等進行考證討論,並將五龍宫和華陽巖中保存的6統與李明良有關的碑刻附後。

關鍵詞:李明良　五龍宫　華陽巖　全真派　清微派

作者簡介:楊立志,男,1961年生,湖北省丹江口人。現爲湖北汽車工業學院教授,湖北省人文社會科學重點研究基地武當文化研究與傳播中心主任兼湖北省武當文化研究會會長,主要從事道教和武當文化研究。

在武當山五龍宫附近的華陽巖中,保存了一統600多年前的道士李明良畫像碑。由於明代永樂年間敕建五龍宫時修了北天門,使南巖至五龍的進宫道路繞開了華陽巖,而在五龍宫九曲十八折的夾牆復道内,行人也没辦法看到華陽巖,所以明清文學作品很少提到華陽巖,明清《大嶽太和山志》也没有爲李明良立傳。實際上李明良是元代後期武當道士中的佼佼者,道德事功文章俱佳,在社會上也有一定影響。五龍宫、華陽巖中保存的6統有關李明良的碑刻,對於研究李明良的生平事跡、道教思想以及全真派、清微派的傳承情況有重要參考價值。

一、李明良的生平事跡及社會影響

由於明清二代五部《大嶽太和山志》都没有爲李明良立傳,所以我在《武當道教史略》中爲李明良寫了一個小傳，簡要地叙述了李明良的生平事跡及社會影響：

> 李明良(1286—？年)，號浩然子。安成(今江西安福縣西)城南興德鄉陽溪人，家屬望族。幼聰慧有奇才，比長，不事家人産業，有尚煙霞之志。大德間(1297—1307年)漫遊梁楚間，遂入武當，拜全真派龍巖子林道富爲師。林是“開山祖師汪君真常之徒”，故李明良“在汪君則爲正傳嗣孫”，其師授之曰“子素質林泉，清心守一，積以年勳，則能事畢矣”。於是，李明良“結草作靖，坐忘其中，脅不沾席十有五年”。玄教大宗師吴全節任命他爲五龍宫提點，後至元丁丑被賜以“教門高士、通玄靈應明德法師”之號。他在任提點期間，與邵明庚一起募建五龍宫大殿、玉像閣及華陽巖廟宇亭軒。“至於提挈道紀，則以分内當行之事爲己任，不憚煩劇，開誠佈公，不爲身謀，中剛外和，脱略邊幅”。“晚喜玩《易》，嘗謂夫子三陳九卦，教人用《易》之大法，居易處儉，修己及人”。一時間，方外老釋之士聞風而師承者尤衆。他是元代後期武當道士中的佼佼者，道德文章俱佳，在社會上也有一定影響。①

李明良自畫像石刻

李明良是安成(今江西安福縣西)城南興德鄉陽溪人，家屬望族。比長，不事家人産業，有尚煙霞之志。華陽巖元至正二年《浩然子愚齋記》云：“先生姓李，名明良，家世居於安成城南興德鄉之陽溪。喬木一碧，宗枝根蟠，自昔爲望族。其大父行當宋季，往往以文學者名於時，迄今相傳爲陽溪李氏，代不乏人。先生生於至元丙戌，幼有奇，髫齔時誦李池少日所賦詩，即慨然慕之曰：彼真大夫也哉！

① 王光德、楊立志：《武當道教史略》，北京：中國地圖出版社，2006年，第77頁。

比長,不事家人産業,有尚煙霞之志。"①實際上,李明良家屬望族,經濟條件較好,自幼聰慧有奇才,讀儒書習詩文,文化教養優於同儕,本打算通過科舉考試步入仕途,但元至元、大德間科舉制度没有恢復,漢族讀書人依靠科舉求官的路被堵死了,李明良又不願意繼承家族産業經商務農,於是就萌生了出家當道士的想法。他遠遊到陝南荆楚之間,聽説武當山高道甚多,乃登五龍宫拜全真派龍巖子林道富爲師,修全真道。

李明良是元代後期武當道士中的佼佼者,其勤苦修行、管理和維修宫觀的成績顯著,值得關注,考證記述如下:

(一)清心守一,勤苦修行

李明良入武當山五龍宫修道的時間是大德年間(1297—1307),因爲李明良生於至元丙戌(1286),假設他18歲離家漫遊,20歲左右入武當山,當在大德十年(1306)前後。

李明良拜全真派林道富爲師。林道富對他説:"子素質林泉,清心守一,積以年勳,則能事畢矣。"②林道富傳授給他的修道之法是"清心守一"。所謂"清心",就是要保持内心的清静,即心地恬静,無思無慮;所謂"守一",指在身心安静的情況下,把意念集中到身體的某一部位。其源於老子的"載營魄抱一,能無離乎"之句,即守一於道。《莊子・在宥》曰:"我守其一以處其和。"③就是説守心一處,而處於身内陰陽二氣的和諧之中。《太平經》有"守一明之法",並稱是"長壽之根",其意思大體上是守人身中的元氣,或精氣神。其修煉方法,李遠國先生在《道教煉養法》介紹説:"修煉守一法,首先應當排除外界的干擾,有安静清潔的環境;其次要求專心一意,將苦惱、煩悶、憂愁、喜怒等個人的情緒一概置之度外。尤其要注意克制名利之心,要重視個人的道德修養,'外則行仁施惠爲功,不望其報'。修煉時一定要注意身姿的舒適、自然,至於姿勢,坐卧均可。守一要由淺而深,循序漸進,一步步做起。修至一百日爲小静,二百日爲中静,三百日爲大静;驗证方法主要是通過感應光的變化來顯示。煉功之初,冥目内視無光無色。隨着功夫的進展,眼前漸有光感:'守一復久,自生光明。''神明漸光,久視電光。'更進一步,光明益大,'明有日出之光',洞照天地上下,人體内外,可見自身或天

---

① 楊立志:《明代武當山志二種》,武漢:湖北人民出版社,1999年,第168~170頁。又參見本文附録(五)。

② 楊立志:《明代武當山志二種》,第168~170頁。又參見本文附録(五)。

③ (晉)郭象注,(唐)成玄英疏:《南華真經注疏》,北京:中華書局,1998年,第221頁。

地萬物。"[1]林道富要求李明良抱定隱居林泉的志向,清心寡欲,守心一處,使處於身内的陰陽二氣和諧交融,長期堅持,久久爲功,自然能修成大道。

李明良謹遵師父教誨,"結草作靖,坐忘其中,脅不沾席十有五年"[2]。"結草作靖",指編結茅草爲靖廬。靖廬是道教徒修煉的地方,也稱靖室,或叫静廬。"三十六靖廬"爲有名道徒修煉成仙之處。出家道人結草作靖,室中清虚,不多放雜物,顯得整齊莊重,非常素净。所謂"坐忘",即道家所説的物我兩忘、與道合一的精神境界。《莊子·大宗師》:"墮肢體,黜聰明,離形去知,同於大通,此謂坐忘。"郭象注:"夫坐忘者,奚所不忘哉! 既忘其跡,又忘其所以跡者。内不覺其一身,外不識有天地,然後曠然與變化爲體而無不通也。"[3]所謂"脅不沾席"是形容道教徒、佛教徒勤苦修行。脅,指身體兩邊從腋下至腰上的部分。"脅不沾席"即晚上不躺下睡覺,形容勤勉刻苦,廢寢忘食。

李明良在五龍宫附近林泉之中結草作靖,清心寡欲,物我兩忘,與道合一,勤苦修行長達15年時間。

(二)出任提點,管理有方

大約到元英宗至治二年(1322)前後,李明良36歲左右,玄教大宗師吴全節任命他爲五龍宫提點。《浩然子愚齋記》云:"上卿大宗師閑閑聞而嘉其善不二,賦詩而大書之,俾趨事赴工於宫之職列。未幾,等而上之,以爲宫之主席。"[4]

"上卿大宗師閑閑",即吴全節(1269—1346)。吴全節字成季,號閑閑,又號看雲道人,饒州(今江西鄱陽)人。他是元代著名道士,年十三學道於龍虎山,嘗從大宗師張留孫至大都見世祖,大德末授玄教嗣師。英宗至治元年(1321)張留孫羽化後,次年朝廷制授吴全節特進上卿、玄教大宗師、崇文弘道玄德真人,總攝江淮荆襄等處道教、知集賢院道教事。武當山是玄教大宗師管轄範圍内的道教名山,各宫觀的道官都由玄教大宗師任命或提名報皇帝批准。吴全節聽説李明良清心守一、勤苦修行的事跡後,欣賞他信奉大道、專心爲善、真一不二的志向和行爲,特意任命他爲五龍宫的管理者,並爲他賦詩一首,用大字書寫,贈送給他。不久,吴全節又"等而上之,以爲宫之主席",提拔他爲五龍宫提點,負責五龍宫的内部管理和對外聯絡。

《浩然子愚齋記》對於李明良的管理及社交能力有一段描述:"至於提掣道

---

① 李遠國:《道教煉養法》,北京:北京燕山出版社,1993年,第79~80頁。
② 楊立志:《明代武當山志二種》,第168~170頁。又參見本文附録(五)。
③ (晉)郭象注,(唐)成玄英疏:《南華真經注疏》,北京:中華書局,1998年,第163頁。
④ 楊立志:《明代武當山志二種》,第168~170頁。又參見本文附録(五)。

紀,則以分内當行之事爲己任,不憚煩劇,開誠布公,不爲身謀,中剛外和,脱略邊幅。"①"提掣道紀"指統率五龍宫的道教發展,整肅道教綱紀,意思是説李明良敢於擔當,把弘整紀綱、恢宣道化當作自己分内當行之事來做,不怕管理事務繁重,開誠布公,不謀私利。作爲管理者,他能做到原則性與靈活性相統一,即"中剛外和";但作爲修行人,他又能"脱略邊幅",不拘小節,率性而爲。衹有順應自然,纔能"道緣世法"和順。

正因爲李明良管理能力出衆,所以經玄教大宗師吴全節提名推薦,元順帝至元丁丑(1337)朝廷賜以"教門高士、通玄靈應明德法師"之號。按照元代慣例,武當道士的封號由玄教大宗師提名推薦,然後由皇帝降旨正式賜封。《浩然子愚齋記》云:"至元後丁丑,(大宗師)乃復以其名聞於聖天子,降璽書寵嘉而賜以'教門高士通玄靈應明德(法師)'之號。"②

(三)募建殿閣,壯麗嚴峻

李明良在任五龍宫提點期間,與邵明庚一起募建五龍宫玄武殿、玉像閣及華陽巖道房亭軒。

五龍宫玄武殿,即該宫大殿。元順帝至元三年(1337)揭傒斯撰《敕賜武當山大五龍靈應萬壽宫碑》云:"殿之建,玄教大宗師臣全節實出私錢萬緡爲之倡,而住山續道誠、張道真、吴明復、邵明庚、李明良先後贊而成之。其屋壯麗嚴峻,洞達高廣,蓋與兹山相雄。"③五龍宫玄武殿的修建,不僅大宗師吴全節帶頭"出私錢萬緡"作爲宣導,而且本宫道士續道誠、張道真、吴明復、邵明庚、李明良等也各捐己財,襄贊其事。邵明庚、李明良是建築工程的組織者和現場指揮。

五龍宫玉像閣,在大殿之後。元順帝至正二年(1342)揭傒斯撰《大五龍靈應萬壽宫瑞應碑》云:"宫舊有閣,在玄武殿後。至正元年夏,本宫住持邵明庚、李明良節歲計之贏,會檀施之積,重建之。累土爲臺,崇二尋有半;樹三甍之閣,而三其臺之崇。上六楹以奉三玄武象,下十楹列爲三祠,中以祀神父母,左以棲蓬萊十真,右即蜀之梓潼神,總名之曰玉象閣。閣方落成而使者至,神人若交焉。"④

華陽巖在五龍宫左。元至元五年(1339)《華陽巖記》云:"至元三年,道士李君浩然,以地陽明高爽,乃前修遊息之所,思所以新之,乃撤其弊而虚其中,架重屋於其傍,匾曰'浩然齋',將崔往居之。後復構二室,以棲方士之有道術者。其

---

① 楊立志:《明代武當山志二種》,第168~170頁。又參見本文附録(五)。
② 楊立志:《明代武當山志二種》,第168~170頁。又參見本文附録(五)。
③ 楊立志:《明代武當山志二種》,第159~160頁。又參見本文附録(一)。
④ 楊立志:《明代武當山志二種》,第160~162頁。又參見本文附録(四)。

餘亭軒或寄以情,或寓以景,緝續而經營者,不可具數。其同志之士,又有若管存浩、存吾,皆不較以財而相成之。"①

《浩然子愚齋記》對李明良修建管理宫觀的事功及社會交往能力有一個明確的評價:"凡宫家土木之功用,道緣世法之和順,已然之跡,章章在人。"②

二、從《浩然子自贊》等碑看李明良的道教思想

《浩然子自贊並畫像碑》位於湖北省丹江口市武當山五龍宫華陽巖,元至正五年(1345)立,本宫道士王明高刻石。黑色大理石質地,圓首。碑通高 202 厘米,寬 100 厘米,厚 65 厘米,頂呈半圓形,正面爲斜削式。碑刻右下部略有殘損,碑面正中刻有浩然子李明良畫像,周圍刻有瑞雲、巖石、蒼松、翠竹、瑞草等,均爲陰刻綫雕,清晰明快,古樸自然,至今保存完好。碑右上角爲李明良本人所題《浩然子自贊》七言絶句一首:

> 假合身軀用墨圖,性天朗朗筆難模。
> 上天之載無聲臭,此個清光何處無。③

詩後題爲:"至正五年乙酉歲季夏,浩然子自贊。"碑左下角題爲:"本宫道士王明高刊。"從該詩内容可以看出,李明良的道教思想具有典型的全真道特色。我們分析一下該詩的道教意涵:

1."假合身軀用墨圖"。佛教認爲萬物都是由四大(地、水、火、風)在因緣的作用下和合而産生的。四大没有自性,是假,所以由它們和合而成的萬物也没有自性,也是假,人的身軀也是如此,所以稱身軀爲"假合"。全真道創始人王重陽借用佛教因緣思想來説明生命的來源和本質,把個人身軀看作是暫住世間的假合。《重陽全真集》卷四《蘇幕遮 · 又,勸化醴泉人》:"醴泉人,都作善。急急光陰,似水還如箭。榮貴虚勞休自羡。四假凡軀,恰似蠶身緣。"④卷八《西江月 · 四假》:"堪歎火風地水,爲伊合造成形。教人受苦日常經,撲入味香視聽。"⑤修道就是要破除人對自身肉體的執著,引導人去識心見性。早期全真諸子反對肉體

① 楊立志:《明代武當山志二種》,第 170 頁。又參見本文附録(三)。
② 楊立志:《明代武當山志二種》,第 168 ~ 170 頁。又參見本文附録(五)。
③ 楊立志:《明代武當山志二種》,第 199 頁。又參見本文附録(六)。
④ 《重陽全真集》卷四,參見郭武:《王重陽學案》,濟南:齊魯書社,2016 年,第 259 頁。
⑤ 《重陽全真集》卷八,參見郭武:《王重陽學案》,第 307 頁。

成仙之説，借用佛教諸事虚妄、人生是苦的思想來對肉體、人生進行大力貶斥。王重陽《贈丹陽》:“四般假合終歸土，一個真靈直上天。不滅不生超達去，無爲無漏大羅仙。”①

2.“性天朗朗筆難模”怎麽解釋呢？性天，猶天性，謂人得之於自然的本性。語本《中庸》:“天命之謂性，率性之謂道，修道之謂教。”王重陽説:“性是真，身是假。”②道在人身和萬物中顯現爲其“性”，劉處玄《至真語録》説:“實者，道也。道生在於天地之先，至今常存不朽者，謂之實也。實者，性也。性生在於萬物之外，至今常存不朽者，謂之實也。道明其實，則掌握陰陽，生於萬物也。性明其實，則大達樞要，通於萬化也。萬物生，則顯其道之實也。萬化生，則顯其性之實也。道虚而氣實也，性虚而命實也。經云:虚其心，實其腹。明其實，則道性真閑也。”③此“性”即“神”（靈魂），它不隨形體終滅，而是與不朽之“道”同存。此“性”常居於“心”，故“心性了然同一體”。這樣，“心”就因“性”而與“道”發生了緊密的聯繫。“道”本無名無形，唯心性能契之，所謂“固窮守道道無名，全在人心運志誠。”“性靈密與虚空合，始覺光明滿大千。”王重陽《金丹》詩説:“本來真性唤金丹，四假爲爐煉作團。不染不思除妄想，自然衮出入仙壇。”④對於此一靈真性，王重陽將之喻爲一輪明月、一片靈光，一粒金丹，全真道認爲有形的生命雖然是有限的，而與大道相通的這一靈真性却是無限的。這句詩的意思是通過修道來修此一靈真性（本來真性），得道之日，性天朗朗，澄澈空明，筆墨難以形容。

3.“上天之載無聲臭”。語出《詩經・大雅・文王》:“上天之載，無聲無臭。”⑤《中庸》第三十三章:“詩曰:‘德輶如毛。’毛猶有倫。‘上天之載，無聲無臭。’至矣。”《中庸》引用這句話形容最高的道德境界，有如上天的運行，廣大高明而却毫無聲息，毫無痕跡，難以猜測。此處作者抒發了他對修道進德最高境界的認識。

4.“此個清光何處無”。清光，當出自唐代詩人杜甫的《一百五日夜對月》:“斫却月中桂，清光應更多。”這裏形容修道之人性天朗朗，澄澈空明，其清澈皎潔的光輝無處不在。

這首詩反映了全真派“道即是心”的宇宙觀和修此一靈真性，“全性命之

① 《重陽全真集》卷一，參見郭武:《王重陽學案》，第422頁。
② 《重陽全真集》卷十三，參見郭武:《王重陽學案》，第389頁。
③ 《正統道藏》第40册，臺北:新文豐出版公司，2010年，第23頁。
④ 《重陽全真集》卷八，參見郭武:《王重陽學案》，第213頁。
⑤ 程俊英:《詩經譯注》，上海:上海古籍出版社，2004年，第408頁。

真”，與道相通，成道合真，恒常永在的修行觀。

全真道宣導三教合一之説，以《道德經》《般若波羅蜜多心經》《孝經》爲全真道徒必修的經典，所以全真派道士在思想上普遍注重吸納儒家和佛教理念。從《浩然子愚齋記》等碑刻中可以看出，李明良對儒家人物如孔子、孟子、顔回等都很仰慕，勤於學習孔孟的著作，服膺於他們的思想。如李明良“晚喜玩《易》，嘗謂夫子三陳九卦，蓋教人用《易》之大法，居易處儉，修己及人，盡在於是。由此觀之，非真積力久，其孰能與於斯”[①]。三陳九卦，指孔子在《周易・繫辭》中三次陳述履、謙、復、恒、損、益、困、井、巽九卦的含義。《繫辭下》説：“《易》之興也，其於中古乎？作《易》者，其有憂患乎？是故履，德之基也；謙，德之柄也；復，德之本也；恒，德之固也；損，德之修也；益，德之裕也；困，德之辨也；井，德之地也；巽，德之制也。履，和而至；謙，尊而光；復，小而辨於物；恒，雜而不厭；損，先難而後易；益，長裕而不設；困，窮而通；井，居其所而遷；巽，稱而隱。履以和行，謙以制禮，復以自知，恒以一德，損以遠害，益以興利，困以寡怨，井以辨義，巽以行權。”[②]以“九德”釋九卦，强調其道德修養的意義，居易處儉，修己及人，以此作爲防止和解除憂患的依據。

李明良對孟子的思想也很熟悉，他“深有契於太極無朕兆之理，而無間於集義直内之功，乃復以‘浩然’爲書室號。”“集義直内”，“集義”，猶積善，謂行事合乎道義。《孟子・公孫丑上》：“其爲氣也……是集義所生者，非義襲而取之也。”[③]朱熹集注：“集義，猶言積善，蓋欲事事皆合於義也。”“直内”，形容内心正直、做事方正。語出《周易・坤》：“君子敬以直内，義以方外。”[④]“直”是説人應品性純正，“方”是指辦事應合乎理義。君子以恭敬慎重的態度作爲内心的正直準則，以合乎理義的行爲處理外界事務。衹要做到恭敬的態度和合適地處事，就能廣佈美德，得到衆人的信任支持。實際上，李明良以“浩然”爲其書室號，也深受孟子“吾善養吾浩然之氣”的影響。孟子曰：“吾善養吾浩然之氣，其爲氣也，至大至剛，以直養而無害，則塞於天地之間。其爲氣也，配義與道；無是，餒也。是集義所生者，非義襲而取之也。”所謂“養浩然之氣”，既是孟子的呼吸養生方法，也是孟子提倡的人生修養方法。浩然正氣，就是光明正大、頂天立地的精神，是奠定一個人做人、做事、做官的基礎。孟子認爲，一個人有了浩氣長存的精神力量，

---

① 楊立志：《明代武當山志二種》，第168～170頁。又參見本文附録（五）。

② 黄壽祺、張善文：《周易譯注》，上海：上海古籍出版社，2001年，第592頁。

③ 金良年：《孟子譯注》，上海：上海古籍出版社，2004年，第58頁。

④ 黄壽祺、張善文：《周易譯注》，第34頁。

面對外界一切巨大的誘惑也好，威脅也好，都能處變不驚，鎮定自若，達到“不動心”的境界，也就是孟子曾經説過的“富貴不能淫，貧賤不能移，威武不能屈”的高尚情操。李明良以“浩然”名其書室，説明他既敬重孟子的爲人，也服膺孟子的思想。

李明良對儒家代表人物顔子也很仰慕。《浩然子愚齋記》説：“今愚齋先生，學清净淵默之道於武當，書‘愚’以匾其齋居，蓋有取於顔子終日不違之義。”顔子即顔回（前521—前481），自幼生活清苦，却能安貧樂道，不慕富貴；性格恬静，聰明過人，長於深思，聽孔子所講的許多高深道理，他能完全理解，且能“聞一知十”，成爲孔子的得意門生。“終日不違”語出《論語》。《論語・爲政》載：孔子説：“吾與回言，終日不違，如愚。退而省其私，亦足以發，回也不愚。”由於顔回的忠厚與内向，掩蓋了他的聰穎善思，就連孔子一時也難以斷定顔回的天資究竟屬於哪個層次。經過一段時間的深入觀察瞭解，孔子纔指出顔回並不愚笨。李明良書“愚”以匾其齋居，“以愚齋愚而希賢，其求志樂道之心，又未始不同然也”。説明他佩服顔子的爲人，願意成爲像顔子那樣既安貧樂道又善於思考的賢人。

三、從碑刻看元代全真派與清微派的傳承情況

武當山是元代江南全真派的最大活動點，五龍宫、紫霄宫等宫觀都有全真派傳承。從五龍宫、華陽巖等處現存元代碑刻和山志等文獻可知，自元初汪真常將全真道傳入武當山后，師徒代代相傳，到李明良時已經是第三代。李明良又有徒弟何仁遜，説明元代全真道在武當山至少有四代以上的傳承。元代是武當清微派興盛時期，五龍宫既有全真派，又有清微派，二派之間互相師承、融合，全真道士很有可能還使用了張守清一系的清微派字譜。

汪真常是元代武當全真派開山祖師，至元乙亥（1275）與魯洞雲一起入武當山。《武當福地總真集》卷中：“汪貞常，名思真，號寂然子。貞常，所賜之號也。……嗣全真之教法入武當山。至元乙亥，領徒衆六人開復五龍。”不久，他改五龍觀爲宫，興建殿宇，“四方師禮之，度徒衆百餘人，任本宫提點”。

李明良入武當山后拜全真派龍巖子林道富爲師。林道富是“開山祖師汪君真常之徒”，故李明良“在汪君則爲正傳嗣孫也”。李明良有徒弟名叫何仁遜，王喆在撰寫《浩然子愚齋記》時，這位何仁遜告訴了他很多李明良的事跡。王氏把這些事也記在了碑文中：“其徒何仁遜等告述其事而志諸。”從現存元代碑刻和山志等文獻資料的記載，我們可以明確肯定全真道士汪真常一系在五龍宫的四代

傳承,即汪真常——林道富——李明良——何仁遜。至於這一系後續的傳承情況,因史料闕如,我們目前還不得而知。

我在《武當道教史略》一書中,根據紫霄宫、真慶宫、太和宫、玉虚巖等處碑刻文獻,對清微派道士張守清徒、孫輩的名諱做了考證,認爲該道派傳承的是"守、道、明、仁、德"系譜。① 王闖博士比對五龍宫碑刻及文獻道士名諱,發現汪真常一系全真道士的傳承情況,即"汪真常——林道富——李明良——何仁遜。其中汪真常以下的命名,與武當清微派的派字譜一致。這僅僅是一個巧合,還是歷史真相呢? 現在所能知道的元代五龍宫全真道士名諱畢竟太少,我們衹能説,元代五龍宫的全真道士有可能使用了武當清微派的派字譜"②。現存北京白雲觀的《諸真宗派總簿》中第三七"天師張真人正一派"系譜第一句爲"守道明仁德",第七十"薩真君西河派"系譜第一句亦爲"守道明仁德",説明該派系譜一直傳承到清末民初。清順治十五年(1658),第五十代天師張洪任所傳《天壇玉格》中列"三山滴血字派":"守道明仁德,全真復太和。至誠宣玉典,中正演金科。冲漢通玄韞,高弘鼎大羅。武當興法派,福海啓洪波。穹隆揚妙法,寰宇證仙都。此乃虚靖真君授於薩祖正派,凡有學道者奏名之初,當依此派循序而取一字於法諱之中可也。"③

有關"三山滴血字派"在清代以前傳承情況的記載很少,元代武當山碑刻中出現的"守道明仁德"派字譜,是該派較早時期傳承的證據。願博雅君子關注此問題,作更深入研究。

附録:

(一)元至元三年敕賜武當山大五龍靈應萬壽宫碑

碑在五龍宫大殿右側,元至元三年(1337)立石。青石質地。碑通高 320 厘米。碑額、碑版、碑座已分離。碑版寬 140 厘米,厚 20 厘米。揭傒斯撰文並書丹,許有壬篆額。碑額 4 行,篆書"大元敕賜武當山大五龍靈應萬壽宫碑",邊飾爲高浮雕蟠龍戲珠圖案。碑版正文 29 行,楷書陰刻。明任自垣《敕建山志》卷十三收録該碑,題作《敕賜武當山大五龍靈應萬壽宫碑》。陳垣編纂、陳智超、曾慶瑛校

① 王光德、楊立志:《武當道教史略》,第 129 ~ 133 頁。

② 王闖:《元代及明初武當山五龍宫全真道的傳承》,《宗教學研究》2017 年第 2 期。

③ 王見川、高萬桑編:《近代張天師史料彙編》,臺北:博楊文化事業有限公司,2013 年,第 408 頁。

補《道家金石略》著録該碑:“大五龍靈應萬壽宫碑。高七尺八寸,廣三尺四寸,二十九行,行五十六字。正書。額同首題。在均州武當山。”

碑文記載元順帝至元二年(1336)大建武當山大五龍靈應萬壽宫玄武殿的原因、經過及意義等。

集賢直學士朝列大夫臣揭傒斯奉敕撰並書。

通奉大夫中書參知政事知經筵事臣許有壬奉敕篆額。

至元二年,歲在丙子,武當山大五龍靈應萬壽宫玄武殿成,玄教大宗師、特進上卿、總攝江淮荆襄等處道教吴全節爲集賢院言:翼軫之墟,襄漢均房之間有山焉,根蟠八百里,峰之高者七十有二,巖之幽者三十有六,澗之深者二十有四,天垂地拱,陽噓陰噏,不可名狀,名曰太和之山。玄武神得道其中,改號武當,謂非玄武不足當此山也。山多神宫仙館,其大者有三:曰五龍、紫霄、真慶,而五龍居其首。唐貞觀中,均州守姚簡禱雨是山,五龍見,即其地建五龍祠。宋真宗時,昇祠五龍觀,賜額曰五龍靈應之觀。其後廢於靖康之禍。孫真人元政興之,又廢於金朮之兵。皇元受命,與天地合德,大興老氏之教,扶運翼世,以迎休祥。山之有道之士汪思真奮然特起,辟草萊,剪蓊翳,一舉而新之。先大宗師上卿張留孫,初總攝江淮荆襄道教,奏以其山。葉希真朝覲,天子大信其道。至元二十三年,詔改其觀爲五龍靈應宫,以希真主之。居八年,而侯道懋繼之。又二十年,而續道誠等繼之。仁宗皇帝天壽節,實與玄武神同,遂加賜其額曰大五龍靈應萬壽宫,仍甲乙住持,歲譴使以是日建金籙醮,祝禧其山。是累朝歲遇比複,天壽節一如故事。此後大建玄武殿,宜得詞臣文而勒之石,以彰國家之美,以重此山。明年三月二日,集賢以聞,詔以命臣傒斯。臣傒斯竊謂:名山大川,能出雲雨以澤萬物,産財用以利萬民,毓英賢以輔萬世,必宅天地之奥,當陰陽之會,磅礴融液,與大化終始。故中必有神,出幽入冥,此感彼應,如風之在谷,所觸皆通;水之在地,無往不達。况此葆乎中和,統乎陰陽,應變合行,與神俱藏,群仙四朝而特起乎中央,非玄武焉足以當之。則其宫室之崇,享祀之嚴,應國家之運,爲生民之依者,固有在矣。殿之建,玄教大宗師臣全節實出私錢萬緡爲之倡,而住山續道誠、張道真、吴明復、邵明庚、李明良先後贊而成之。其屋壯麗嚴峻,洞達高廣,蓋與兹山相雄。世所稱神仙曰殷長生、房長須、馬明生、田蓑衣之徒,皆成道於此,是以論人傑,必本於地靈也。其辭曰:

虛危之精玄武君，上臨玄天貴且尊。穹龜贔屭騰蛇蜿，手指北斗酌乾坤。武當之上號太和，神君居之降百魔。五龍守衛嚴不訶，冷氣自少元氣多。神君生在天地先，谷神自養天地根。二十四氣如環旋，七十二候無頗偏。四十二載昇玄天，玄天之樂不可言。身著玄衣坐紫府，蒼龍在左右白虎。朱方翼翼朱鳥舉，騰精躡景我爲主，百靈守之孰敢侮。或按長劍坐黄庭，吐納日月含風霆，五龍冉冉隨降昇。倏而去之若流星，忽而來兮雨冥冥。鬼車九頭匝火屋，山鬼倚樹惟一足。飛蝗蔽天食百穀，長蛟鼓浪沉平陸，神君一顧赤爾族。神君自居武當山，人能學之盡得仙。前有殷房後馬田，陳摶尹軌相攀援。新開大殿凌紫煙，璿題藻井相鉤連。神君居之樂無邊，保我聖曆億萬年。

（二）至元五年浩然齋碑

碑在湖北省丹江口市武當山五龍宫華陽巖右崖壁上。青石質地。元順帝至元己卯（至元五年，1339）篆書。横式。匾地斑駁，字跡漫漶，部分脱落。高 0.50 米，寬 1.15 米。齋字殘。

前題曰："至元己卯李明良"；後篆書"浩然齋"三大字。

（三）元至元五年華陽巖記碑

碑在五龍宫華陽巖，元至元五年（1339）立。青石質地。圓首。漫漶嚴重。碑通高 207 厘米，寬 94 厘米，厚 14 厘米，題額與碑身連爲一體，題額隸書陰刻"華陽巖記"。碑面四周設邊框，飾捲草紋，額雕祥雲圖案。明任自垣《敕建大嶽太和山志》卷十二録有該碑，題作"華陽巖碑陰"，有誤。撰者不詳。

豫雍之域有崇山曰武當，綿亘數百里，與太華、終南諸山相連執並，若相表裏者。志傳山之神曰玄帝，實著靈於上，雨暘以時，災病不作，其陰陟於民，厥功尤茂焉。是以其祀，具在典籍。元統二年，予以天子命，代祭天下諸名山，因遍歷其所，故知其神之靈，而山川亦有以致之也。山之中巖竇之似陬房屋者以百數，其得名者三十有六，而華陽巖又諸巖之最秀者，故隱居之士多在焉。至元三年，道士李君浩然，以地陽明高爽，乃前修遊息之所，思所以新之，乃撤其弊而虛其中，架重屋於其傍，匾曰"浩然齋"，將崔往居之。後復構二室，以棲方士之有道術者。其餘亭軒，或寄以情，或寓以景，緝續而經營者，不可具數。其同志之士，又有若管存浩、存吾，皆不較以財而相成之。四年冬，又李君來京師，爲余言其事，且請爲文以記。予善夫李君之志亦勤矣。昔之自修者守之於内,奚暇治於外哉?今子則不然,内欲成其功,(外)欲著其行,既備於己,又同諸人,是豈自修者所能盡邪。予嘗聞諸先覺曰:仙者,陽也。純陽而無陰者也。純陽之氣,充塞無間,則神仙之理得矣。今觀子之志,蓋欲進夫此道耳,豈直爲榮觀燕安之樂哉!故爲誦所聞於先覺者以勉之,並以爲記。至元己卯歲中元日,教門高士通玄靈應明德法師、本宫住持提點、重修本巖李明良立石,制授教門高士崇玄冲道成德法師、主領大五龍靈應萬壽宫事、兼領本路諸宫觀事邵明庚主盟。

(四)元至正二年大五龍靈應萬壽宫瑞應碑

碑原存於五龍宫,今已殘破。明代任自垣編纂《敕建大嶽太和山志》録金石第十篇卷之十二《元碑》中收録該碑,題爲"大五龍靈應萬壽宫瑞應碑"。陳垣編纂、陳智超、曾慶瑛校補《道家金石略》著録該碑:"天壽節大五龍靈應萬壽宫瑞應碑。高六尺七寸,廣三尺三寸,行四十八字,在均州武當山。"

翰林侍講學士中奉大夫知制誥同修國史知經筵事臣揭傒斯奉敕撰。

翰林學士承旨榮禄大夫知制誥兼修國史知經筵事臣巎巎奉敕書。

集賢直學士中大夫臣郭孝祺奉敕篆。

世祖皇帝初營燕都,歲十有二月,龜蛇見於高梁河之上。上召問諸儒臣,翰林學士承旨臣卿等對曰:"國家受命朔方,上直虚危,其神玄武,其應龜蛇,其德惟水,水勝火,國家其盡有宋乎。此水德之徵應也。"詔即其地建大昭應宫,以祠玄武。後七十有四年,復以今上天壽節,見於均州之武當山大五龍靈應萬壽宫。武當,相傳黄帝時玄武以三月三日降於此山。仁宗天壽節適與神所降辰同,歲譴使建金籙醮,祝禧其山之五龍,後以爲常。歲四月十有七日,是爲今上天壽節。至正二年,集賢院以玄教大宗師臣全節言,奏以法師陳斯與行使事。時均、房之間久旱,入山而大雨。及竣事之旦,焚章殿陛之東,有赤蛇緑龜見其所,盤回久之,忽不見。自郡縣陪祭官以下數百人,莫不驚睹,以爲禎祥,皆呼萬歲。襄陽守臣上其事集賢及玄教大宗師,集賢遂聞之天子,且請勒石本宫,以昭神庥。乃詔臣傒斯爲之文。臣聞天地之應,必於其類。惟於我朝莫盛世祖,而龜蛇於冰凝霜沍水德行令之時,見於定鼎之地,不十年而宋亡,天下爲一,此所以示天子受命之符也。今復以雲行雨施水德布澤之時,見於天壽節祝禧之所,必將復見中統、至元之治,如世祖時也。矧皇上自即位以至於今,罷遊畋獵,遠聲色,日進儒雅,講求聖學。

聞一言之善、一諫之切,未嘗不嘉獎採納。宵衣旰食,憂勤天下,思復中統、至元之治,蓋十年於兹。若以其時則可矣,以其象固已兆矣。是祥也,必不虚應,天下何幸,即日見之。宫舊有閣,在玄武殿後。至正元年夏,本宫住持邵明庚、李明良節歲計之贏,會檀施之積,重建之。累土爲臺,崇二尋有半;樹三甍之閣,而三其臺之崇。上六楹以奉三玄武象,下十楹列爲三祠,中以祀神父母,左以棲蓬萊十真,右即蜀之梓潼神,總名之曰玉象閣。閣方落成而使者至,神人若交焉。臣傒斯謹拜稽首而作歌曰:

聖人作兮百神依,水德集兮應虚危。指靈山兮祝皇釐,玉虹施兮紫電飛。笙磬合兮斗柄垂,冠七星兮九霞衣。進有秩兮退有儀,緑章騰兮啓天扉。風蕭蕭兮雲披披,永介帝壽兮億萬期。赤蛇蜿兮繞緑龜,外不驚兮内不疑,來莫知所從兮去何之。神皇皇兮澹忘歸,沛玄旂兮劍陸離。嘉祥見兮大慶隨,吾皇永兮繼黄羲。如世祖兮御九圍,神降祥兮無已時。

(五)元至正二年浩然子愚齋記碑

碑在湖北省丹江口市武當山五龍宫華陽巖,元至正二年(1342)立。青石質地。斜肩。楷書陰刻。通高 211 厘米,寬 89.5 厘米,厚 15.5 厘米。碑額與碑版連爲一體,碑版四邊無紋飾,下部漫漶,右下部殘。碑額陰刻篆書,題作"浩然子愚齋記",3 行。《敕建大嶽太和山志》卷十二録有該碑,題作"華陽巖浩然子記碑"。

玄學講師三山陳宗海書。

賜同進士承事郎襄陽路同知均州事莆陽林罔係篆額。

廬陵後學王喆撰。

山以仙而名於宇宙之初,地以人而顯於百世之下,雖時有先後之殊,而道無古今之異,豈偶然哉! 抑亦均有待也。仙之名是山,則前人述備矣。試尚論夫柳子居於永也,以雄深雅健之文,發揮山川之勝,而寓之於愚。彼特出於一時興之所托,初非有意其必顯於天下後世,而天下後世咸知山川之爲愚,而愚之所以爲子厚也,豈非地以人而顯於百世之下哉! 今愚齋先生,學清净淵默之道於武當,書"愚"以匾其齋居,蓋有取於顔子終日不違之義。其於巖谷也,擴古人之所未擴;其於宫宇也,成前修之所未成;其發揮勝概,則尤足以繼柳子於既往也。彼蓋以愚溪愚而自好,况此則以愚齋愚而希賢,其求志樂道之心,又未始不同然也。先生姓李名明良,家世居於安成城南興德鄉之陽溪，喬木一碧，宗枝根蟠，自昔爲望族。其大父行當宋季，往往以文學者名於時，迄今相傳爲陽溪李氏，代不乏人。先生生於至元丙戌，幼有奇，髫齔時誦李池少日所賦詩，即慨然慕之曰："彼真大夫也哉！"比長，不事家人産業，有尚煙霞之志。大德間，爲梁楚汗漫遊，遂接武於兹山。山中老宿龍巖子林公，能以道自樂，因從而師焉。蓋林公乃開山祖師汪君真常之徒，諱曰道富，而先生在汪君則爲正傳嗣孫也。師授之曰："子素志林泉，清心守一，積以年勳，則能事畢矣。"於是結草作靖，坐忘其中，脅不沾席者十有五年。深有契於太極無朕兆之理，而無間於集義直内之功，乃復以"浩然"爲書室號。上卿大宗師閑閑聞而嘉其善不二，賦詩而大書之，俾趨事赴工於宫之職列。未幾，等而上之，以爲宫之主席。至元後丁丑，乃復以其名聞於聖天子，降璽書寵嘉，而錫以"教門高士通玄靈應明德"之號焉。先生於治宫應務之暇，仍架華陽巖，壯其棟植，亭軒清雅，世聲不接於耳。嘗共客遊息其中曰："他日若無預於事，便當即此以逸吾老也。"同郡士管有浩、弟存吾，見而樂其志，遂全給其工役之費，以完美之。翰林曼碩褐公、御史玄圃燮公、一中李公諸名流，皆秉筆攄思，作爲詩文美其實，而以尊師尊之。夫以山林高誼，能使一時隱然名動於公卿之間。信乎！根之茂則其實遂，膏之沃則其光曄，有積於中而形之於外者，固自若也。至於提挈道紀，則以分内當行之事爲己任，不憚煩劇，開誠布公，不爲身謀，中剛外和，脱略邊幅。凡宫家土木之功用，道緣世法之和順，已然之跡，章章在人。方外老釋之士，聞風而師承者尤衆。晚喜玩《易》，嘗謂夫子三陳九卦，蓋教人用《易》之大法，居易處儉，修己及人，盡在於是。由此觀之，非真積力久，其孰能與於斯。喆忝同里閈，相望不半舍遠，其於出處大節則知之稔，比來武當，又於行事之實而得其詳，其徒何仁遜等告述其事而誌諸。夫樂道人之善，而不爲諂者，以其人誠足以當之也。誠足以當之，則殫諸筆墨，復何辭焉。至正二年廬陵王喆撰。

（六）至正五年浩然子畫像並自贊碑

《浩然子自贊並畫像》碑，置於五龍宫華陽巖。黑色大理石質地。元至正五年（1345）立石。碑通高 202 厘米，寬 100 厘米，厚 6.5 厘米，頂呈半圓形，正面爲斜削式。碑刻右下部殘損，碑面正中刻有浩然子李明良畫像，周圍刻有瑞雲、巖石、蒼松、翠竹、水草等，均爲陰刻線雕，清晰明快，古樸自然，至今保存完好。碑右上爲其自己題跋。碑身左上角是李明良題自贊七言絶句一首。

假合身軀用墨圖,性天朗朗筆難模。
上天之載無聲臭,此個清光何處無。
至正五年乙酉歲季夏,浩然子自贊。
本宫王明高刊刻。

(本文爲筆者主持的國家哲學社會科學基金項目“武當山道教碑刻收集、整理與研究”的階段性成果,項目批准號:15BZJ035。)

(責任編輯:胡常春)

農道合修振玄門　愛國興教大宗師

——紀念傅圓天道長登真二十周年而作

□蓋建民　施秦生

摘要: 近現代四川成都青城山的道教,長期保持著躬耕自養、農道合修的傳統。道教全真派第二十三代方丈大律師——傅圓天道長,繼往開來,篤老氏家風,繼承青城山道教"清修與勞作並重"的優良傳統,功行兼修,弘道利人,興辦實業,服務社會。如此既能解決自養問題,又能支持經濟建設,利國、度人、興教。同時,傅圓天大師重視道教人才培育,創辦道教學院,振興了全真道龍門派丹台碧洞宗,爲改革開放以來的中國道教事業發展做出了不可磨滅的貢獻。

關鍵詞: 傅圓天　農道合修　青城山道教　服務社會

作者簡介: 蓋建民,四川大學道教與宗教文化研究所所長、教育部長江學者特聘教授;施秦生,四川大學道教與宗教文化研究所研究生。

"青城三十六高峰,寺在青峰第幾重?"①登臨青城仙都,方覽盡天下之幽。衹見青山翠疊,碧水霧繞,十餘座琳宫仙宇隱於山嵐雲靄之中。面對此情此景,不禁讓我們想起那位愛國愛教、德高望重、爲道教事業奉獻一生的高道真仙。他,就是中國人民政治協商會議第八届全國委員會常務委員、中國道教協會會長、四川省道教協會會長、成都市道教協會會長、青城山道教協會會長、道教全真派第二十三代方丈大律師——傅圓天道長。

飛仙觀上仙飛去,懷師亭裏默懷師②。傅道長的一生,是兢兢業業、艱苦奮鬥的一生,他無私奉獻、繼往開來,篤老氏家風,繼承道教躬耕自養的優良傳統,以身作則,"農道合修",振興全真道龍門派丹台碧洞宗,爲改革開放以來的中國道

① 楊升庵:《送福上人還青城》,載王純五主編:《青城山志》,成都:巴蜀書社,2004 年,第 247 頁。

② 飛仙觀,青城後山景區;懷師亭,"傅圓天大師於 1997 年 7 月 3 日 13 時 45 分在四川省青城山飛仙觀羽化,享年 73 歲,卒葬青城山青龍崗。弟子等又在大師晚年傾注心力修復的天師道陽平觀山上建傅大師衣冠塚及懷師亭,以志紀念。"見王純五主編:《青城山志》,第 138 頁。

教事業發展做出了不可磨滅的貢獻。到如今，傅大師已功成歸真二十載，但是他愛國興教的傑出事跡、修己度人的真功真行、弘道暢玄的仙風道范，依然時時勉勵著後輩修學之人。傅圓天大師弘道利人、服務社會的道教思想十分豐富，其中筆者以爲，傅圓天大師是當代道教踐行"農道合修"傳統的典型代表，值得我們總結弘揚。

傳統觀念認爲，道教注重個人修煉與解脱，似乎不大關心世俗社會"辟土殖穀"、畜牧、桑蠶之事，於農學無涉，但事實上却並非如此。道教以"貴生重生""生爲第一"爲基本教義，而生命存在的一個基本前提是必須有足够的衣食保障。從邏輯上分析，"道在養生"，"養"，《説文解字》釋云："養，供養也。從食，羊聲。"[①]因此，"養"的本義就是用食物來供養。廣義的養生，理應包括日常生命的維持與延續，衣食的保障就是"養生"的一個前提和基礎。换句話説，道教"重生"必然導致"貴農"，農耕之道也是道教孜孜以求的自然之道的一個組成部分，對農耕之道的探索也就成爲道教徒奉道體現和求道證道的一個途徑；道門奉行"道人寧施人，勿爲人所施"[②]的教戒，這一宗教倫理有助於强化道教與農學的關係；宗教的發展與宗教自身的寺院經濟實力有密切關係，力耕自養、農道合修則一方面可以解決道衆的生計，另一方面還可以通過農桑之業來擴大宫觀經濟實力，爲道教實現濟世度人的宗教關懷提供强有力的支持，進而爲鞏固發展教團組織提供恒久動力；道教信徒多來自農家子弟，自幼對農桑之業耳熟能詳，具備農道合修的基礎和條件。事實上也的確如此，道教典籍中本身就有"農道"一詞的專門用法；道教中一直存在著"農道合修"、農道並舉的潛流與傳統。張道陵創立的道派之所以被史書稱之爲"五斗米道"，也與道教尚農道風有某種關係[③]。道門中有不少名士高道本著出世而不離世的宗教精神，對事關民生大事的農桑技藝也表現出異常的興趣，在農學領域中有著不俗的表現，提出了許多精闢的農學思想。

近現代四川成都青城山的道教，也長期保持著農道合修的傳統。清朝康熙以降，在陳清覺、易心瑩等諸位宗師的引領下，青城山龍門丹台碧洞宗進入了一個新的發展時代。青城山常道觀救苦殿旁立有一塊長約一米二、寬七十厘米許

---

① 許慎：《説文解字》，北京：中華書局，1963年，第107頁。

② 饒宗頤：《老子想爾注校證》，上海：上海古籍出版社，1991年，第46頁。

③ 關於"五斗米道"名稱的來歷，還有其它不同説法，如認爲與道教崇拜五方星斗有關，也有認爲"五斗米"最初是作爲病癒者向教内回報的醫資，參見蓋建民：《道教醫學》，北京：宗教文化出版社，2001年，第47頁。

的名爲"道在養生"的石碑,其内容與本章關係密切,兹抄録如下:

彭椿仙道士居青城有年,在前清蠶桑傳習所方外班畢業,歷歲喪亂,尤加意植桑養蠶、種茶造林不輟,可謂知所本矣。特褒之以勸來者。

該碑文落款爲"民國八年八月四川省長楊庶堪題頌"。關於碑文中表彰的道士彭椿仙(1883—1942),乃清末民國時期青城山著名道士,常道觀住持,曾任灌縣道教會會長。據今人王純五主編的《青城山志》第五篇記述:"清末,四川勸業道周孝懷提倡蠶桑,椿仙懇請特設方外班,前去就讀,畢業後回青城山推廣桑蠶;今山道楠、杉多爲其栽植,成績斐然。"①故受到時任四川省長楊庶堪的表揚,獲贈"道在養生"題額。

已故中國道教協會會長、全真龍門派大師傅圓天,在任四川灌縣道教協會會長任上,也繼承了青城山道教躬耕自養、農道合修的傳統,下面我們結合傅圓天大師的不平凡修道經歷,來總結這一學術界比較忽視的"農道合修"傳統與思想。

一

傅大師俗名長林,民國十四年(1925)5月26日出生於四川簡陽縣九龍鄉一個貧苦的農民家庭。傅長林幼時體弱多病,幸賴父母皆虔信道教,故十二歲時即皈依道門,又拜蜀中高道張永平爲師,得法名"圓天"。其時傅長林雖尚未出家住觀,却常常隨師修煉,誰知久病之軀竟漸漸恢復健康。在奉師學道的五六年裏,傅長林既感師恩,也日益堅定了道教信仰,他領會到道教不止有神奇的道法、道術,更是以尊道貴德、修己度人爲旨,信仰的是清虚無爲的大道。所謂"法由聖顯,道寄人弘"②,年輕的傅長林遂産生了爲道教事業而奉獻終生的遠大志向。

恩師仙去後兩載,正當弱冠之年的傅長林正式於灌縣水磨鄉黄龍觀出家,並以法名"傅圓天"行世③。當時的黄龍觀祇有薄田三十畝,却有四五十位常住的師

① 王純五主編:《青城山志》,第133頁。

② 《要修科儀戒律鈔》卷一《部秩鈔》,《道藏》第6册,北京:文物出版社,上海:上海書店、天津:天津古籍出版社,第922頁。

③ 參見袁志鴻:《當代道教人物》,北京:華文出版社,2000年,第149頁。

兄,生活十分清苦。“躬執耕穡,承星履草”[①],年輕的傅圓天便在這裏清修以奉道,勞作以自養,操持農活之餘也從不忘發奮苦讀、精研教理。由於幼時家貧,傅圓天衹上過幾天私塾,但是他知道,作爲一名合格的道教徒,必須博涉經典,如此方能弘道悟真。傅道長有感於此,更加節衣縮食、省吃儉用,衹爲能去成都二仙庵買些道書來讀。冷雨青燈讀書舍,如此日積月累下,傅道長讀過的道經竟裝滿了一隻大書櫃,與此同時,他的學識也變得淵博起來,對經典義理的理解也更加深入。因爲勤勞無私、刻苦好學,傅道長曾任黄龍觀飯頭八年,在他的悉心經營下,黄龍觀道衆的生活雖然艱苦,却也充實、清静。

二

新中國建立後,各地農村實行土改,黄龍觀中有許多道友還俗歸鄉。傅道長道心堅定,不願返家分地,又因觀中田少人多不够分配,遂於1950年春獨自進入蜀中深山,墾荒自食、深隱苦修,其捨己爲人、堅韌無私的精神由此可見一斑。

1955年,因當時青城山道士較少,灌縣政府決定請四散的道徒回山住觀。傅圓天欣然應允,即赴青城山常道觀參拜時任住持的易心瑩大師,悉心求教。易大師是深諳教理、高風亮節的高道大德,常贊傅圓天爲載道之器[②],二人雖無師徒之分,却有師徒之誼,易大師的一言一行,都深深影響著傅道長。1959年,灌縣政府將50畝土地撥給青城山,成立道教生産大隊,由易大師任隊長,傅圓天任副隊長兼會計,他白天幹農活,晚上理帳目,兢兢業業,忠於職守。1962年,因上清宫缺人管理,易大師便託傅圓天前往。傅道長踏實肯幹,又有在深山開荒自養的經驗,遂帶領道衆投身到農業生産中,他們在山上種茶、植樹、墾荒耕田,這樣,既響應了政府鼓勵道衆支持經濟建設的號召,又發揚了道教農道合修的優良傳統[③]。1964年,深孚衆望的傅圓天被推舉爲上清宫當家,這皆因他任勞任怨、爲實現宫觀自養而一直無私奉獻。

1966年,“文化大革命”爆發了,古老的道教在這場浩劫中倍受打擊。青城山上下籠罩在一片“破四舊”的鬧嚷聲中,道衆人人自危,就連易心瑩大師也被紅

---

① 葛洪:《抱朴子外篇 · 自敘》,載楊明照:《抱朴子外篇校箋》(下册),北京:中華書局,1991年,第653頁。

② “易心瑩亦愛傅元天樸實誠懇,年輕肯學。尤賞識其奉道虔誠專一的精神,贊嘆:‘此子確實乃載道之器!’”見袁志鴻:《當代道教人物》,第158頁。

③ 參見蓋建民:《道教“農道合修”思想考論》,載《哲學研究》2010年第1期。

衛兵抓去,罰站在三清殿前訓話。傅圓天道長臨危不亂,毅然將易大師接到上清宫親自侍奉。然而,紅衛兵氣焰囂張,竟一路打砸搶抄,"破四舊"破到了常道觀。幸賴傅道長有先見之明,組織道衆學習語録,於是在常道觀前的辯論中,徒有匹夫之勇的造反派居然輸給了"牛鬼蛇神"的道士,紅衛兵頭目老羞成怒,放下狠話説明天再來。顯然,下次他們必將有備而來,道觀那時將蒙受怎樣的打擊,實在不可想象!易大師、傅道長急中生智,竟帶領全山道衆,將神像文物、牌匾碑刻等全都用寫有語録、口號、"最高指示"的紙糊蓋起來。等第二天造反派一來,衹能是目瞪口呆、束手無策了。① 由此可見,傅道長平素的作風雖説是行不由徑、正大光明,却並不木訥,是有大智大勇的得道真人,尤其在道教界遭此陽九之厄時,傅道長更是支撑危局的砥柱中流,遂得以保全名山精華、宗風香火。

1975 年,灌縣文物管理所接管全山宫觀,竟將廟産、法器、經書以及道士私人財産全部没收,甚至讓住觀道衆交房租、買燈油,一山道徒敢怒不敢言。有名的青城仙都、道教聖地,竟落得個經堂沉寂、鐘鼓無聲。爲此,易心瑩大師悲憤而死,傅道長强抑悲痛、忍辱負重,領著道衆砍樵謀生,終於挺過了最難關頭。

三十年後,傅圓天大師曾回憶這段劫難説:"中國道教精神純正,經得起風浪。那段時間宗教活動被迫停頓了,但我們心中的信仰仍然存在。人民没能公開信奉道教,但不少人暗地裏仍然信奉,父傳子,子傳孫,不公開舉行儀式,衹當天朝拜。中國道教在歷史上也經歷過多次浩劫,但道統延續不絶。這一方面説明道教文化有其頑强的生命力,另一方面也説明國强則道興,國家昌明則大道興行!"②

想到今時今日,道教歷盡劫波迎來了新生,傅大師不由得感慨道:"1978 年全國衹有 20 多所重點道觀較爲完整。到 1996 年全國已開放道教宫觀近 1000 處,住觀道士近萬人,另有散居各處的正一道士 3 萬餘人。……我曾經作爲宗教界人士,特邀列席中共十四次代表大會,這是中國道教的殊榮。度過劫波,道教走向興旺了!"③

三

黨的十一届三中全會以後,由於宗教信仰自由政策得到全面的貫徹落實,中

① 詳見袁志鴻:《當代道教人物》,第 159 ~ 161 頁。

② 轉引自李豫川:《當代道教大師傅圓天》,載《中國道教》1998 年第 3 期,第 5 ~ 6 頁。

③ 轉引自王純五:《愛國愛教,繼往開來——緬懷傅圓天大師》,載《中華文化論壇》1997 年第 3 期,第 109 頁。

國道教終於撥雲見日,迎來新的發展機遇。1979 年 12 月 12 日,青城山道教協會成立,頗受道衆愛戴的傅圓天被推選爲會長。記得 2010 年我從廈門大學來到四川大學宗教所任教時,一次在四川大學校園裏陪伴恩師卿希泰先生散步,卿先生回憶起與青城山道長們的交誼時談道:剛剛改革開放時,青城山也是百廢待興,當時傅圓天會長憂心忡忡,專程上門與卿先生會晤,探討振興道教事業與文化大計。卿先生與傅圓天會長交談甚歡,當時説了很多方面的内容,有些談話内容當時卿先生也記不太清楚了。但其中有一條,卿先生記得很清楚,“衹要做好培養道教人才的工作,未來的中國道教事業一定會振興的!”對此,傅圓天會長深表贊許。

面對當時青城山道教人才青黄不接的境況,傅道長決定將江至霖、張志益等德高望重、富有專長的老道長禮請回山。此外,傅道長還大膽地起用先後皈依道門的中青年道士,並委以重任。經過這些改革措施,青城山道教的面目很快煥然一新,全山上下井井有條,道教事業蒸蒸日上:到 1985 年底,全山已有道士 48 人,1993 年更是增至 123 人①,人員結構趨於年輕化,中青年道士擔當了道協和宫觀管理委員會的一些領導職務——當然,這一切皆有賴於傅大師長遠的眼光和切實的行動。

“山瓶乳酒下青雲,氣味濃香幸見分。”②青城乳酒鮮醇味美,歷史悠久,曾得詩聖杜甫的贊譽。其實早在十年動亂中,傅圓天道長就一直在考慮如何實現宫觀自養的問題。他用道家秘傳的彌猴桃素酒配方,經過反復勾兑實驗,終於掌握了製作道家“洞天乳酒”的方法,遂決定設廠釀造以改善道衆生活。衹是那時有小人見利忘義,一旦酒廠開始盈利,即將傅圓天排擠出廠。傅道長付之一笑,不以爲意,繼續帶領道衆在田間地頭勞作。

改革開放以後,傅道長弘揚道教自力更生、農道合修的傳統,決定走向社會,興辦實業,如此既能解決自養問題,又能支持經濟建設,利國、利民、利教。1982 年,傅圓天將政府給他的獎金全部拿出,重建道教釀酒廠。他同省委領導指派的技術人員積極合作,進一步改進了乳酒的釀制技術,生産出來的“洞天乳酒”可謂清冽濃香、營養豐富。第二年,洞天乳酒即獲四川省重大科技成果獎。馮友蘭先生很早就在其《中國哲學的精神》一文中指出:“道教有征服自然的科學精神”③,

① 參見李豫川:《當代道教大師傅圓天》,第 6 頁。

② 杜甫:《謝嚴中丞送青城山道士乳酒一瓶》,載王純五主編:《青城山志》,第 243 頁。

③ 馮友蘭:《中國哲學簡史》,涂又光譯,北京:北京大學出版社,1985 年,第 6 頁。

傅大師帶動道教界搞科研,使有千年歷史的青城山洞天乳酒重現世間,是道教修道與務農並舉的道風、崇道重術這一優良傳統在當代的發揚光大!

傅道長再接再厲,先後推出"洞天貢茶"、"青城苦丁茶"等"青城四絶",趙朴初先生嘗有《憶江南》詞一首,贊青城山洞天貢茶:"别後餘香留舌本,攜歸清味發心花。"①仙茗既出自仙家,青城的甘泉,也一樣清心潤口——傅道長隨後又辦起了飲料廠,生産道家礦泉水,爲自養事業不遺餘力。其後,建福宫、天師洞、上清宫等宫觀又辦起了旅社、素餐廳、照相館等,既爲當地的經濟發展、旅遊事業做了貢獻,也基本上解決了一山道衆的生活用度,使他們能够專心修持、一心弘道。正如傅大師在其撰寫的《社會主義條件下宗教要爲國家經濟建設服務》一文中所説的:"我們要解放思想,有開拓精神,有經濟觀念。我們的教祖漢天師張道陵就曾開鑿鹽井,解决當時的民生問題。歷代高道大德的智慧,對中國文化和世界文化作出過傑出的貢獻。今天,我們要學習前人的智慧,發揚道教'清修與勞作並重'的優良傳統,用修道爲善的思想,組織道衆,在政府宗教政策允許的範圍内,充分發揮道教名山勝景的地理優勢,搞好國内外的聯誼活動,管好宫觀、發展經濟,爲兩個文明建設服務。同時抓住時機,培養跨世紀的道教人才,責任重大。""當今市場經濟蓬勃發展,人們的社會經濟觀念,好與壞、善與惡的道德觀念,在人們心目中各有不同的標準。我們道教界就是要提倡大道,根本宗旨在於濟世度人,我們要用道的標準來服務國家、服務社會。"②誠哉斯言。

在傅圓天的領導下,有"竇仙九室"洞天之稱的青城山,正萌發出勃勃的生機。

1984 年 3 月,傅圓天大師當選爲成都市道教協會會長。同年 4 月,政府將建福宫、常道觀、上清宫等七座道觀交與道協管理,他多方籌集資金,帶領道衆翻修殿堂廟宇,築橋鋪路,植樹造林,本就是旅遊勝地的青城山更顯清幽秀麗。爲了推進道教宫觀規範化管理,傅圓天道長又主持制定了《青城山宫觀管理制度》,並成立了"青城山道教宫觀管理委員會"。

1985 年夏,丈人峰頂岩石崩塌,砸碎了通往上清宫的半山亭,還打傷了遊客,傅道長真是有大智慧,他避過險坡,另行改道,僅花幾百元就解决了問題,要知道按原計劃須在峰頂鑄支撑架,預計花費數十萬元之多!③

---

① 趙朴初:《憶江南・訪青城山》,載王純五主編:《青城山志》,第 257 頁。

② 轉引自王純五主編:《青城山志》,第 136 頁。

③ 參見李啓明:《青城山道衆的帶頭人——傅元天道長先進事跡》,載《中國道教》1987 年第 3 期,第 6 頁。

1986年，傅圓天道長親任冠巾師，於天師洞三清大殿隆重舉行青年道士冠巾儀。同年，當選爲中國道教協會副會長。

1988年7月，傅大師創辦青城山道教學校，爲培養道教人才盡職盡力。他曾在青城山道教學校的開學典禮上這樣講到："幾年來，青城山和各地宫觀都發生了翻天覆地的變化。青城山宫觀修復一新，興辦了酒廠、茶廠和食宿服務業，接待八方遊客，收入增多了，道衆豐衣足食。……我們道教學校，學制爲兩年，要培養出一批擁護党的領導、堅持走社會主義道路，有宗教學識的優秀人才。"①

傅大師受任於危難之際，胼手胝足、嘔心瀝血，終於使古老的道教煥發出新時代的光彩，其弘道興教、濟世益民的典型事跡，足以垂範後世，斯可謂懸一輪之道月，振萬古之宗風②。

四

《度人上經大法》有云："既言道士者，非道士之模範不行。凡言真人者，非真人之規不習。"③其時傅道長雖已身處高位，却依然艱苦樸素、戒行精嚴，一日三餐均是簡單素食，所有衣物，也衹兩身换洗的道袍而已，可謂自奉儉薄，將一生的精力都投入到興教利國的事業中。同時，作爲全真派第二十三代方丈大律師，傅圓天道長承全真龍門第七代律師、高道王常月之遺風，不僅自身時時恪守全真清規、"三壇大戒"，亦以重振戒綱、中興龍門爲己任。

在傅圓天道長的促成下，1989年11月12日至12月2日，全真龍門祖庭北京白雲觀得以舉行隆重的傳戒活動，傅道長亦在此次盛會上被授予"大師"稱號，並在傳戒法會上發表了題爲《修戒之目的和我們受戒後的努力方向》的重要講話，他强調："自古至今，没有不愛國、不孝父母、不敬師長、不講社會道德的神仙。"他要求受戒弟子："每做一件事，都要用太上之律條來很好地衡量，也都要對人民有益，對社會自覺負責。"最後，他表示："在職務上，我是中國道教協會副會長，但我和大家一樣有緣爲同壇戒子，從受戒之日起，我將進一步正心修身，努力做好表率，爲道教事業奉獻全部精力。"④實際上，傅大師也確實能够坐言起行、以

---

① 傅元(圓)天:《在青城山道教學校開學典禮上的講話》，載《中國道教》1992年第1期，第8頁。

② 《伏魔經壇謝恩醮儀》有曰："懸一輪之道月，主張教範。振萬古之宗風，百官千將。"於此取二句來形容傅大師的功績，恰如其分。見《道藏》第34册，第439頁。

③ 《靈寶無量度人上經大法》卷三《修誦瓊編品·修誦存思章》，《道藏》第3册，第621頁。

④ 傅元(圓)天:《修戒之目的和我們受戒後的努力方向》，載《中國道教》1990年第2期，第6~7頁。

身作則,青城山觀日亭有聯曰:“試從平旦時觀我,直到最高處昂頭”①,用以形容傅大師這種和光同塵、柔順處下又百折不回、至真至善的全真元始風範,再合適不過。

1992 年 3 月,衆望所歸的傅圓天道長在中國道教協會第五屆代表會議上被全國道教徒選爲會長,兼任中國道教學院院長。同年,被選爲全國政協常委。1993 年 3 月,四川省道教協會恢復工作後,傅道長又被推選爲四川省道教協會會長。位卑未敢忘憂國,從還是小廟道童起,傅大師就有興教、利國的宏願,再到出任中國道協會長,他更是時時不忘强調愛國愛教的總原則。1993 年 6 月,傅會長在爲道教界愛國愛教表彰會所作的報告中詳細闡釋了這一點:“我們不僅要做一心爲道的好道徒,更要做熱愛社會主義祖國的好公民。道教徒享受宗教信仰自由的權利,也必須盡公民應盡的義務,這就是愛國愛教的原則,這個原則什麽時候也不能動摇。没有社會主義就没有道教的今天,這是道教界老一輩的親身經歷和體會,祇有國家繁榮富强,道教纔有美好前景。”②傅大師的一生,正是愛國愛教原則的最好寫照,他既爲弘揚道教文化不遺餘力,也積極爲社會主義事業添磚加瓦,無不體現出振興教門、利樂人群的宗師氣度。

1993 年 9 月,傅大師主持了由北京白雲觀、香港青松觀、臺北指南宫聯合舉辦的“羅天大醮”大法會,並代表中國道協致歡迎詞,他説:“通道、修道、研道、弘道是我們玄門弟子義不容辭的責任。願大家同心同德,愛我中華,遵祖師聖訓,傳優良道風,修自身功德。”③傅大師言行如一,經“大醮”委員會決定,遂將十天“大醮”的功德收入——人民幣 100 萬元,全部捐助給“希望工程”,爲我國的公益事業作出了巨大的貢獻。

1995 年 11 月 1 日至 21 日,中道協在青城山常道觀舉行全真派第二次傳戒法會,傅圓天道長被推舉爲“全真律壇嗣天仙正宗第二十三代傳宗天大律師”。在這場全真宗門的盛會上,由他領銜,八位高道講經論法、暢玄闡真。筆者也有幸參加了這一盛會,近距離聆聽傅圓天大師講道傳法。傅大師主講《道德經》、教理教義與道德修持,在講到“道德修持”時,他一再重申“人道未修,仙道遠矣”、

---

① 參見王純五主編:《青城山志》,第 270 ~ 271 頁。

② 傅元(圓)天:《發揚道教優良傳統,爲社會主義建設事業作貢獻(在道教界愛國愛教表彰會上的報告)》,載《中國道教》1993 年第 3 期,第 4 頁。

③ 張明心、陳明光主編,王至炁編著:《不言之教:紀念傅圓天大師誕辰八十八周年》,香港:中國國際文化出版社,2013 年。轉引自王至炁:《〈不言之教〉:羅天大醮祈和平,愛國護教大道興》,騰訊道學 http://dao.qq.com/a/20170912/047518.htm,2017 年 9 月 12 日。

"天道無親,常與善人"的祖師訓誡,又語重心長地囑咐道衆:"爲道要飽含愛心,慈憫萬物,與人爲善,於國於教都有大益。正直剛强,也是修道之士必須具備的品質。歷代高功大德、前輩祖師剛正不阿,正氣直令鬼神欽。大家既來律壇受戒,就當戒除自身散漫不束的自私心性,遵守國家法紀和祖師戒律,身體力行,立功立德,爲社會服務,爲祖師道場服務。以人道爲基,以仙道修命,堅持道教的正道宗旨,勸人向善,克制私欲,排除妄念。祇有使思想純浄,心胸坦蕩,纔能修真修性,益壽延年。這纔是道教學説的精義要旨。"①——正所謂"一篇道德應玄機"②,這些勸誡教導,都是傅道長深悟《道德經》之後得出的不刊之論,也是他一輩子尊道貴德的經驗之談,仍然值得今後的道衆深入學習。

1997年4月12日,爲祝賀中國道教協會成立40周年,香港《文匯報》記者專程前往青城山訪問傅圓天大師。傅大師謙和地接受了記者的採訪,他敞開心扉,由衷地表達了自己的願望:"我在有生之年,還希望做兩件事。一件事是摘掉戴在道教頭上的'封建''迷信'這兩頂帽子,傳播正統道教。另一件事是在道教開山祖師張天師開始傳教的陽平治創辦一所規模更大、學科更全的道教學院。"③

實際上,傅大師的一生,也正是在爲光大道教而孜孜奮鬥著,他曾這樣解釋"道":"道即代表了他本身的來源,也是萬物的規律,運轉不息,自始至終。有了頭首就有了生命,就要動,下面一個走之就是動,頭首加上走之,即是一個完整的'道'字,道要走要運行。"④傅大師一生發光發熱,大力弘揚道教文化,同"大道"一樣"要走要運行",未嘗有一日稍息。他指出,道教信仰與封建迷信有著本質區别:"中國經歷了幾千年的封建統治,的確有許多封建文化的遺毒,但這不是道教造成的。道教信仰與封建迷信有著原則的區别。中國道教並不反對科學,英國學者李約瑟博士在《中國科技史》一書中曾明確指出。關鍵在於加大培養人才的步伐,努力傳播正統道教,使廣大道衆不僅善於管理宫觀,熟悉科儀,更要努力學習教理教義,講經論法,多出好書,濟世度人,弘揚正統道教。"⑤其實,傅大師試製成功"洞天乳酒"這件事本身就證明道教崇尚科學。而爲了摘掉道教頭上"封

① 轉引自王純五:《愛國愛教,繼往開來——緬懷傅圓天大師》,第110頁。

② 張開欽撰老君閣聯曰:"四海蒼茫呼太極,一篇道德應玄機。"見王純五主編:《青城山志》,第273頁。

③ 轉引自王純五主編:《青城山志》,第138頁。

④ 張明心、陳明光主編,王至烝編著:《不言之教:紀念傅圓天大師誕辰八十八周年》,香港:中國國際文化出版社,2013年。轉引自王至烝:《〈不言之教〉:羅天大醮祈和平,愛國護教大道興》,騰訊道學 http://dao.qq.com/a/20170912/047518.htm,2017年9月12日。

⑤ 轉引自王純五:《愛國愛教,繼往開來——緬懷傅圓天大師》,第111頁。

建”、“迷信”的帽子,傅圓天大師十分重視文教事業,不僅大力興辦道教學院、弘揚正統道教,他本人更是常常在海内外講經説法,以期讓更多的人瞭解道教、體悟道妙。1991 年初春,傅大師曾爲四川大學出版社出版的黄海德、李剛編著的《簡明道教辭典》題詞道:“開展道教文化研究、弘揚中華民族文化,以貢獻於今天的人類。”①此誠肺腑之言!

至於要在陽平治辦學這件事上,更是顯示出傅道長寬廣的胸襟與長遠的眼光,他説:“道教的教祖張道陵,學道於鶴鳴山,顯道於青城山,傳道於陽平治,正式建立教區道治。恢復漢天師陽平治都功玄壇,迎接海内外炎黄子孫朝宗拜祖。恢復後的道教陽平觀,應當是道教各派歸宗,正一道和全真道同處一個道觀之内,有利於相互學習,有利於道教的改革。中國道教數千年來産生了各大門派分支,這是歷史條件形成的,今天時機成熟,到了久分必合的時候了。未來的陽平觀應是海内外道教界進行道教文化研究的一個中心。光大道教,便是光宗耀祖,光耀中華。”②傅大師雖爲全真教徒,却從不存門派之見,他一生致力於團結全真、正一兩派,大大加强了道教内部的凝聚力。1994 年 4 月,在他的促成下,“道教正一派授籙座談會”得以於上海召開,會議提出要通過恢復授籙傳度教儀,健全正一派教戒規範,從而肅穆道儀、振興道風。1995 年下元節,江西龍虎山國内首次授籙活動取得圓滿成功。此外,傅大師自 1986 年被選爲中道協副會長後,亟著手於恢復全國宫觀,他不辭勞苦、上下奔走,先後使西安八仙宫、江西龍虎山、湖南南嶽大廟等宫觀的落實政策問題得到解決。在他的努力下,開放的宫觀和成立的地方道協組織也有了明顯增加,正如卿希泰先生曾經評價傅大師的傑出貢獻:“傅圓天會長執掌中國道教協會的時代,是中國道教宫觀大發展和宫廟大建設的時代。”③尤其值得一提的是,傅大師還爲昔日天師道的中央教區——陽平治都功玄壇的恢復工作作出了不可磨滅的貢獻。1996 年,傅圓天大師率領一個考察隊,來到了彭州市海窩子古陽平治遺址,昔日漢天師二十四治的首治竟淪爲斷壁殘垣,傅大師面對這滿目荒涼,感慨萬千,遂決定重建陽平觀、再興陽平治。經過他和弟子的不懈努力,象徵全真、正一兩派齊心協力、共興道教的陽平觀得以建成,初具規模的道教元都陽平觀神異雄偉,壯麗莊嚴,彰顯著道教文化的獨特魅力——而這一切,都有賴於傅圓天大師光大道教的宏願與篤行。

---

① 轉引自李豫川:《當代道教大師傅圓天》,第 7 頁。
② 轉引自王純五:《愛國愛教,繼往開來——緬懷傅圓天大師》,第 112 頁。
③ 參見張欽:《緬懷傅圓天大師,展望青城山道教》,未刊稿。

“農道合修”有宗教本身和科學思想兩方面的基本意義。首先,農桑之業事關道俗生計,對道士個人來説是立身安命之本;同樣,對整個道教教團的發展來説,農桑也十分重要。從某種意義上説,也是立教之基,“農道合修”的宗教意義顯而易見;同時,“農道合修”也促使了道教與農學的融通關係,道門中人積極投身農桑之業,究習農之道理,在農學領域有許多創獲發明。二十世紀五六十年代,傅圓天任青城山道教生産隊長,帶領青城山道衆發展農業生産,力耕自養。後來於 1982 年籌建道家乳酒廠,1983 年試産成功,獲四川省重大科技成果獎;1985 年又建青龍崗茶廠,其生産的青城山道家乳酒和青城山茶,已成爲青城著名特産,飲譽海内外。

傅圓天大師 1997 年 7 月 3 日於青城山飛仙觀羽化登真,功德完滿,至今已有二十載。這位人間修真客、玄門大宗師,在他七十三年的人生歷程中,愛國興教、弘道度人,繼往開來、教澤流芳。《出家因緣經》有謂:“所以名爲道士者,謂行住坐卧、舉心運意,唯道爲務,持齋禮拜,奉誠誦經,燒香散花,燃燈懺悔,佈施願念,講説大乘,教導衆生,發大道心,造諸功德,普爲一切,後己先人,不雜塵勞,唯行道業。”[①]如此,傅大師堪爲“弘道利人、服務社會”的真道士也!

(責任編輯:秦國帥)

① 《太上洞玄靈寶出家因緣經》,《道藏》第 6 册,第 139 頁。

芻議觀念史視角下的道教研究

——基於程樂松教授《身體、不死與神秘主義》的探討

□張雪松

摘要：觀念史的研究方法對於當前中國學術界的宗教研究具有重要的啓發意義，本文以程樂松教授的新著《身體、不死與神秘主義——道教信仰的觀念史視角》爲範本，探討用觀念史的視角研究中國道教的既有成果，並以此爲基礎，探討了將觀念史引入宗教研究的重要意義、觀念史研究方法具體操作時應該注意的問題，以及觀念史研究方法可能存在的局限性。

關鍵詞：宗教學研究方法　觀念史　神秘主義

作者簡介：張雪松，男，1980年生，北京人，中國人民大學哲學院宗教學教研室副教授，碩士生導師，教育部人文社會科學重點研究基地佛教與宗教學理論研究所全職研究員。主要研究方向爲中國宗教史、宗教學理論，先後在中國臺灣和大陸地區出版學術專著四部，發表論文多篇。

一、引言："甘河遇仙"引發的話題

北京大學程樂松教授新著《身體、不死與神秘主義——道教信仰的觀念史視角》雖然主要以先秦、秦漢至魏晉道教爲主要研究對象，但也涉及一些全真教的内容，其中有一段議論頗爲重要，程教授指出：

> 學界的全真教研究有一個共同的目標，即從歷史的維度描述全真教在社會思想語境和日常生活世界中的存在形態。然而，我們不得不承認的是，全真教産生、發展和變化還有另一個十分重要卻難以捉摸的推動力——信仰。信仰者對於全真教的理解直接形成了其行爲的動因。例如，一般而言，學者不會承認王重陽甘河遇仙是真實發生的歷史事件……然而，對於信仰

者而言，這些“非客觀事件”是不容置疑的史實。對於這些史實的信仰，是推動他們展開傳教、儀式以及廟宇修建，與地方信仰融合的内在動因。進而，類似於甘河遇仙這樣的經驗，在全真教的信仰實踐中是隨時可能在每一個信仰者，乃至普通民衆身上發生的，獨特的神秘經驗及被啓示刷新的傳承譜系，使得全真教的發展和譜系分化形成了與社會史完全不同的内在理路——神聖性是全真教乃至整個道教歷史研究中不能忽視的問題。①

程樂松教授强調神秘主義(或神聖信仰)在道教史上的研究意義，是完全正確的。全真教歷史上創教祖師王重陽的“甘河遇仙”，確實完全“刷新”了既有的道教體系。但問題是，我們該如何理解這種神秘主義的性質，及其發生作用的機制。首先，即便我們相信神仙、“世外高人”都是存在，他們“隨時可能在每一個信仰者”身上給予啓示，但並不是每一次啓示或奇跡都會産生“甘河遇仙”在中國道教史上的意義和作用。這就好比，在中國的宗教文化歷史背景中，童贞女生子(Virgin birth)、死而復活這樣的“事件”，幾乎可以説是隨處、隨時可能發生的，但其宗教意義，遠不能與“基督事件”相比擬。

其次，程樂松教授認爲道教神秘主義表現在“排異”性上，道士更重視的師徒口耳相傳，“實際上，很少有道士會研究道藏裏的經典，他們真正重視的是經過盟誓和儀式之後得到的科儀文本和口傳秘訣。在同一個教團内部，道士會根據他自己對不同弟子的能力、資質和成仙潛力的判斷進行口訣的傳授，傳給不同弟子的同一段口訣可能在順序及内容上都有所差異。换言之，任何口傳的秘訣都没有一個標準的版本，同一個道士的弟子之間都不知道其他人接受的口訣的内容。從這個意義上講，在道教團體内部，經典也是不公開討論和傳遞的内容。”②如果上述説法完全成立，那麽全真教祖師王重陽“甘河遇仙”所獲得的啓示，爲什麽没有僅僅成爲他個人的宗教體驗，反而在中國宗教史上産生了廣泛而深遠的影響，其内在的原因和機制就必須予以解釋。

《身體、不死與神秘主義——道教信仰的觀念史視角》一書反復强調道教神秘主義的一個特質是人神盟誓背景下師徒傳授的封閉性，作者基本上是將其作爲一個客觀事實來論述的，但這種師徒秘傳的觀念和實踐，是何時、如何産生，並在不同時代是如何演變的，其實都是需要細密考證的，否則即便引入了這種“神

① 程樂松：《身體、不死與神秘主義——道教信仰的觀念史視角》，北京：北京大學出版社，2017年，第90頁。

② 程樂松：《身體、不死與神秘主義——道教信仰的觀念史視角》，第123頁。

聖”的視角，同樣會落入了“客觀性尚不穩固、史實敘述尚不連貫時，就不得不進入分析和詮釋的階段”①。該書引用的《太極祭煉内法》其實本身即是一個反例，引文中提到“道家之書，以秘密爲謹，學者非齎金幣、盟天而傳，則謂之褻漏，褻漏有冥咎”，但鄭所南爲世人超度祖先而雕版流通的做法却得到肯定，“吴人鄭所南，述其所傳，刻諸梓以教人”，“則是法也，可使家有，而人信行之”。② 當然，我們並不能因爲一個反例就否認道教師徒秘傳，衹是想指出秘傳本身也是一件可以討論的事情，在不同時代、不同信衆中可能存在不同的實踐方式。

雖然不是歷史上任何一個人直接獲得來自神明的任何一次啓示，都可以産生“甘河遇仙”這樣的效果，但不可否認，在道教信仰中，由於神明啓示帶來新的經典、教義和修煉技術，進而徹底打破原有的道教理論構建和實踐形態的歷史現象是屢見不鮮的。在這個意義上講，誠如程樂松教授所言，道教信仰具有明確的“反體系性”；因此，學者進行任何的道教體系構建或歷史發展脈絡的構建，都會受到嚴重的質疑。面對這樣的難題，程教授選擇了“觀念史”的研究路徑。

這裏所謂的“觀念史”研究，與學界熟知的、由張岱年先生開啓的中國哲學的概念範疇史研究，③是有明顯區别的。程教授借助金岳霖先生對“概念”(concept)和“意念”(idea)的分疏來加以説明。概念是清楚的，不能有矛盾；意念，近似於觀念，可以是比較模糊的，甚至可以有矛盾(不必然有矛盾)。④ 因此用觀念史的視角對道教進行研究，就不必以内在的一貫性爲基礎，也不必挖掘出其内在的一貫性。這種觀念史的研究方法，看似是一種取巧的辦法或者説是没有辦法的辦法，但實際上却是一種十分有益的嘗試，在一定意義上擴大了道教史研究的界限，即在思想史和社會史視角下的“信史”並不是道教史的全部，道教信仰者與非信仰者對相同“觀念”的分享、差異及其互動，可以成爲道教史的詮釋基礎。通過詮釋道教信仰與其社會生活環境之間的互動模式，來理解道教在中國文化體系中的地位和功能。

再者，觀念相比概念，可能更貼切於中國古人的思維方式。與亞里士多德邏輯學中“種”加“屬差”的定義方式，以及大前提、小前提、結論的“三段論”推理不同，中國傳統文化更傾向於“道無常操”，對於一個概念術語並不急於下定義，而是先在不同領域加以運用，運用得多了，再慢慢體會其涵義。對於一個名言概

① 程樂松：《身體、不死與神秘主義——道教信仰的觀念史視角》，第 92 頁。

② 《道藏》第 10 册，北京：文物出版社、上海：上海書店、天津：天津古籍出版社，第 440 頁。

③ 張岱年：《中國哲學大綱》(修訂版)，北京：中國社會科學出版社，1982 年。

④ 金岳霖：《知識論》，北京：商務印書館，2011 年，第 406 頁。

念,如果急於下定義,過早地“説破”,很可能“殺死”了它。北京大學樓宇烈教授特别强調概念的歷史性,“其實我們講的許多概念,都是一個歷史性的概念。什麽叫做歷史性的概念呢?也就是説,它是變動的,非静止的。所以每一門學科也好,每一件事情也好,概念都是在不斷變化的。這種變化不僅有時間上的,也有空間上的。當我們説這個東西是什麽時,一定是在一定的歷史時期、文化背景、地域下這麽説。如果我們换一個歷史時期,换一個地域,换一個文化背景,就可能有不同的説法”①。用觀念史的視角來探討中國傳統宗教,應該説是具有合理性的。

二、運用“觀念史”視角研究中國道教的有益嘗試

在《身體、不死與神秘主義——道教信仰的觀念史視角》一書中,程樂松教授選擇了身體、不死與神秘主義這三個觀念來梳理中國道教(特别是先秦、兩漢到魏晉時期的中國道教)。應該説,該書是一本具有探索性質的學術專著,新意迭出,是近年來宗教學研究領域不可多得的“奇書”,具有高度的前瞻性,相信會對既有的中國宗教學研究産生積極的學術刺激和衝擊;同時,該書也不是一本容易閲讀的書,迥異於以往我們對道教研究著作的閲讀習慣,故此本節用較大篇幅對該書進行了總結概括,希望能爲讀者梳理出作者寫作該書的思想理路和要點,這也有助於我們對於用觀念史研究道教有更清晰的認識。

全書分爲十三章及結語,從論述的順序來看,其實是神秘、身體與超越生死。第1章具有導言性質;第2~5章,大體上各用兩章的篇幅,分别主要討論了道家、道教的“神秘主義”特質;第6~9章,主要討論道教對“身體”的基本看法與信仰,以及存思、科儀兩種與身體密切相關的道教實踐;第10~13章,主要討論外丹、地獄、命籍、日常等問題,因爲在這幾章的討論裏,死(暫死)常常是長生(死而不亡)的一個必要的步驟,而且第13章主要討論的是日常生活中的超越性與長生不死的生命超越是古代中國超越觀念和超自然世界詮釋體系的兩種不同表達方式,因此本文將10~13章概括爲“超越生死”,而没有用原書的標題“不死”。嚴格來説,該書各章都可以獨立成篇,但全書在討論這三個觀念時,也絶非涇渭分明,“神秘主義”可以説是貫穿全書的一條線索,探討“身體”時,也時時以“不死”或説“超越”爲指歸。

① 樓宇烈:《宗教學研究方法講記》,北京:北京大學出版社,2013年,第4頁。

在第 1 章《紛繁、不經與"可理解"的道教》中,程教授首先論述了對道教的基本認識,即對以往學術界試圖將道教構建爲一個連續且自成體系的信仰傳統提出質疑;進而引入"觀念史"的研究方法,並表明這種研究方法的最終目的是爲了讓道教變得"可理解"。作者認爲,道教是一種以一系列核心觀念爲基礎展開的信仰體系。這些核心觀念並非道教獨有,而是來自中國文化及信仰傳統;同時,這些核心觀念在道教信仰發展的不同階段也不斷變化,但在發展變化中却能保持著其獨特的旨趣。正是基於這種認識,道教纔是"可理解",而該書的寫作目的也正是要揭示道教的這種"可理解"性。理解道教的出發點不是(構建出)體系化了的理論和思想,而是從觀念的選取、改造與整合出發,探析觀念變遷中體現出來的不變的旨趣,以及從這種不變的旨趣到各個時代現實的信仰實踐之間的內在脈絡和機制。

在論述對道教基本認識的同時,作者即已引入了"神秘主義"的話題,第 2 章《言道與術道:道家思想的信仰空間》與第 3 章《從政治神學到不死實踐》,作者主要在歷史脈絡中梳理了先秦道家、兩漢道家的神秘主義色彩,尤其注重生命主體和個體經驗在道家思想中的重要意義,而道家的神秘主義氣質也主要是圍繞這兩點而形成的,並由此出發完成了從宇宙到身體的思想構建。秦漢的方士完成了將宇宙的神秘性轉向身體的過程,在同一種神秘性機制的主導下詮釋了身體、宇宙、社會和國家。道教的宇宙論將以天命爲中心的漢代政治神學模式轉化爲人神關係模式,從而讓神明救度、滿足個體化的神明需求成爲可能。

第 4 章《告别"信史":道教歷史的敘述與詮釋》與第 5 章《融攝與排異:神秘主義的兩種向度》,作者開始正式進入對道教的討論。程教授認爲:神秘主義的信仰特色,成爲道教史研究的獨特"界限",進而提出了告别"信史"的口號。以往"客觀性"視角下的研究,忽略了經典、啓示、神學和個體經驗對道教發展的巨大影響,程教授主張道教史應該通過史實和信仰之間的張力,來影響理解道教信仰及其文化特徵的空間。"神聖性"應該介入道教史,從而讓"客觀史實"有一個全新的詮釋視角。道家的神秘主義特色在於"融攝",即"道"將萬事萬物融攝在一起,形成內在的連貫性和一致性。這既是一種表達方式,也是一種思考方式,並帶有一種超越的神秘美感。而道教的神秘主義特色在於"排異",是一個內在封閉的傳授體系,衹有師徒之間的口傳心授,通過盟誓和儀式之後獲得的經典文本和秘訣纔是有效力的。因此,神秘主義不僅是道教信仰的基本特徵,更是道教强化和鞏固信仰的必要手段。

第 6 章《道體與體道:身體的雙重角色》、第 7 章《病體與仙體:病理與不死之道》、第 8 章《存思的内景:身體切近神聖》、第 9 章《以身顯道:作爲身體實踐的科儀》,主要探討道教的身體觀及其實踐運用。身體的神秘化是道教身體觀最大的特色,身體内部各個器官和組成部分的神秘化和神譜化("體内神"),是道教對身體觀念進行改造的關鍵環節,由此完成的内在於身體中的超越性,成爲道教信仰和修煉實踐的基石;而且身體成爲"中介",由於大小宇宙的鏡像關係,通過掌控具有神秘象徵結構的身體,也可以影響到外部世界,從而完成各種法術。同時,人神的互涉關係,可以運用到治療疾病之中,而道教的治療疾病衹是圍繞身體展開超越性的一個起點,而讓身體的超越性得到更大發揮的實踐則是存思和科儀。存思是將身體轉化爲"内景",即通過"思"身體内外神靈的具體形象,獲得想象和體驗,既是以"神"的形式完成"景"的顯現,又是從"景"到神的衍生,從而完成有限的生命向超越的存在敞開,並與之融合;同時,步虚、存神、出宫、送章、内煉等科儀,都需要利用到存思的技術。在西方宗教學中,儀式可以被視爲有意識的、自發的一系列重復性的身體行爲;而科儀則是通過一系列規程嚴格、重復刻板的行爲體現面向超越神靈的虔誠態度,並由此達成與神靈合真、乃至與神靈酬酢的目標。如果從中國傳統禮儀的視角來看,道教科儀則是同時代的禮儀體系中承擔著獨特超越性功能和生命關切的組成部分。程教授特别强調身體在科儀中的意義,身體不僅是科儀研究的重要主題,而且是科儀研究的重要視角和進路。身體是一種重要的中介,科儀展開的觀念基礎是身體内外的同構性,以及身體與外部世界的神秘感應能力;科儀是通過"以身運道"的實踐達成"顯道於身"的效驗。

科儀效驗的前提是身體與道體的融合與密契,這一方面保證了身體參與科儀時具備超自然的力量,另一方面也成就了身體的不朽,因而也出現了以身體不朽爲目標的科儀修煉實踐。該書對於身體觀及其實踐的探討,大都蘊含著這種以不死或説超越生死爲終極目標的意蕴;而對於這一主題的集中討論則是從第 10 章《以死長生:不死之藥的觀念與技術》、第 11 章《鬼之仙途:陌生的焦慮與被消解的死亡》對於外丹和屍解開始的,這兩種道教信仰實踐都是"死而不亡"。

黄白術(煉金術)與金丹(不死之藥)從起源和譜系上本是兩種不同的傳統,但黄白術造煉出來的黄金(藥金)逐漸轉化爲金丹煉製的一個步驟,到東漢時外丹術由製作藥金的黄白術發展出製作不死之藥的金丹。金丹是通過同化身體的性質,即讓身體成爲與金丹一樣本質不變的存在,從而達到長生的目的;在爐鼎中煉製丹藥的過程,就是宇宙天地、陰陽之氣周期變化的象徵性重現,對這一宇宙過程的模仿成爲外丹神聖信仰内涵的基礎,身體也正是借助丹藥(還丹)的返還之力實現回歸嬰兒、到達不死的效果。但這種丹藥常常導致服食者在服用之初出現暫死的"假像",解釋這種暫死,既有燒煉過程中出現丹毒(火毒)的技術性詮釋方式,也有暫死的信仰性詮釋,即服食外丹後身體變化導致的死亡是通往不死的途徑。外丹實踐及服食的神秘性詮釋,以及以死長生的"不死"觀念,即反復疊加的神秘性,在使得外丹術越來越具有吸引力的同時,也逐步喪失了可操作性。

鬼,原本是指來自域外的陌生人,後來引申爲生命消亡之後的存在形態,即地理和空間意義上的陌生者與生命狀態上的陌生者。鬼是指陌生和異常者,在中國古代觀念體系中,鬼的存在是基於"氣"與"變"的觀念,即以自然界和身體中出現的異質且善變的氣(不正之氣)爲基礎,這種抽象的氣使得鬼的存在和行爲具有神秘性。在中國古代的日常生活中,鬼是無處不在、隨時可能入侵和危害人們的生活和生命。對待鬼,道教主要採取禁咒和驅煞的方式保護生人不受侵擾;但同時"人死爲鬼",死亡也可以變爲成仙的一個必要關節,通過煉度和普度的方式實現長生。在修仙技術中,與暫時死亡關係最密切的是尸解法。通過道法實踐,將鬼承載的陌生者的焦慮和死亡的恐懼轉向生活世界的秩序(禁咒驅邪)和生命的長生(尸解與普度)。

以長生爲旨趣的道教,其關注的"命"主要是個體性的。在第 12 章《算命:我命、承負與不死》中,程教授指出:命主要指人在生活中遭遇的吉凶福禍,玉籍(仙籍)是長生者的命數,無論這種命數是其主動爭取的,還是宿命確定的。人的行爲也可以影響命籍的變化,承負爲道教信仰者的生活遭遇與實踐效驗提供了完備的詮釋體系,而通過煉養和修行能够"易籍",也讓仙籍相容了"宿命"與"我命"之間的張力。在第 13 章《内蘊超越的日常:中國信仰體系與道教的本土性》,作者則强調,對於中國人而言,真正需要關切的是由超越性保障的生活秩序和社會秩序;但此岸的需要中並没有長生不死的追求,因此可見道教對於超越性的安置是多元和雙向的,而這兩個面向(生活世界與長生不死)體現了道教信仰的本土性。這種"本土性"體現在生活世界是道教信仰構建和開展的根基,道教是在生活世界中有秩序地安置超越性,而非採取出世的方式(在超越性的框架中創立一種差異性的生活方式)。

作爲使用觀念史視角來研究中國道教的嘗試,上述的成果應該説是令人滿意的。《身體、不死與神秘主義》是一本具有開拓意義的學術專著;就該書既已取得的研究成果而言,確也通過這樣一個新的研究視角重新詮釋了道教及其信仰體系,爲讀者在中國文化及社會生活中呈現出"可理解"的道教。

當然,該書也存在一些可以討論的空間。就觀念史的方法運用方面,對於世界圖景等觀念,程教授利用前人研究成果,進行了比較詳細的歷史演變的梳理;但對於更多的觀念,所進行的工作則更近似於觀念比較,這樣就容易陷入體系性的構建。書中有大量類型學意義上的分類,這十分便於對豐富而複雜的道教信仰及其實踐進行表達,但不免過於化約而難以展現觀念史力圖呈現的"互動"關係。

例如,程教授在討論不死時,談到"消解死亡的方式有三種:其一,認爲死亡衹是走向長生的一個環節,某些人獲得長生的方式就是暫時的死亡;其二,通過描述和詮釋地獄的結構及行爲規範,説明進入地獄的人如何通過自身的信仰和努力重獲生命,乃至實現長生;其三,强調科儀實踐爲進入地獄且没有修行基礎的人提供了普遍長生的儀式解決方案,保障亡故了的人都有明確的重生和長生的方法與管道。"[①]在第一種方式中不僅包括了外丹,而且還有屍解,但屍解的太陰煉形、五煉生屍,與第二種方式中通過南宫受煉讓地獄中人(鬼)逐步成仙,其實很難做嚴格的區分;而第三種方式衹是讓能够進入南宫受煉條件放寬,成爲普度儀式。實際上,如果我們引入"史"的視角,而非分類,從六朝屍解觀念的形成、演化,直到宋代以來超度亡魂儀式的現實需要,可能會更好地實現觀念史研究方式的意圖,同時也可以方便展現道教與佛教等外部文化體系的互動關係,如書中討論鬼仙時提到的《鍾吕傳道集》,實際上即把佛教的禪定涅槃視爲修鬼仙:"定中以出陰神,乃清靈之鬼,非純陽之仙,以其一志陰靈不散,故曰鬼仙。雖曰仙,其實鬼也。古今崇釋之徒,用功如此,乃曰得道,誠可笑也。"[②]又如,在討論道教承負與佛教因果在形態上有些相似,但内在原理有很大差異時,作者對《太平經》某些原文的理解也有待商榷,"今先王爲治,不得天地心意,非一人共亂天也。天大怒不悦喜,故病災萬端,後在位者復承負之";"但逢其承負之極,天怒發,不道人善與惡也。遭逢者,即大凶矣"。[③] 作者分别理解爲"個體違反天地之道的行爲的積累就會觸發天地的怨怒,最終轉變爲災禍","當承負的積累導致天怒出現之際,所有人都會陷入遭命的境地"。[④] 但這個"個體"並不是一般的個體,而是帝王(先王、在位者),前一段話似應該解釋爲個人會承負帝王所造孽;而在後一段話中,似不是承負激發天怒,而應該是人要承負天怒,天怒是最嚴重的承負("承

① 程樂松:《身體、不死與神秘主義——道教信仰的觀念史視角》,第283~284頁。

② 高麗楊點校:《鍾吕傳道集西山群仙會真記》,北京:中華書局,2015年,第52頁。

③ 王明編:《太平經合校》,北京:中華書局,1960年,第55、370頁。

④ 程樂松:《身體、不死與神秘主義——道教信仰的觀念史視角》,第304頁。

負之極"),故不分好人歹人,同樣遭遇大凶。

不僅是道教與佛教類似觀念的比較,道教與中醫的身體觀探討時,如果引入中醫在金元以來的新變化,特別是"五運六氣"理論被廣泛運用於個人疾病、醫藥和時疫的預測[①],以及中醫的不斷儒家化(眼耳、針灸及外科等治療技術邊緣化,幾乎成爲釋道巫術的專利)[②],將會有助於觀念史相關問題的深入討論。

三、在中國宗教研究領域内運用觀念史方法的反思

程樂松教授《身體、不死與神秘主義》一書,爲我們提供了一個很好的討論觀念史視角研究中國道教的範本。以此爲基礎,我們本節將從三個方面對觀念史的方法進行反思:觀念史引入宗教研究的重要意義;觀念史研究方法具體操作時應該注意的問題;觀念史研究方法可能存在的局限性。

(一)觀念史引入宗教研究的重要意義

《身體、不死與神秘主義》一書的副標題是"道教信仰的觀念史視角",但這種觀念史與以往我們理解的道教史,有較大的差異。選擇觀念史的方法來研究中國道教,一個重要的原因就是道教被認爲是反體系性的,不存在内在一致的發展脈絡,以往的學術構建都是可質疑的。作者的這一觀點,本文是基本認可的,但這種反體系性並非是道教獨有的,不必特别强調道教在這方面的獨特性。

以佛教爲例,原始佛教、部派佛教、大乘佛教、密教,印度佛教的不同發展階段都可以説是"質變"的;在中國佛教中,從六朝"入道之要,慧解爲本"的義學沙門,到唐代"不立文字,教外别傳"的南宗禪僧,更是有著天壤之别。佛教傳統中有"三法印"或"四法印"的説法:"諸行無常,諸法無我,有漏皆苦,涅槃寂静",無常、無我、苦樂、涅槃以及空等"觀念"在不同時代和地域,迎應現實的不同需求,均呈現了很大的自身差異性和豐富性,都很值得做"觀念史"的研究。强調"反體系性"並非道教獨有的特徵,實際上是爲觀念史研究方法在宗教學領域有更廣泛的運用提供空間。

馬克思、恩格斯在《德意志意識形態》中説:"宗教本身既無本質也無王國……如果他真的想談宗教的'本質',即談這一虚構的本質的物質基礎,那麽,

---

① 范行准:《中國醫學史略》,北京:中醫古籍出版社,1986 年,第 126 ~ 134 頁。古人將"五運六氣"理論追溯到《黄帝内經》,而范先生認爲近似於阿拉伯占星術。

② 梁其姿:《面對疾病:傳統中國社會的醫療觀念與組織》,北京:中國人民大學出版社,2012 年,第 12 ~ 15 頁。

他就應該既不在'人的本質'中,也不在上帝的賓詞中去尋找這個本質,而衹有到宗教的每個發展階段的現成物質世界中去尋找這個本質"①,宗教在不同時代必然表現出不同的樣態,而造成這種變化的原因,不應該僅從宗教本身去尋找,馬克思在《論猶太人問題》中說:"相當長的時期以來,人們一直用迷信來説明歷史,而我們現在是用歷史來説明迷信。"②當然,道教史的研究並不能僅僅機械地採取經濟史、社會史的"還原論"徑路,這也是《身體、不死與神秘主義》提出告别"信史"的原因。《身體、不死與神秘主義》一書主張告别"信史",還有一個技術上的客觀原因,就是道教研究常常困於史料不足,不能完成對客觀史實的重塑,至多是通過研究者的詮釋來對部分(零星)史料進行"拼圖"。程樂松教授認爲道教史研究中接納(融入)"信仰",就是告别"信史","客觀敘述的暗處並不是缺陷,可能是活力之源"③。但本文認爲,可能並非是"告别"信史,而是應該在信史上更進一步。對於社會史乃至思想史,"信史"確實是可以令人滿意的研究,但對於宗教史而言,不能讓"信史"遮蔽很多宗教學上的重要議題。但這些宗教學上重要議題的討論,必須建立在"信史"的基礎上,而相對於構建"信史"的史料缺乏,用"長時段"的方式來處理"觀念"可能是一種具有操作性的做法,即在歷史的"空白處"、在没有史料證明道教信仰觀念曾經發生過改變的情況下,可以默認道教觀念具有一定的穩定性,以此爲基礎用此前或此後的材料進行詮釋理解,或許是相對可靠的做法,也符合觀念史研究方法的旨趣,在一定程度上幫助我們解決以往道教研究的困境。

告别信史,還可以從另外一個角度來理解,如果還是以"甘河遇仙"爲例,一方面是王重陽本人在甘河獲得的宗教體驗這一"客觀史實";另一方面是後世不斷建構(或者説神化)出來的對"甘河遇仙"的傳説故事。由於史料的缺乏,對於王重陽本人的宗教體驗,研究者很難進行確切的描述(同樣也没有充足的理由斷然否定其存在)。告别"信史",確實可以不必糾纏當年王重陽本人宗教體驗具體内容如何,而專注於詮釋"甘河遇仙"在全真教發展中的意義與價值。即便如此,這種詮釋也應該基於各個時代對於"甘河遇仙"的不斷建構及其與當時道教信仰的互動關係,這同樣需要建立在"信史"基礎上:即對於不同時代、不同語境(道經文獻、民間傳説等等)下"甘河遇仙"故事的不同版本及其出現的原因進行梳理和

---

① 《馬克思恩格斯全集》第2版,第3卷,北京:人民出版社,2002年,第170頁。

② 《馬克思恩格斯全集》第2版,第3卷,第169頁。

③ 程樂松:《身體、不死與神秘主義——道教信仰的觀念史視角》,第93頁。

考訂、判斷。而且,如果是後世不斷“主動”建構的話,它在本質上應該樂於公開流傳,那麽對道教信仰的神秘主義的表達也就不僅限於秘傳的方式。上述問題,是以往傳統的道教研究容易忽略的,如果僅僅考證出“甘河遇仙”的存在或不存在,或者用還原出、最接近“信史”的王重陽“甘河遇仙”的内容去替代歷史上不同時代形成的各個版本的“甘河遇仙”的“僞史”,肯定會遮蔽很多問題。我們確實需要借助新的視角和理論工具,來完善以往我們的宗教研究。

“觀念史”的研究衹是道教研究中的一種方法,但却是在當今學界很值得鼓勵和提倡的一種研究方法,不僅對道教,乃至於對宗教學都是很有意義的嘗試。

(二)觀念史研究方法具體操作時應該注意的問題

理想化的“觀念史”徑路,其工作量將是十分巨大的,需要研究者具有極其豐富的知識儲備,其可操作性可能會受到質疑。一般研究者很難勝任在充分把握相關研究領域的情況下,進行觀念選擇、變化的梳理,及其與社會現實需要的互動;因此,很容易就將觀念史的研究簡化爲觀念的對比性研究。

當然,將同一或近似觀念在道教之外領域的使用與在道教内的使用進行比較,呈現出道教對該觀念的改造,同樣可以在很大程度上實現“觀念史”的研究意圖。程教授對“鬼”這個觀念的討論,從上古“鬼方”,異域的陌生,直至發成陌生的超自然力量和亡故者兩種形態,就比較好地展現了觀念史的研究旨趣。而對存思(存、存念、臨目、視、思、洞徹)和内景(景、像、象)的討論,則主要重在概念辨析;對於身體(身、體、形、軀)概念的討論,也是如此。當然,通過概念的辨析,在很大程度上也體現了道教信仰從中國傳統文化中進行觀念揀擇和改造的旨趣;但畢竟概念辨析與觀念史的徑路還是有所區别,特别是西方外來概念的引入尤其如此。在《身體、不死與神秘主義》中,作者用了不少篇幅從語義學的角度來分析了西方文化中的神秘主義(mysticism, occultism, esotericism, gnosticism,即神秘主義、神秘學、秘教、諾斯替主義或靈性主義),那麽,這在用觀念史方法研究中國道教的意義是什麽呢?

固然,我們可以説在道教研究中可以使用神秘主義這個術語,道教信仰有某種類似於西方神秘主義的特質;在對早期道教的討論中,《身體、不死與神秘主義》援引了大量史華慈等海外學者的研究成果①,强調了道家思想的神秘主義色彩,這在西方語境下是可以幫助人們“理解”道家道教的,但對於中國研究者來説,“神秘主義”術語的使用則不是不證自明的。列維－布留爾在閱讀法譯本《史

① 史華慈(Benjamin Schwartz):《古代中國的思想世界》,程鋼譯,南京:江蘇人民出版社,2008年。

記》後，萌發了研究“原始思維”的念頭[①]，對後世東方學研究影響甚巨。當然，程樂松教授絶非是站在現代文明的角度去審視原始落後，以理性主義的視角去審查神秘主義；恰恰相反，他是要賦予神秘主義在中國道教信仰中積極的意義。在現代人看來，古代道家道教的許多内容是神秘主義的，但古代道家道教的信奉者是否也認爲其信仰對象是“神秘主義”的（而非確實可靠的）呢？顯然，我們並不能用概念分析的方法直接給出問題的答案，因爲不能用一種哲學的方法得出一種史學的結論。我們固然可以在進行中西比較的基礎上給神秘主義一個定義（或大體的界定），並以此來討論中國道教，從而避免上述難題的出現，但這種定義的方式至多是完成了思想史意義上的“信史”（對道家道教的教義思想進行了客觀表述），却很難完成觀念史方法論所要達到的研究道教信仰目的。

本文在上一節就已經談到，爲了避免將觀念史的路徑蜕變爲體系性的構建，歷史觀念的介入是有必要的；如前所述，在史料缺乏的情況下，我們固然可以將某些觀念進行“長時段”的處理，但還是要警惕將觀念完全抽離開具體的時空背景，做本質化的處理，讓觀念（idea）蜕化爲概念（concept），這就喪失了觀念史研究方法的操作價值。

（三）觀念史研究方法可能存在的局限性

任何研究方法都不可能是完美的，程樂松教授指出：

> 我們也應該清晰地意識到觀念史研究方法的缺陷：一方面，觀念歷史的梳理需要跨文本、跨時代的語義學以及詮釋學分析，將觀念辭彙抽離出來進行分析需要面對文獻史與思想史的客觀性質疑；另一方面，觀念歷史的詮釋顯然是指向道教信仰的整體理解，我們實際上無法保證這樣的理解不是化約和過度詮釋。[②]

本文對《身體、不死與神秘主義》一書的部分内容提出的不同看法，基本上不出程教授所説的客觀性質疑和過度化約。不過，下文將要重點討論的是：運用“觀念史”的研究路徑，“從旨趣到實踐”給我們展示出來的研究圖景，給人感覺似乎總是在預設先形成或演變出某種特定的觀念，然後隨之産生相應的道教實踐。在我國宗教學界流行的吕大吉先生的“四要素”説[③]，常常被表述爲一個四重

---

① 列維－布留爾（Lucién Lévy-Bürhl）：《原始思維》，丁由譯，北京：商務印書館，1981年。

② 程樂松：《身體、不死與神秘主義——道教信仰的觀念史視角》，第29頁。

③ 吕大吉：《宗教學通論新編》，北京：中國社會科學出版社，2010年。

的同心圓,首先有宗教觀念,隨之有宗教體驗、宗教行爲,然後固定化爲宗教組織制度。但歷史上,先有宗教實踐,然後由神學家"發明"出一套宗教理論觀念來加以論證、説明的案例屢見不鮮。例如,先有信仰上帝的一神教,同時又有信仰耶穌是上帝之子、救主的信仰,而後神學上才逐漸發展和定型出"三位一體"的神學觀念,而不是反之。

同樣,中國道教也可能先有各種技術性的實踐,然後才凝練出新的觀念或對固有觀念加以改造,從而使道教變得"可理解"。"觀念史"的研究方路徑,很容易遮蔽掉這種可能性。例如,存思和内景的修煉實踐,不可能等道教的宇宙觀和身體觀完全成熟之後才出現。再如,程教授認爲:"祭祀和巫祝活動的濫觴改變了祭祀的古義,這一方面是對禮儀體系的神秘主義改造,另一方面普遍存在的民間祠神破壞了既有的祭祀和禮儀體系,神秘主義的色彩使得祭祀活動轉向了巫祝而非教化。兩漢時期道教教團勃興,其中的一個重要目的就是要清整過於蕪雜的祠神和祭祀活動,將簡單的巫祝活動與日常生活的倫理及儀節重新聯結在一起。"①固然,饒宗頤先生的觀點也可以印證程樂松教授的看法:"如果説三代的政治權力完全依靠占卜者、巫術和自稱能够與神靈溝通的手段來建立,而把古人所記録下來的典章制度,一筆抹殺,把整個中國古代史看成巫術世界,以'巫術宗教'作爲中國古代文化的精神支柱,我想:在目前不斷出現的地下文物其本身已充分提供實證,去説明古代'禮制'的可靠性……從制度史觀點來整理古史,或者比較合理,或許可以避免誤入歧途。"②饒宗頤先生不把中國古代史完全看成是一個巫術的世界,認可古代禮制的可靠性,是他反思古史辨派的一個表現。但我們不可能完全排除巫祝活動早於傳統禮教的可能性;同樣,如果將南北朝時期的"天師道改革"無條件地視爲對巫祝破壞固有天師傳統的"撥亂反正",也僅是站在少數精英道教的立場。當然,如果僅僅將"可理解"的道教視爲一種非官方的"高級宗教"(unofficial high religion)③,由"觀念"規範信仰實踐活動似乎也是可以接受的,但這樣預設的代價畢竟也是"傷害了道教本身的豐富性"。

當然,這方面的不足也並非是不能彌補的,關鍵在於如何將觀念史的視角運用得法,如果進行嚴謹細膩的分析探討,充分體現觀念變革與現實需求的互動,

---

① 程樂松:《身體、不死與神秘主義——道教信仰的觀念史視角》,第213頁。

② 饒宗頤:《巫步、巫醫、胡巫與"巫教"問題》,載饒宗頤:《中國宗教思想史新頁》,北京:北京大學出版社,2000年,第132~133頁。

③ 索安(Anna Seidel):《西方道教研究編年史》,吕鵬志、陳平等譯,北京:中華書局,2002年。索安在《身體、不死與神秘主義——道教信仰的觀念史視角》中採用的譯名是"石秀娜"。

也可以彌補這方面的不足。前述程教授在討論“以死長生”的外丹技術時,對丹毒的技術性詮釋方式與暫死的信仰性詮釋的討論,其實很好地爲我們提供了一個從實踐到觀念演變的案例。

北京大學王宗昱教授在《身體、不死與神秘主義》的序言中指出:同歷史學或文獻學出身的研究者相比,主要接受中國哲學史訓練的道教研究者顯然是有欠缺的,做的主要工作是“利用經典解義”,“我們没有强大的批判資料的能力,更多的是看圖説話。進入 21 世紀,全真道成爲研究的熱點,而且很多學者更關注史料記載而不是經典解義……如果從這個大的局面上看,以前的解義也是屬於建構道教史的一部分工作,因爲哲學系出身的人衹會用解義的方式描述道教史。或者説,我們對解義做了時間排序”。“由於中國的宗教學附屬在哲學之下,造成教師來源和學生畢業方向都是哲學的,却需要這些在不熟悉的歷史學方向花費大量精力去配湊宗教歷史,應該發揮的理論優勢反而没有用武之地。我經常困惑:我們到底應該在哪個方面花功夫? 中國大陸道教研究的現狀受到國際同行的多方面的批評。大陸道教學者集中在哲學系,在研究課題上缺乏多樣性。”①王宗昱教授的序言似乎向我們暗示觀念史爲哲學系出生的道教研究者提供了一條出路。觀念史的研究方法,確實爲我們擺脱將道教文獻僅僅視爲哲學分析文本、同時又能發揮理論優勢的路徑。

觀念史的研究方法給當前中國學界的啓示是多方面的,相信觀念史的研究方法會引起中國學界應有的重視。

(責任編輯:秦國帥)

① 程樂松:《身體、不死與神秘主義——道教信仰的觀念史視角》,第 1、2 頁。

《全真道研究》徵稿啓事

《全真道研究》是由香港青松觀資助出版的學術性輯刊,主要發表與全真道有關的學術文章,尤其是運用了新材料、新方法且富有創見的文章。本刊每年出版兩輯,每輯有一個主題,稿件來源一般採取約稿的形式,但也接受部分投稿。稿件字數要求控制在 1 萬字至 5 萬字之間,特别優秀的稿件,字數還可以適當放寬。

爲了保證刊物品質,來稿一律實行匿名評審制度,評審通過即發用稿函,三個月内若未收到用稿函,請自行處理。刊物出版後半年内,按文章實際字數酌情支付稿酬。本刊衹接受第一次發表的文章,以任何形式(包括會議、網絡等形式)發表過的文章,請勿再投本刊。

爲適應國家信息化建設,擴大本刊及作者知識信息交流途徑,本刊已被《中國學術期刊網絡出版總庫》及 CNKI 系列資料庫收録,其作者文章著作權使用費與本刊稿酬一次性給付。如作者不同意文章被收録,請在來稿時向本刊聲明,本刊將做適當處理。

來稿請寄:山東大學儒學高等研究院《全真道研究》編輯部。郵編:250100;電子信箱:qzdyj2011@163.com

附:刊稿格式

一、正文

正文須附 300~500 字的摘要、3~5 個關鍵詞和作者簡介。作者簡介包括姓名、性别、生年、籍貫、工作單位、職稱職務、研究方向、代表性學術成果等内容。

另外,爲聯繫的方便,請作者於文後附詳細通信地址、聯繫電話、電子信箱等。

二、引文

引文分爲夾注和脚注兩種格式。(1)凡引用古籍,不需要注明版本和頁碼者,請於文中使用夾注。(2)無論直接引文,還是間接引文,也無論“資料性注釋”,還是“内容性注釋”,一律採用頁下注,注釋序號用①②③……,每頁重新編號。

三、注釋

注釋必須合乎通行的規範,具體情況如下。

1. 專著:作者/書名/卷册/出版地/出版者/出版年/頁碼。

第一次出現以上各項須一一注明,如:

張廣保:《金元全真教史新研究》,香港:青松出版社,2008 年,第 25 頁。

第二次出現簡化,衹注明作者、書名、頁碼,如:

張廣保:《金元全真教史新研究》,第 25 頁。

中譯本著作,譯者作爲第二責任者放在題名之後,如:

〔俄〕陶奇夫:《道教——歷史宗教的試述》,邱鳳俠譯,濟南:齊魯書社,2011 年,第 320 頁。

2. 析出文獻:作者/篇名/文集。如:

郭武:《明清時期全真道與凈明道關係略論》,見《問道崑嵛山——齊魯文化與崑嵛山道教國際學術研討會論文集》,濟南:齊魯書社,2009 年,第 262 頁。

3. 古籍:古籍既有傳統的刻本、抄本,也有具有現代出版形式的標點本、整理本、影印本,情况比較複雜,可根據古籍形式的不同選擇標注方式。

白永貞:《增續鐵刹山志》卷六,中國國家圖書館藏民國三十二年(1943)刊本。

(清)岳之嶺修,徐繼曾纂:《長清縣志》,清康熙十一年(1672)刻本。

4. 連續出版物(期刊、報紙等)

(1)期刊:作者/文章題名/期刊/出版年、卷期或出版日期。引用中國大陸以外出版的中文期刊時,應在期刊題名後括注出版地。如:

陳俊民:《略論全真道的思想源流》,《世界宗教研究》1983 年第 3 期。

蕭登福:《道教燈儀源起及其流變》,《弘道》(香港)2013 年第 2 期。

(2)報紙:作者/文章題名/報紙/出版日期或卷期/版次。如:

李學勤:《清華簡〈耆夜〉》,《光明日報》2009 年 8 月 3 日,國學版。

5. 外文文獻:引證外文文獻,原則上以該文種通行的引證標注方式爲準。如英文文獻:

Vincent Goossaert, “The Invention of an Order: Collective Identity in Thirteenth-Century Quanzhen Taoism”, *Journal of Chinese Religions* 29 (2001), pp. 122 ~ 123.

Lai, Chi-tim, "Hong Kong Daoism: A Study of Daoist Altars and Lü Dongbin Cults", *Social Compass* 50 (2003): 459 ~ 470.

6. 未刊文獻:作者/題名/屬性/編號/收藏單位/頁碼。如:

岑孝清:《李道純中和哲學思想及其丹道研究》,博士學位論文,中央民族大學,2009 年,第 67 頁。

7. 電子文獻:包括以數碼方式記録的所有文獻,其標注項目與順序:作者/題名/更新或修改日期/獲取和訪問路徑。如:

王宗昱:《吴興全真道史料》,2006 - 06 - 25,23:08:04,http://www.hongdao.net/hd_index.php? message = 101000&item = hd_zxwz&key = art_id&id = 493.

8. 轉引文獻:作者/原文獻題名/原文獻版本信息/原頁碼(或卷期)/轉引文獻責任者/轉引文獻題名/版本信息/頁碼。如:

《宋文獻公全集》卷十一《太上上清正一萬壽宫住持提點張公碑銘》,轉引自陳兵:《道教之道》,北京:今日中國出版社,1995 年,第 84 頁。

9. 間接引文:間接引文通常以"參見"引領詞引導標注項目,應標識出具體參考引證的起止頁碼或章節。標注項目、順序與格式同直接引文。如:

參見杜仁傑:《真静崔先生傳》,陳垣:《道家金石略》,北京:文物出版社,1988 年,第 495 ~ 496 頁。

10. 内容性注釋中的引文:内容性注釋是指對正文中的術語、概念、觀點和資料進行進一步的解釋、辨析或評論的文字。很多情況下,内容性注釋中又出現引文,無論是直接引文,還是間接引文,都需要標明資料出處,標注項目與順序與資料性注釋相同。如:

熊鐵基先生認爲,"全真"之義,至少包括"全三教之真""全老莊之真""全心性之真"三個方面。參見熊鐵基:《試論王重陽的"全真"思想》,《世界宗教研究》2008 年第 2 期。

圖書在版編目（CIP）數據

全真道研究. 第七輯/趙衛東主編. —濟南：齊魯書社,2018.9
ISBN 978 -7 -5333 -4023 -0

Ⅰ.①全… Ⅱ.①趙… Ⅲ.①全真道—文集
Ⅳ.①B956.3 -53

中國版本圖書館 CIP 數據核字(2018)第 198232 號

全真道研究 第七輯
趙衛東 主編

主管單位	山東出版傳媒股份有限公司
出版發行	齊魯書社
社　址	濟南市英雄山路 189 號
郵　編	250002
網　址	www.qlss.com.cn
電子郵箱	qilupress@126.com
營銷中心	(0531)82098521　82098519
印　刷	山東德州新華印務有限責任公司
開　本	720mm×1020mm　1/16
印　張	13.25
插　頁	3
字　數	250 千
版　次	2018 年 9 月第 1 版
印　次	2018 年 9 月第 1 次印刷
印　數	1—800
標準書號	ISBN 978 -7 -5333 -4023 -0
定　價	**52.00 圓**